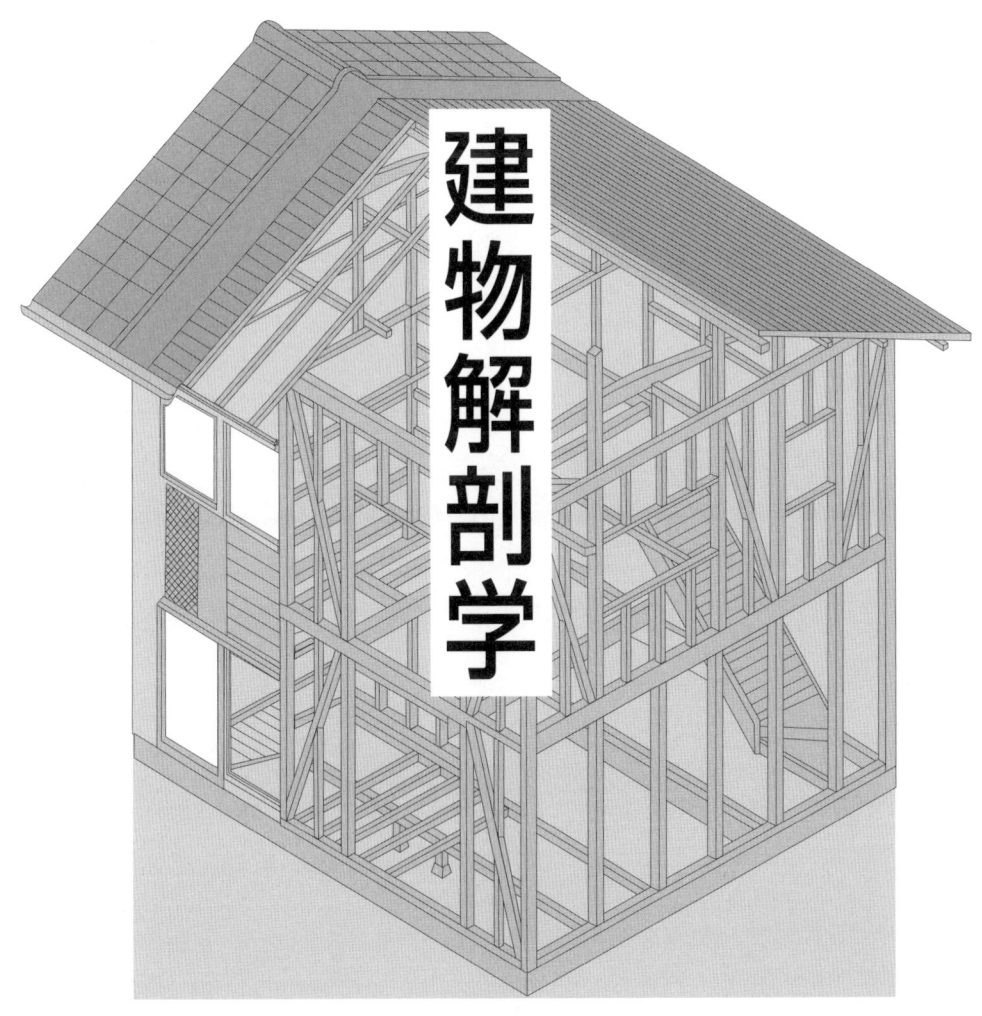

建物解剖学

建物解剖学研究会 編

井上書院

刊行のことば

　本書は建物解剖学研究会の成果である。

　この研究会は2011年6月に日本大学生産工学部建築工学科教員の建築フォーラムから発足した。発起人は松井　勇教授である。松井教授はかねてより医学や生物学で体系化されている解剖学を建築に適用し学問として体系づける構想をもっておられた。いくつかの試案を検討のうえ，満を持して行動に移され，建物解剖学研究会の有志を募ったところ，建築工学科の大多数の教員が参加を表明し，この研究会が発足した。

　建築の解剖となると，ことはソフトのことからハードのことまで多岐に渡り，発足ばかりの研究会では多事多端な議論となってしまう。そこでまずは建物という物体の解剖から始めることとなった。建物を解剖すると，いくつかの部位に分けられる。その部位は建物総体の仕組みのうえで構成されている。またその部位とは別に建物には局所的に特徴ある物性をもったものがある。これらを総合的にまとめてみる作業をはじめた。各員が分担により資料をつくり，それらの相互関係を検討する作業を重ねて一つの体系が見えてきた。

　そこで，この成果を「建物解剖学」として出版し，各位の評価をいただきながらさらなる建築の解剖学をめざすこととした。これは建築を解剖する学問の第一歩，建築解剖学事始めである。出版にあたっては井上書院の賛同をいただき，研究会への参加，資料の提供とともに，書籍として仕上げるために多大なご尽力をいただいた。

　本書は建物を分解することが本意ではない。建物の部位と局所を建物の全体の仕組みのなかで理解するための情報でありデータである。この研究会の成果は建築学のカリキュラムの構築と運用に寄与するのみならず，広く建築初学者，建築愛好者の手引書となることを願っている。

2014年4月

建物解剖学編集委員会

日本大学生産工学部建築工学科「建物解剖学研究会」委員構成

主　査　松井　勇
幹　事　浅野　平八　　永井　香織
委　員　岩田伸一郎　　大内　宏友　　鎌田　貴久　　亀井　靖子　　川島　晃
　　　　川村　政史　　北野　幸樹　　小松　博　　　桜田　智之　　塩川　博義
　　　　篠崎　健一　　下村　修一　　廣田　直行　　藤本　利昭　　藤谷　陽悦
　　　　丸田　栄蔵　　三上　功生　　師橋　憲貴　　湯浅　昇　　　渡邉　康

編集委員

浅野　平八　　大内　宏友　　川村　政史　　桜田　智之　　藤谷　陽悦
松井　勇　　　丸田　栄蔵

執筆者　　　（担当章）

廣田　直行　（第1部1章）
亀井　靖子　（第1部2章）
岩田伸一郎　（第2部）
北野　幸樹　（第3部1章, 2章）
渡邉　康　　（第3部3章, 4章, 5章, 第4部2章）
篠崎　健一　（第3部6章, 7章）
川島　晃　　（第3部8章）
藤本　利昭　（第3部8章）
下村　修一　（第3部9章）
師橋　憲貴　（第4部1章）
鎌田　貴久　（第4部1章）
小松　博　　（第4部1章コラム）
塩川　博義　（第4部3章）
三上　功生　（第4部4章, 5章, 6章, 7章）
湯浅　昇　　（第4部8章 8.1）
永井　香織　（第4部8章 8.2）

序　建物解剖学とは

　解剖学は，医学や生物学の分野で確立されている学問である。解剖学は，未知である人体を含めた生物の一部または全部を解き開いて，その構造・機能，各部の相互関係を探究する学問で，医学，生物学の基礎となっている。

　建物は人造物であり，建物の目的に対応して構造・機能を設計し，設計図に基づいて施工されている。このため建築を学んだ者は当然のこととして，建物の構造・機能を理解している。しかし，これから建築を学ぼうとする学生あるいは建築を学んだことのない人は，完成した建物しか見たことがない。建物の屋根，外壁，内壁，床，天井などについては外観から観察できるが，表面を覆っている仕上げを取り除いた裏側がどのようになっているか理解しがたいであろう。

　一方建築は，計画・意匠設計・構造・設備・材料・施工などと分野が細分化され，さらに細分化された専門家や専門工事業者が集まってつくられている。時として，自分の専門は熟知していても，自分の専門と他の専門との相互関係や，自分の専門が他の専門分野に及ぼす影響などについての無知に気がつくことがある。両者の橋渡しについて記述されたものは少ない。建物は，屋根，壁，床，天井という大きな部位，柱や梁のような部材，くぎやボルトなどの小さい金物まで，寸法の異なる部品を組み合わせて構築され，仕様書に記載されている手順に従って施工されている。作り方（工法）や組み立て方（構法）の記述はあるが，それぞれの部材の役割，仕組み，部材間相互の関係までは記載されていない。

　このような観点から建物解剖学は，総体としての建物を解剖し，建物の構成，各部の役割，仕組み，相互関係について研究する学問として位置づけた。このことによって，細分化された専門技術の統合，新しい技術の創出，再生医療技術のように再生建築技術の発展にも寄与する分野ができるものと確信している。

　そこで，建物解剖学は，下記のように構成解剖学，寸法解剖学，部位解剖学および局所解剖学に区分した。

建物解剖学
- 構成解剖学：建物構成の仕組み・各部名称を研究する。
- 寸法解剖学：建物寸法・部材寸法・長さ・厚さなどの役割と仕組みを研究する。
- 部位解剖学：屋根・壁・床・天井・階段・骨組・基礎・地盤などの仕組みを研究する。
- 局所解剖学：接合・建具・設備（音，熱，空気，明かり，水）・材料組成などの役割と仕組みを研究する。

　建物の構法は木造，鉄筋コンクリート造，鉄骨造など，また木造でも軸組工法，枠組壁工法などさまざまあるが，本書では，わが国の伝統木造軸組構法を例として取り上げ，この構法に潜んでいる建物の骨組，部位，部材，設備，材料の役割

や仕組みを改めて見直すとともに，伝承された仕組みに加えて，新しい仕組みを付加して次世代に継承したい。

2014年4月

建物解剖学研究会
主査　松井　勇

建物解剖学──目　次

第1部　構成解剖学 — 11
1章　建物の構成 — 12
- 1.1　建物とは — 12
- 1.2　建物の構成 — 12
- 1.3　部位の役割 — 14
  - 1.3.1　建物の変形や倒壊を防ぐ — 14
  - 1.3.2　建物外部からの気象作用などから保護する — 14
  - 1.3.3　水やエネルギーを運ぶ — 14
  - 1.3.4　建物の用途に従い，健康と安全を守る — 14
2章　建物各部の名称 — 16

第2部　寸法解剖学 — 23
1章　寸法の単位 — 24
2章　基準寸法 — 26
3章　部材寸法 — 28
- 3.1　柱梁材 — 28
- 3.2　下地材 — 29
- 3.3　面　材 — 29
4章　平面寸法 — 30
- 4.1　柱割り法と畳割り法 — 30
- 4.2　部分の寸法 — 30
5章　断面（矩計）寸法 — 32
- 5.1　基礎立上り高さ — 32
- 5.2　床　高 — 32
- 5.3　階　高 — 32
- 5.4　天井高 — 32
- 5.5　軒　高 — 32

第3部　部位解剖学 — 35
1章　屋根の役割と仕組み — 36
- 1.1　屋根の役割 — 36
- 1.2　屋根の仕組み — 36
- 1.3　屋根の一般的な構成 — 39
- 1.4　屋根の仕上がり — 43
2章　外壁の役割と仕組み — 48
- 2.1　外壁の役割 — 48
- 2.2　外壁の仕組み — 48
- 2.3　外壁の一般的な構成 — 50
- 2.4　外壁の種類 — 53
3章　天井の役割と仕組み — 57

- 3.1 天井の役割 ——— 57
- 3.2 天井の仕組み ——— 57
  - 3.2.1 一般的な木造の天井の仕組み ——— 58
  - 3.3.2 天井と壁の納まり ——— 58
- 3.3 天井の仕上げ ——— 60

4章　内壁の役割と仕組み ——— 61
- 4.1 内壁の役割 ——— 61
  - 4.1.1 構造壁と間仕切壁 ——— 61
  - 4.1.2 間仕切壁と人の関係 ——— 61
- 4.2 壁の仕組み ——— 62
- 4.3 内壁の仕上げ ——— 63
  - 4.3.1 インテリアのイメージ ——— 63
  - 4.3.2 仕上げの種類 ——— 63

5章　床の役割と仕組み ——— 65
- 5.1 床の役割 ——— 65
  - 5.1.1 床の役割 ——— 65
  - 5.1.2 床と人の関係 ——— 65
- 5.2 床の仕組み ——— 66
- 5.3 仕上げの種類 ——— 67

6章　開口部の役割と仕組み ——— 69
- 6.1 開口部とは ——— 69
  - 6.1.1 開口部のありよう ——— 69
  - 6.1.2 開口部の役割 ——— 70
- 6.2 開口部の仕組み ——— 71
- 6.3 開口部の構成と種類 ——— 72
  - 6.3.1 基本的な開口部の構成 ——— 72
  - 6.3.2 開口部の種類 ——— 73
- コラム　吉村山荘の開口部1 ——— 75
- コラム　吉村山荘の開口部2 ——— 77
- コラム　吉村山荘の開口部3 ——— 80

7章　階段の役割と仕組み ——— 81
- 7.1 階段の役割 ——— 81
  - 7.1.1 階段とは ——— 81
  - 7.1.2 階段の意味 ——— 82
  - 7.1.3 階段による環境形成 ——— 83
  - 7.1.4 スロープ ——— 84
- 7.2 階段のしくみ ——— 84
  - 7.2.1 階段のおきて ——— 84
  - 7.2.2 階段の構成 ——— 86
  - 7.2.3 階段の材料 ——— 87
- 7.3 いろいろな階段 ——— 88
  - 7.3.1 典型的な階段のタイプ ——— 88

8章　骨組の役割と仕組み ——— 90
- 8.1 骨組各部の役割と仕組み ——— 90

- 8.2 建物に作用する力と骨組の力の流れ ― 90
  - 8.2.1 建物に作用する力 ― 90
  - 8.2.2 骨組の力の流れ ― 91
- 8.3 骨組の役割と建物を支える仕組み ― 91
  - 8.3.1 小屋組の役割と仕組み ― 91
  - 8.3.2 床組の役割と仕組み ― 93
  - 8.3.3 軸組の役割と仕組み ― 94
  - 8.3.4 耐力壁の役割と仕組み ― 95
- コラム　木造建物を地震から守る技術 ― 97
- コラム　木構造のさまざまな構法 ― 98

9章　基礎・地盤の役割と仕組み ― 99
- 9.1 基礎・地盤の役割 ― 99
- 9.2 基礎・地盤の仕組み ― 99
  - 9.2.1 地盤の仕組み ― 99
  - 9.2.2 基礎の仕組み ― 101
- 9.3 小規模建物基礎の形式 ― 102
- 9.4 小規模建物における直接基礎 ― 103
  - 9.4.1 直接基礎の種類 ― 103
  - 9.4.2 直接基礎の構成 ― 104

第4部　局所解剖学 ― 107

1章　接合部の役割と仕組み ― 108
- 1.1 接合の役割 ― 108
  - 1.1.1 接合の基礎知識 ― 109
  - 1.1.2 仕上材の張りつけの仕組み ― 110
  - 1.1.3 その他　外部建具 ― 113
  - 1.1.4 内　装 ― 113
- 1.2 軸組部材の接合 ― 114
  - 1.2.1 継手の仕組み ― 114
  - 1.2.2 仕口の仕組み ― 114
  - 1.2.3 土台と基礎の接合 ― 116
- コラム　伝統構法の継手・仕口 ― 118
- コラム　接合の種類 ― 121
- コラム　鉄骨造の接合 ― 124

2章　建具の役割と仕組み ― 128
- 2.1 建具の役割 ― 128
- 2.2 建具の仕組み ― 128
  - 2.2.1 建具の構成 ― 128
- 2.3 建具の種類 ― 130
  - 2.3.1 開閉方法の種類 ― 130
- 2.4 建具の部品 ― 133

3章　音 ― 135
- 3.1 音（振動）の伝搬 ― 135
- 3.2 音の発生源 ― 135

目次

3.3	建物内の騒音	136
3.3.1	建物内の騒音の発生源および対策	136
3.4	建物外からの騒音	137

4章　熱 — 138

4.1	熱の伝わり方	138
4.2	熱貫流	138
4.3	開口部からの日射侵入	139
4.4	冷暖房負荷	140

5章　室内空気 — 141

5.1	空気を汚すもの	141
5.2	気密性とは	142
5.3	風の通り道	144

6章　明かり — 146

6.1	明かりの役割	146
6.2	明るくする仕組み	147
6.2.1	全般照明と局部照明	148
6.2.2	直接照明と間接照明	148
6.2.3	照明器具	148
6.4.4	昼光照明	149
6.3	電気の通り道	150

7章　水回り — 151

7.1	使う水と使った水	151
7.2	水回りの設備機器	153
7.2.1	大便器	154
7.2.2	洗面化粧台	155
7.2.3	水栓器具	155
7.2.4	浴槽	156
7.2.5	トラップ	157
7.2.6	ガス設備	158
7.3	水の通り道	158

8章　材料の組成と特性 — 160

8.1	基本材料	160
8.1.1	木材	160
8.1.2	コンクリート	163
8.2	機能材料	166
8.2.1	防火材料の役割と仕組み	166
コラム	鉄骨を火熱から守る	168
8.2.2	防水材料の役割と仕組み	169
8.2.3	断熱材料の役割と仕組み	170
8.2.4	音響材料の役割と仕組み	172
コラム	建築材料の分類	174

索引 — 176

第1部 構成解剖学

建物は，人が住んだり使ったりする器である。この器としての建物を解きほぐしてみると，構成要素が明らかになり，その仕組みがわかる。

第1部では標準的な木造家屋を対象として，建築図面をもとに建物の構成要素を解剖してみる。建物を構成する各部には名称がついている。伝統的な日本の木造住宅に関わる名称には日常語として定着している言葉もあるが，建築専門用語として改めて見てみよう。

1章　建物の構成

1.1　建物とは

　建物とは，人が住んだり用品を収納したりするために造られた物のことをいう。建築物，建造物，ビルディングともいわれる。建物の敷地・構造・設備・用途に関する一般的な最低基準を定めた法律が建築基準法である。この法律では建築物と表記され，「土地に定着する工作物のうち，屋根及び柱若しくは壁を有するもの，これに附属する門若しくは塀，観覧のための工作物又は地下若しくは高架の工作物内に設ける事務所，店舗，興業場，倉庫その他これらに類する施設をいい，建築設備を含むものとする。」（第2条第一号）と定義している。

　「建築」というとその言葉には，建物を造る営みや方法，技術までもが含まれることになる。古代ローマ時代の建築家であるウィトルウィウスが著した『建築書』10巻には，建築には「用」と「強」と「美」とが備わっていなければならないと書かれている。「用」とは機能性を求めたものであり，使いやすさに通じる。「強」とは安全性や耐久性を，「美」は文字通り形態の美しさや調和を求めたもので，心地良さや快適性に通じる。建物はこのような役割を果たすために，いくつもの部位と部材・部品で構成される。

1.2　建物の構成

　建物は屋根と壁と床で構成された立方体である。空洞（ボイド）の部分と空洞を囲っている固体（ソリッド）に分けられる。目に見えるのは屋根や床などの固体部分であるが，生活に役立つのは空洞部分である。家を建てるのはこの空間を出現させるためである。この空間は生活空間・室内空間・内部空間・建築空間などと言い直して，さまざまな学問的検討がなされている。

　空間（ボイド）を出現させる固体（ソリッド）は何らかの支えがないと倒壊する。屋根や床を支持する力持ちが必要となる。建物に加わる力に対抗して建物を支持している固体のことを構造体または躯体，「スケルトン」という。

　建物を床から1mほどの高さで切り取って上から見るとしよう。この状態を表しているのが各階の平面図（図1.1.1）である。黒く塗りつぶしているのが固体部分，これに囲われた白地部分が室内空間である。これを建物が建っている状態で垂直な面で切断して見せたのが断面図（図1.1.2）である。黒塗り部分が仕上材で隠されている部位で，床下・壁・天井裏を示している。白地は内部空間を表している。

　建物を外から見ると，屋根・外壁・開口部・基礎の構成要素に分けられる。

　構造体の構成要素は基礎・軸組・小屋組の部位に分けられる。

　「スケルトン」に対して「インフィル」がある。前記の建物内部の室内空間と内部壁面を構成する要素のことである。インテリアともいう。

床・内壁・天井・開口部・建具などの部位に分けられる。

また建物の構成要素としては，外の空気に接する部分つまり人間でいえば皮膚にあたる部位がある。建物の外皮となる屋根と外壁である。

そして室内空間の表面つまり人間でいえば体内の腔所の内壁にあたる床と内壁と天井がある。

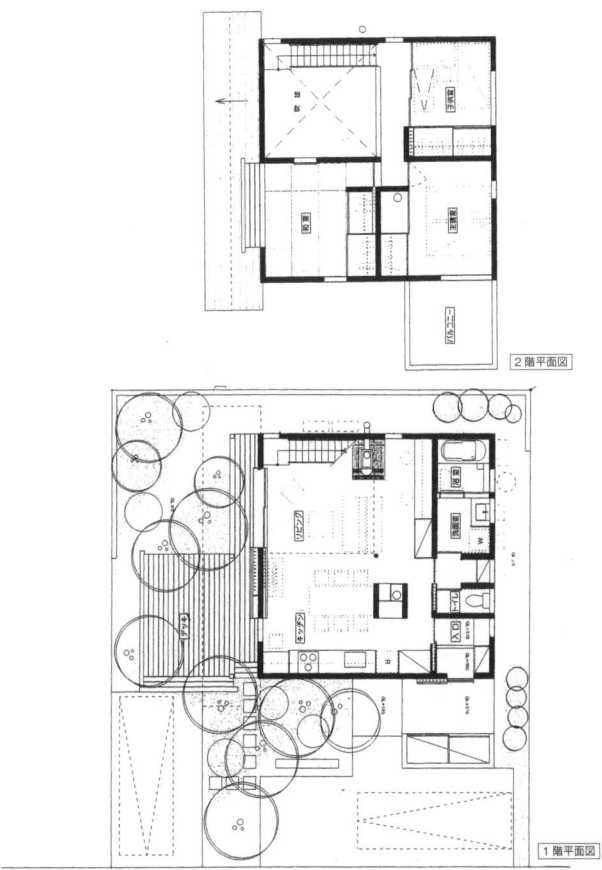

図 1.1.1　建物の平面図

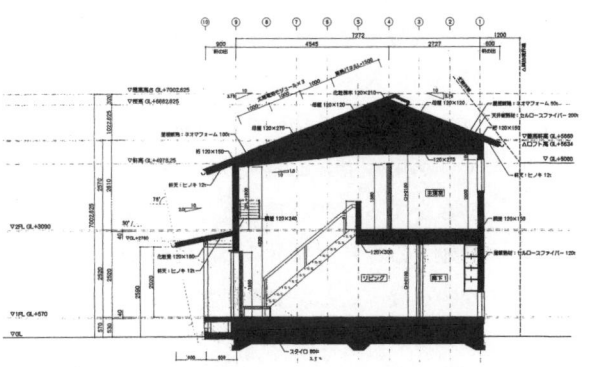

図 1.1.2　建物の断面図

建物は利用する人の安全性や機能性・快適性が求められる。室内環境を整えるためのさまざまな設備部分も欠かせない建物の構成要素である。

1.3 部位の役割（図 1.1.3）
1.3.1 建物の変形や倒壊を防ぐ
　日本の伝統的な木造建築は，細長い部材を組み合わせて，お互いが支え合うようにして構築している。建物の自重，積載荷重，地震・積雪・風圧など，建物に作用する外力に対して，各部の部材によって変形や倒壊を防いでいる。

　屋根の形状をつくる小屋組は，小屋束－母屋－棟木－垂木から構成される。その屋根を支え，壁を支えるのが軸組で，土台－柱－梁・桁から構成される。軸組はさらに貫，筋かい，火打などによって補強される。この軸組に間柱や鴨居・まぐさなどを取り付け，外壁と内壁を支える。

　床は大引－根太で構成される床組をつくり，軸組で支えられている。

1.3.2 建物外部からの気象作用などから保護する
　雨・雪・風・気温などの建物への侵入を防ぐ部位が屋根と外壁である。

　屋根部分は，特に直射日光などの気象作用を直接受けるため，室内環境を快適にするために断熱部材が必要となる。

　外壁の役割は，屋根と同じように外気から建物内部を保護するとともに，不必要な音の出入りを防ぐための防音材料も考慮する。外壁の内側に取り付けられたこのような防音材や断熱材を室内側から押さえるのが内壁である。外気や採光の取り入れ部位となる開口部そして建具の部位では，それぞれの部材部品の性能が，断熱性や気密性に大きく影響する。

1.3.3 水やエネルギーを運ぶ
　建物の内部には，人が生活するために必要な水を配水し，使用した汚水を排水する管を通す場所がある。また電気やガスの通り道も必要である。人の目に見えない部位の床下や天井裏（天井懐）・小屋裏，壁のなかのパイプスペース（PS）が，その配管・配線の場所となる。

1.3.4 建物の用途に従い，健康と安全を守る
　内部の天井・壁・床はその内側にあたり，総称して内装＝インテリアといわれている。人体でたとえるなら骨や皮膚に囲われた内側の部分にあたるが，そこにはさまざまな働きをする内臓ではなく，さまざまな用途の空間がある。老荘思想で「無用の用」という，お椀などの器は何もない部分があるがゆえに器としての働きをすることができるという話がある。建築においても屋根や壁をつくって家を建てる場合，部屋のなかの何もない空間があるがゆえに，人が入れ，さまざまな物を置くことができ，さまざまな行為ができる。そこで内装とは，何もない空間のなかから見える部分。夏ミカンでたとえたなら，硬い皮がシェルター＝外装で，房が空間にあたり，その皮の内側の白いふさふさした部分が内装ということができる。それはシェルターのなかに居る人が直接触れることが多く，熱さや冷

たさを感じたり，身近に見えて，臭いを嗅いだり，湿度を感じたり，触ったり，たたいたり，歩いたり，そうしたときの音を聴いたり，といった五感に大きくかかわり，人にとって一番身近な部分である。

内装は，日常的に人が触れるものであるから，汚れや欠けや傷も生じやすく，色や模様は人の好みや時代の流行にも左右されやすいので，リフォームといわれる内装の変更・更新がよくされている。近年それに加え，これまでのようなスクラップ＆ビルド（すぐに壊して新築すること）ではなく，サステイナブル（持続可能性）な建物や社会が望まれている。建物の構造躯体の耐用年数と，内装・設備の耐用年数は異なることから，スケルトン－インフィルという構造躯体と内装・設備を分けて考え，内装・設備は数年おきに変更・更新できるような建物の仕組みが望まれている。場合によっては用途まで変更することもあり，コンバージョンといわれている。そのことから，内装の変更がしやすいように構造躯体は最小限につくっておくことや，設備の変更がしやすい工夫が求められている。

木造では特に構造である木が火に弱いため，天井や壁の仕上材料を燃え難いものにしたり，煙が発生し難いものにする必要がある場合がある。

また，健康と安全のために，調湿性や臭いなどを吸収するものも求められる。最近では建物の気密性が高まったことでシックハウス症候群にかかる人が増え，内装の下地や仕上材料のホルムアルデヒドやトルエンなどの揮発性有機化合物の吸入・暴露による健康影響が社会問題になっている。そこでそれらの材料の基準が設けられホルムアルデヒド放射等級（フォースター）などの認定が必要になっている。

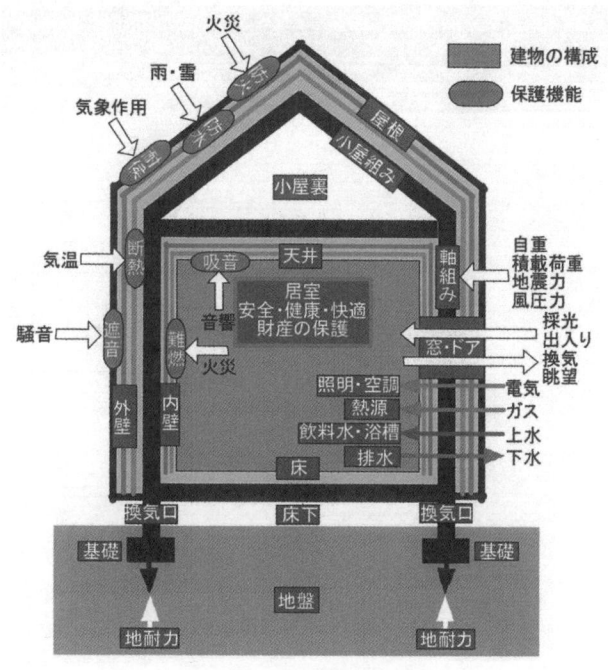

図 1.1.3　建物の構成と役割

●第1部　構成解剖学

2章　建物各部の名称

　建物を外側からみると，屋根・外壁・開口部・基礎に分けられる。「屋根」は，雨・雪，強すぎる太陽光から人間を守る役割をする。「外壁」は，風・雨や，暖気・寒気を遮る役割のほかに，プライバシーを守る役割もする。「開口部」は，人の出入りや換気・採光のため，そして室内から景色を楽しむために開けられる。

写真 1.2.1　南面外観

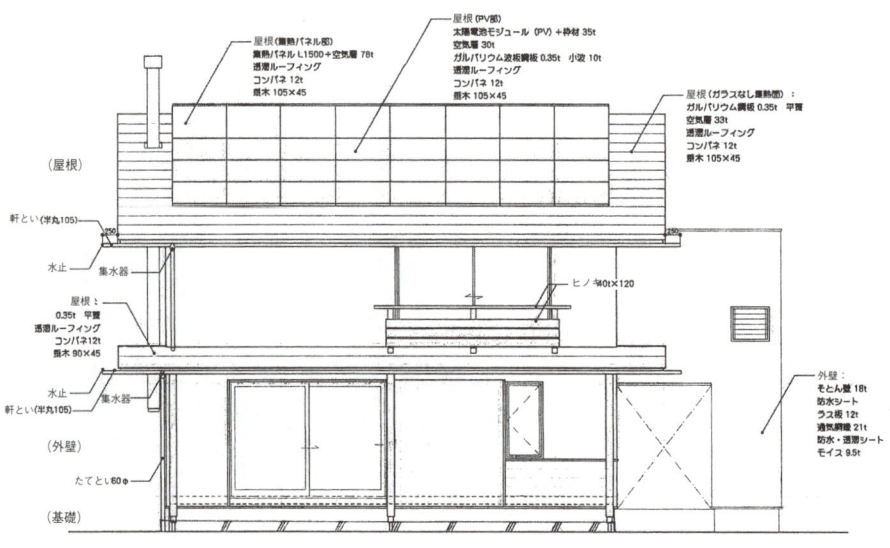

図 1.2.1　南面立面図

「基礎」は，建物をしっかりと大地と連結させる役割をする。建物の外側を表した立面図が図 1.2.1 と図 1.2.2 である。それに記されているように，屋根；ガリバリュウム鋼板，外壁；腰壁：ヒノキなどの仕上材料が外観のイメージをつくる。また，集熱パネル・軒とい・水止め・集水器・立てとい・板ひさし・バルコニーなどの付属物が現れる。軒天・けらば・軒の出などは屋根の部分の名前である。建物の内側は，天井，壁，床，階段にわけられる。「天井」は照明等の設備を取り付ける面となり，同時にその高さで安心感や解放感を与える役割をする。「壁」は，

写真 1.2.2　東面外観

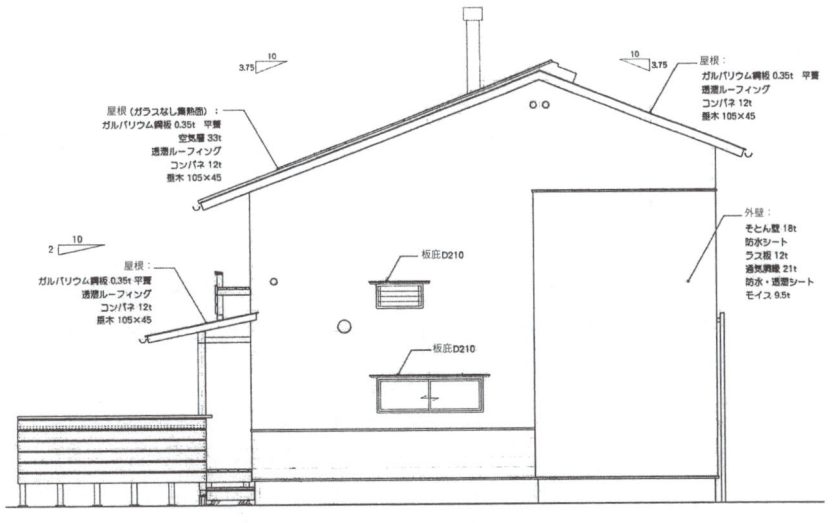

図 1.2.2　東面立面図

● 第 1 部　構成解剖学

写真 1.2.3　室内

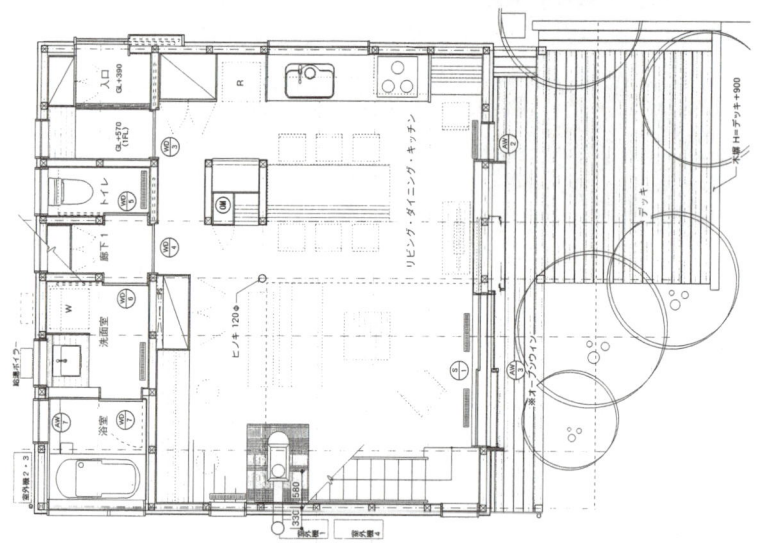

図 1.2.3　1 階平面図

　用途で空間を分ける役割のほか，色や素材に変化をつけることで落ち着きや明るさを演出する。「床」は，家具や人間を支える役割をし，床座や椅子座によって畳やフローリングなど素材を工夫する。「階段」は上下階の行き来がおもな役割である。写真の建物の屋根と天井を取外して真上から見た図が図 1.2.3，縦方向に切り取って断面を見たのが図 1.2.4 である。

2章 建物各部の名称

写真 1.2.4 室内

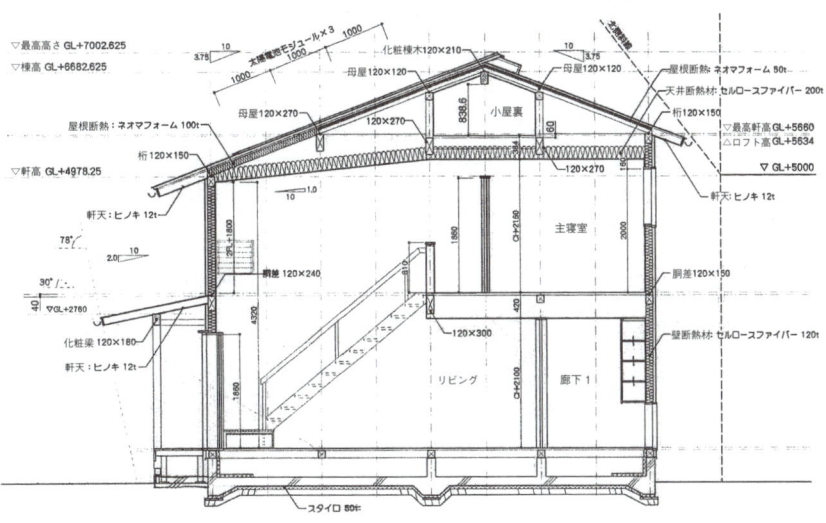

図 1.2.4 断面図

この章の写真・図面は下記による。

> つくば i-works 1.0（伊礼智設計室）
> 　コンセプト：パッケージ化された小さなエコハウス。建築家とメーカー，地域工務店が力を合わせ，標準化された設計を駆使したプレタポルテの家づくりを試みる「i-works project」のひとつ。
> 　主体構造・構法　木造在来工法
> 　基礎　　　　べた基礎
> 　階数　　　　地上2階
> 　軒高　　　　5 604 mm　　最高高さ　7 002 mm
> 　敷地面積　　190.14 m²　　建築面積　66.92 m²
> 　延床面積　　98.32 m²
>
> 提供：伊礼智設計室
> 撮影：西川公朗

●第1部　構成解剖学

コラム　軸組工法

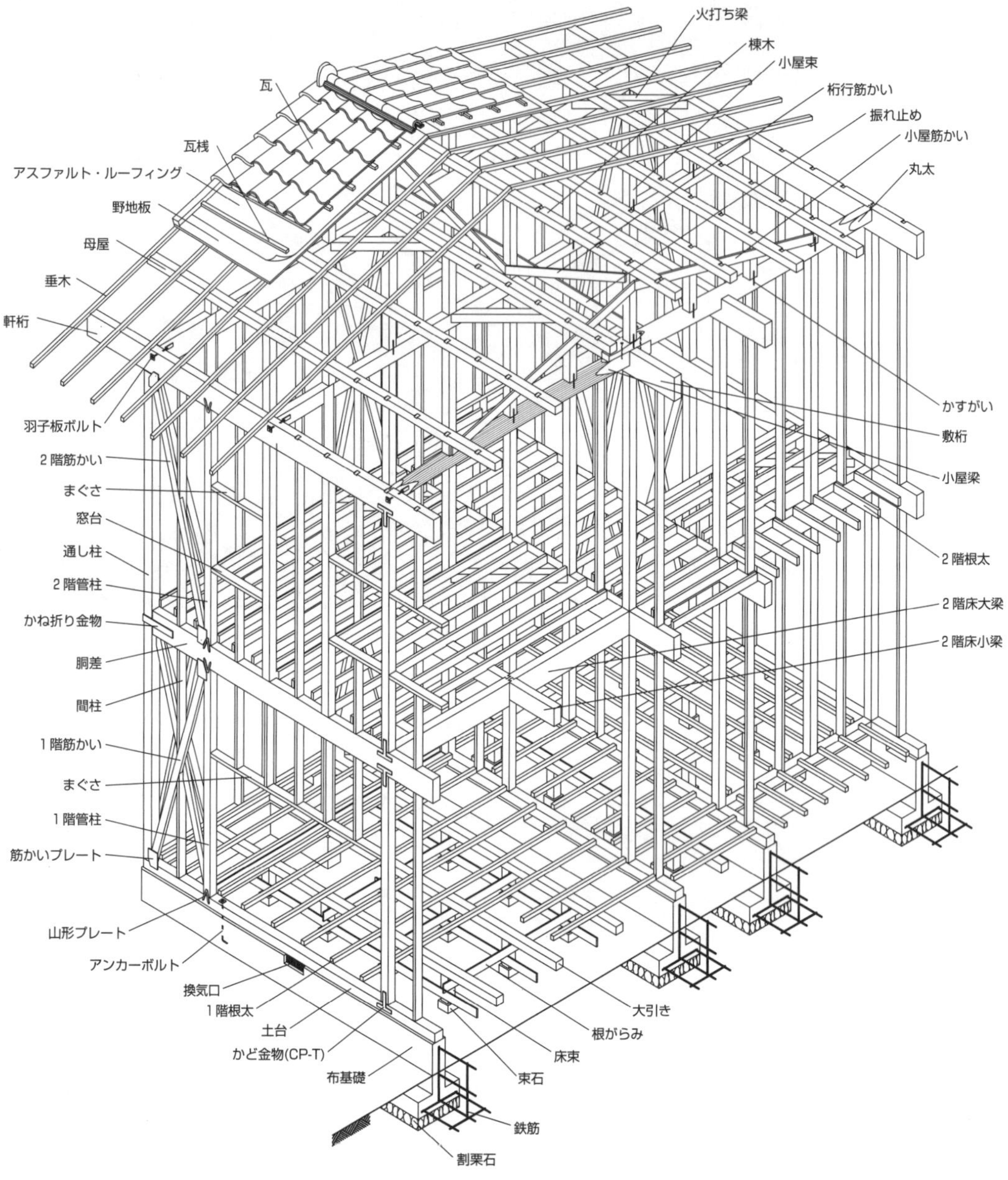

図1　在来軸組工法の部材構成と名称[1]

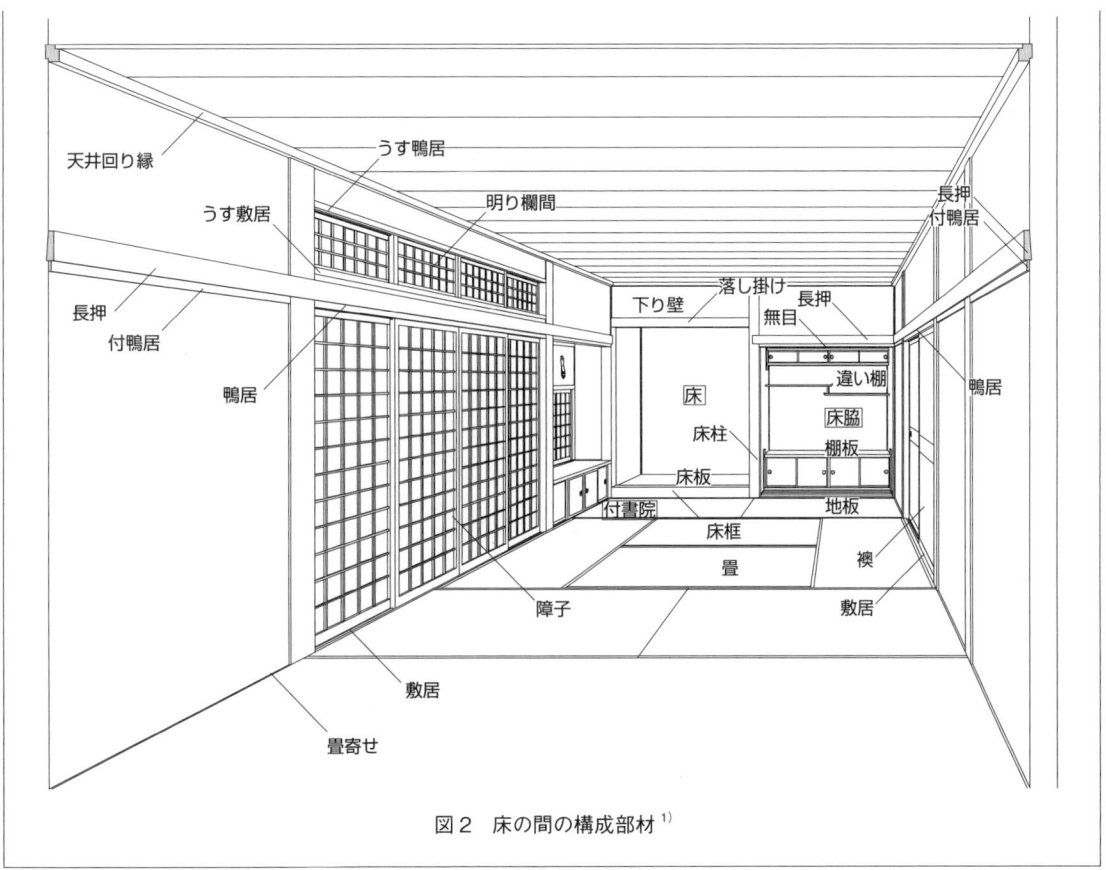

図2　床の間の構成部材[1]

第1部　引用転載文献
1)　鈴木秀三編：図解建築の構造と構法，井上書院

第2部 寸法解剖学

建物はさまざまな寸法で表わされる。第2部では，この寸法で建物を解剖してみる。そこには全体を表わす寸法，屋根や窓などの部位の寸法，柱や梁，畳などの部材の寸法，釘やボルトなどの部品の寸法がある。そしてこれらを調整する基準寸法がある。

建物を構築するうえで寸法が全体を支配している。

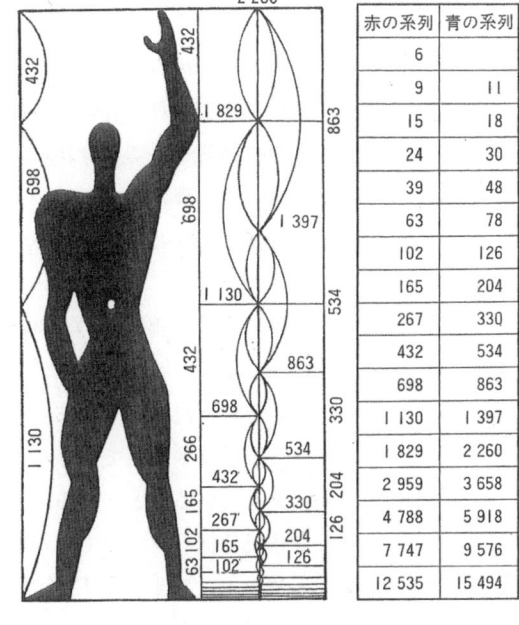

赤の系列	青の系列
6	
9	11
15	18
24	30
39	48
63	78
102	126
165	204
267	330
432	534
698	863
1 130	1 397
1 829	2 260
2 959	3 658
4 788	5 918
7 747	9 576
12 535	15 494

1章　寸法の単位

　木造建築の建築現場では、長さを測る単位として尺貫法の「尺」の単位系が昔から用いられてきた。尺に基づく長さの単位系は、中国をはじめとして古くから東アジアで使用されており、日常生活においては国際単位系であるメートル法が浸透した今もなお、建築現場で大工らが尺の単位系を使い続けていることには大きな理由がある。

　尺の長さは時代とともにすこしずつ変化しており、メートル法に換算して表記すると 10/33 m（約 30.3 cm）となる現在の 1 尺の長さは、明治時代に度量衡法として定められたものである。他の尺と区別して「曲尺（かねじゃく）」とよばれるが、通常「尺」といえばこの曲尺のことを指す。尺の単位系とメートル法でまったく異なる長さが単位長さとされている原因は、これらの長さの算出方法の違いにある。尺の長さは肘から手首にかけて 2 本ある骨のうち、体の外側に位置する尺骨とよばれる骨の長さに由来している。人がなかに入って使用する建物の大きさを測るうえで、身体に基づいて決められた長さの単位系が用いられてきたことはとても理にかなっている。一方、私たちが普段使い慣れているメートル法は、世界中で使われていたさまざまな長さの単位系を統一して新しい単位系を創ることを目的に、1791 年にフランスで考案された単位系で、地球の北極点から赤道までの子午線弧長の 1 000 万分の 1 の長さが単位長さの 1 メートルと定められた。つまり、メートル法の単位長さは身体とはまったく関係のない地球の大きさから導かれたものである。そのため、住宅のような小さな建物の各部の寸法をメートル法に基づいて 1 メートルの倍数で決定すると、やや間の抜けた広さの空間に感じられることがある。

　身体尺は何も尺だけではない。代表的なものとしてヨーロッパで生まれたポンド・ヤード法における長さの単位「フィート（feet）」があげられ、その言葉から容易に察することができるように、1 フィートの長さは足（foot）の大きさに由来している。1 フィートの長さは 30.48 cm で、1 尺の長さである約 30.3 cm に非常に近い値である。尺骨の長さにかわり、足の大きさという身体の異なる部分に由来するものの、まったく異なる地域で発達した長さの単位がともに 30 cm 強の値であることはとても興味深い。尺よりもフィートのほうが若干大きな値で

図 2.1.1　曲　尺（かねじゃく）

あることは，東洋人と欧米人の体格差と関係しているのかもしれない。

　尺を基準とする単位には，「丈（1丈＝10尺）」「間（1間＝6尺）」「寸（1寸＝1/10尺）」がある。「丈」は街区や道路幅を表す場合に使用される長さの単位である。たとえば，平安京の都は28丈の朱雀大路を軸として，道幅が8丈の大路と4丈の小路で区画された40丈四方の広さを町の単位として構成されていた。「間」は建物の間口や柱の間隔，開口部の幅などを表す場合に使用される長さの単位である。1間はちょうど畳の長辺の長さであり，1間四方の広さを示す「坪（1坪＝6尺×6尺）」や，1間×半間の広さを示す「畳（1畳＝3尺×6尺）」は，部屋の広さや土地の面積を表す単位として，メートル法の面積の単位である「平米（m^2）」と併用されている。住宅の建設費用を表す単位には，1坪当たりの建設単価を示す「坪単価」が用いられてきた。「尺」は木材の長さやパネルの大きさといった比較的大きな部材の寸法を表す場合に使用される長さの単位であり，板材の厚さや柱梁材の断面寸法のように1尺に満たないひとまわり小さいサイズを表す長さの単位には「寸」が用いられる。以上のように，測る対象物の大きさに合わせて，「丈」「間」「尺」「寸」の単位が使い分けられている。

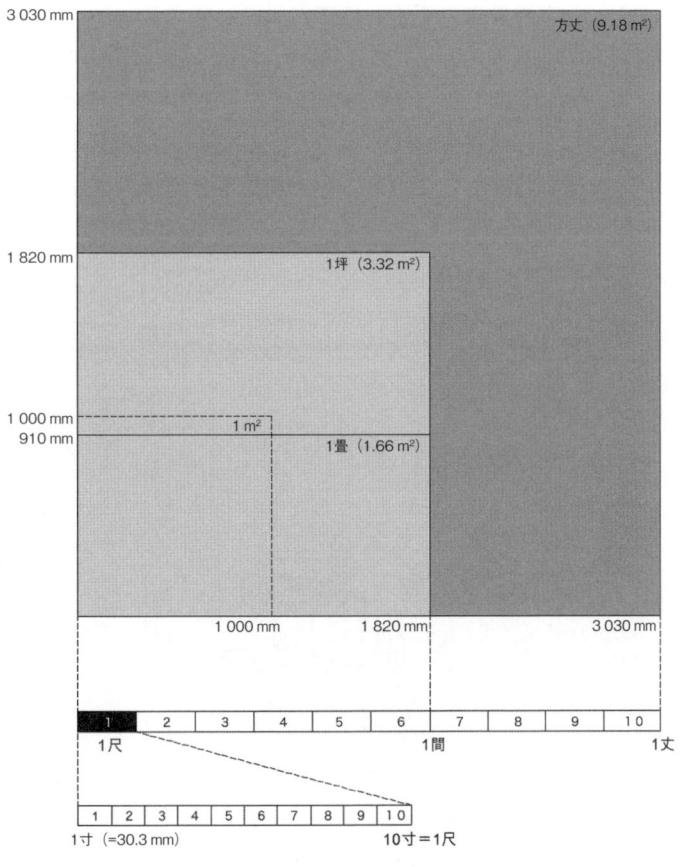

図 2.1.2　尺の単位系

2章 基準寸法

　建物をつくるときに用いられる基準寸法をモデュール(Module)という。日本の伝統的建築では，畳の短辺の長さである「3尺(半間)」や畳の長辺の長さである「1間」がモデュールとして用いられており，現代の木造住宅では現在も使い続けられている。モデュールに基づいて建物のさまざまな部位の寸法を決定すると，建物の部材のサイズや種類を規格化して効率的に大量生産することが可能となることから，モデュールは建物を工業化するうえでの重要なキーワードである。

　「3尺(半間)」と「1間」のモデュールで規定される一畳の面積は，小柄な日本人が横たわるのにちょうどよい広さで，半畳の面積には一人がちょうど胡座を組んでゆったりと座ることができる。そのため，部屋の広さを決める場合には，畳が面積のモデュールとして用いられ，畳に敷き方についても作法が確立されている。

　モデュールに基づいて部材の寸法を調整し，家具や設備がモデュールで割り付けられたスペースに合理的に納まるようにすることで，部材どうしの互換性を高めることをモデュラーコーディネーション（MC）とよぶ。

　西洋において，モデュールの考え方は古代ギリシアの時代から存在しており，神殿のデザインは構成部位のプロポーションによって定義され，列柱の直径を基準寸法として各部位の寸法が詳細に決められていた。このときはまだ建物の視覚的な美しさのみに関する寸法体系で，身体の寸法とは無関係なものであった。近代建築の巨匠の一人であるル・コルビュジエは，人体の各所に黄金比（約1：1.618）とよばれる比例関係を発見し，これに基づいてモデュロールと名づけた

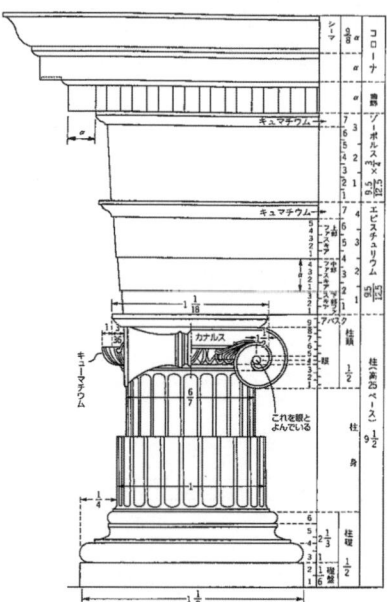

図 2.2.1　ギリシア神殿の柱のモデュール[1]

表 2.2.1　木造のモデュール

単位：mm

モデュール	910（900）
モデュールの倍数	1 820（1 800） 2 730（2 700） 3 640（3 600） 4 550（4 500） ・・・
モデュールの約数	303（300） 455（450）
倍数と約数の組み合せ	1 365（1 350） 2 275（2 250） 3 185（3 150） 4 095（4 050） ・・・

独自のモジュールを提案して基準寸法として自身の作品に用いた。コルビュジエは人体寸法を拠り所とすることで身体的な感覚によって評価される居心地のよさを目指し，自然界に存在するさまざまな形態の規則性と関係する黄金比を拠り所とすることで，美しい造形を目指した。

神社や仏閣などの日本の伝統建築におけるモジュールに，垂木や柱の太さや間隔などを基準に部材の寸法を決定する「木割り」がある。法隆寺金堂も木割りによって部材のサイズや間隔が決められている。もともとは材木から部材を切り出す「木取り」のための技術であったが，次第に部材相互の寸法の比例関係に基づく意匠的な技術へと発展した。木割りが比例関係に基づく寸法システムであることが，規模の異なる寺院などが一貫した日本的な美しさを醸し出している理由である。木割りの技術は時代とともに変化しながら大工の棟梁たちのよって受け継がれ，江戸時代になるといくつかの流派によって「木割書」とよばれる解説書にまとめられたが，そのなかでも江戸時代初期に平内政信によってまとめられた『匠明』（全5巻）が有名である。

「3尺（半間）」と「1間」のモジュールをメートル法に換算した値として，一般的には910 mmや1 820 mmが用いられるが，切りのよい値として900 mmや1 800 mmが用いられることも多い。建物の各部分の寸法は，モジュールの倍数である1 820 mm, 2 730 mm, 3 640 mm, 4 550 mmなどの寸法を基本として，910 mmの1/2の455 mmと組み合わせた1 365 mm, 2 275 mm, 3 185 mmなどの寸法もよく用いられる。また，胴縁や垂木などの下地材を割り付けるときには，910 mmの1/3である303 mmの寸法がしばしば用いられる。建物の寸法に限らず，建物のなかに置かれる家具や什器も，モジュールに則った建物にピッタリと納まるように，モジュールに基づいた規格でつくられることが多い。

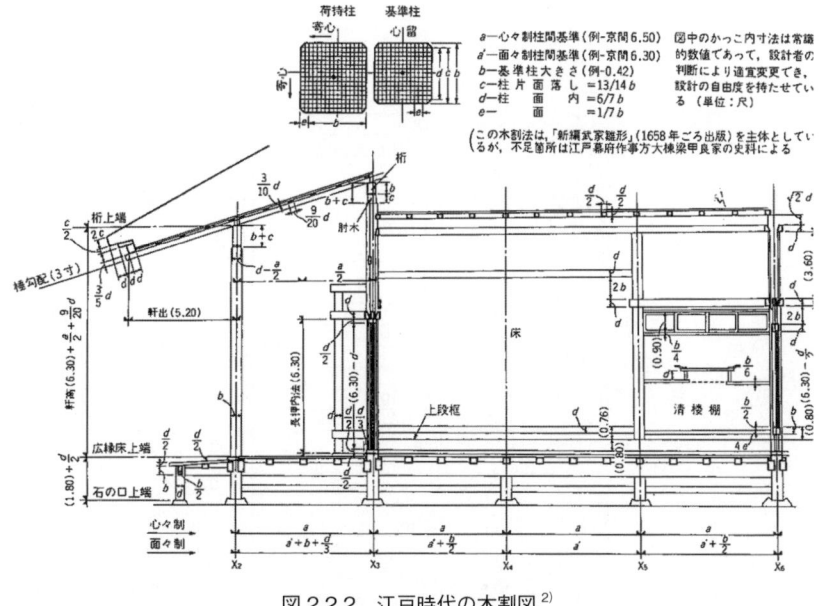

図2.2.2　江戸時代の木割図[2]

3章　部材寸法

プレハブ化や工場生産化によって建物の生産が工業化されたことに伴い，建物に使用される部材も規格化が進んでいる。部材を効率的に利用してコストを抑えるために規格寸法がある。

3.1　柱梁材

柱や梁は構造材や軸組材とよばれる。従来は建築現場で木材の加工を行っていたが，現在は工場で切断や仕口加工を施したプレカット部材が主流となっている。土台から屋根組まで住宅の通し柱や管柱（くだばしら）として使用される角材の太さは，105角（3寸5分），120角（4寸），150角（5寸）が一般である。古民家では，太さが7寸〜1尺もある大黒柱も使われるが，現在はこのような太い柱が使われることは少なくなっている。長さについては，土台から2階の小屋組まで達する20尺（約6m）の通し柱や一部の梁材を除けば，柱梁材は10尺から13尺（約3〜4m）のものが最も流通しており，これらは両端の加工部分を含めて1.5〜2間用の部材としての使用に適している。樹種によって差はあるが，105角から120角の太さの角材はおおよそ樹齢40年以上の樹木からとられる。木材の耐用年数

表2.3.1　木材の種類・標準寸法・おもな用途

	厚さ (cm)	幅 (cm)	長さ (m)	おもな用途
板	0.7	18, 21, 24, 27, 30	2	羽目板、下見板、天井板
	0.9			面戸板、床板、野地板、天井板
	1.3	12, 15, 18		野地板、下見板、天井板
	1.5		3.65, 4	床板、野地板、羽目板
	1.8	15, 18		床板、破風板
	2			棚板
	2.4	15, 18, 30		
小幅板	0.7	3.6	2	見切り縁、押し縁
	1.3	9		鼻隠し
	1.5	4.5	2, 3.65, 4	押し縁、胴縁
		10.5		胴縁、通し貫、幅木、広小舞
	2.4			筋かい、根太掛
厚板	3.3	9	2.4	胴縁
		12		胴縁、幅木
		15, 18	3.65, 4	構造材
		24, 30		階段段板、甲板
	4			建具
正割	1.8	1.8	2	回り縁、押し縁、框、瓦
	4	4	3.65, 4	
平割	2.4	3	3.65, 4	野縁、吊木
	3	3.6		笠木、見切り縁、吊木
	4	4.5	2, 3, 3.65, 4	野縁、胴縁
		9		框、敷居、鴨居
		10, 10.5		根太
	4.5	5.5		野縁、回り縁、胴縁、根太、見切り
		9		根太
		10, 10.5	2, 3, 3.65, 4	敷居、鴨居、手摺、筋かい、窓枠
	5.5	9, 10.2, 10.5		敷居、鴨居、ジベル
	6	12	3, 4	ジベル
正角		7.5	3	土台、柱、桁、無目
		9	3, 3.65, 4	
		10	3, 3.65	
		10.5	3, 3.65, 4	
		12	3, 3.65, 3.8, 4, 6	
平角	10	15, 18	3, 3.65, 3.8, 4	構造材料
	10.5	15, 18, 21, 24, 30		
	12			

は樹齢と同じ年数といわれるが，木造住宅の耐用年数が30～40年であることから，理にかなった部材寸法といえる。

梁材の高さは120 mm，150 mm，180 mm，210 mm，240 mm，300 mm，360 mmと30 mmの倍数である部材が流通しており，このなかから各部分で使用する部材として最も適したサイズのものが選択される。

3.2 下地材

板材や合板を用いて床，壁，天井をつくる場合，柱や梁の軸組に面材を固定するために構造材よりも細い角材を用いて下地を組む。床の下地は「根太」，壁の下地は「胴縁」，天井の下地は「野縁」，屋根の下地は「垂木」とそれぞれ呼称が異なるが，同じ部材が使用されることが多い。下地材としてよく使用される部材はその断面寸法から，36 mm × 40 mm（1.2寸× 1.3寸）であれば「インニッサン」，40 mm × 45 mm（1.3寸× 1.5寸）であれば「イッサンインゴ」45 mm × 54 mm（1.5寸× 1.8寸）であれば「インゴインパチ」，45 mm × 105 mm（1.5寸× 3.5寸）であれば「インゴノサンゴ」と現場ではよんでいる。

3.3 面 材

柱材や梁材が建物の骨組をつくる部材であるのに対し，面材は壁によって空間を形づくる部材であり，下地材や仕上材など，材質，厚さ，強度，耐水性などの物性に基づいて使い分けられる。壁の材料として使用される面材はおもに木質系部材と無機系部材に分類される。木質系の面材には，無垢板をはじめ，断面の小さい木材を接着させて成型した集成材，薄い単板を繊維方向が交互に直交するように重ねて熱圧接着した合板，小さな木片や木質繊維を接着剤と混ぜて熱圧成型したパーティクルボードやMDFなどの繊維系面材がある。無機系の面材には石膏ボードやケイ酸カルシウム板のほかに，間伐材や古材や製材残材を切削してセメントと混ぜて圧縮成型した木毛セメント板などがある。各面材の厚さはおおよそ3 mmごとに用意されており，必要な性能に応じて種類や厚さが選択されるが，複数の面材が重ね合わせて使用されることも多い。面強度やくぎの保持力が高い構造用合板や繊維系面材は，軸組に指定のくぎ打ち方法で取り付けると耐力壁となるが，種類と厚さによって強度を表す壁倍率の値が異なる。

外装や内装の下地に使われる面材は，3尺× 6尺の三六板（サブロクバン）や4尺× 8尺の四八板（シハチバン）とよばれるサイズで流通している。910 mmのモジュールで製造されているため，同じく910 mmのモジュールに従った軸組との相性がよく，割付け時の加工の手間や部材のむだが最小限に抑えられる。また，これらのサイズは運搬，搬入，保管の点においても合理的である。

表2.3.2 おもな面材の種類と厚さ

種 類	厚さ（mm）
構造用合板	9，12，15，18，21，24，30
シナ合板	4，5.5
ケイ酸カルシウム板	5，6，8，10，12
石膏ボード	9.5，12.5，15
パーティクルボード	9，12，15，18，20，22，25，30

4章　平面寸法

4.1　柱割り法と畳割り法

　木造住宅の平面計画には江戸間と京間の2通りの考え方がある。ともに6尺のモデュールに配慮した平面であるが，どこの寸法に6尺の長さを当てはめるのかによって広さに差が生じる。

　江戸間は関東間ともよばれ，現在の多くの地域の木造住宅で採用されている平面計画の考え方で，柱の中心を基準として柱芯間の寸法が6尺モデュールに従うように柱や壁を配置するため「柱割り法」とよばれる。このとき和室に割り付けられる畳のサイズは，柱の太さの分を差し引いた3尺×6尺（910 mm×1 820 mm）よりもひとまわり小さいサイズ（880 mm×1 760 mm程度）となり，部屋の大きさや壁の仕様に応じて畳の大きさは若干異なる。一方，京間は関西地方で広く採用されている平面計画の考え方で，3.15尺×6.3尺（955 mm×1 910 mm）の畳のサイズを基準として部屋の大きさや柱の割付けを決めていくため「畳割り法」ともいう。柱間の内法が6尺となり，どの住宅の和室にも同じサイズの畳を敷くことができるため，畳を規格化して生産できるメリットがある。しかし，柱の太さや壁の厚さ，真壁か大壁かによって柱芯間の寸法がすこしずつ異なり，軸組材の寸法計画が複雑になる。

　同じ広さで表記された部屋であっても，江戸間と京間では実際の有効面積が異なる。江戸間の6畳部屋は，柱芯（または壁芯）間の距離が1.5間×2間（2 730 mm×3 640 mm）となり，仕上げを含めた壁厚を120 mmと仮定すると，有効面積は2.61 m×3.52 m＝9.19 m^{2}となる。一方，京間の6畳部屋の広さは3.15尺×6.3尺の畳6枚分であり，0.955 m×1.910 m×6＝10.944 m^{2}となる。つまり，京間の6畳は，江戸間に換算すると7畳を超える広さとなる。

4.2　部分の寸法

　一般的な木造住宅の柱は，2間（3 640 mm）を超えない範囲でモデュールに基づくスパンで配置される。2間の間口は8畳和室の長辺の長さに該当し，リビングの奥行きとしても十分な長さであり，2間グリットで柱を配置すれば一般的な規模の住宅におけるほとんどの居室を無柱空間でつくることが可能である。開口部は4枚サッシの大窓を取ることができ，十分な開放感も得ることができる。また，2間の柱間に掛ける梁は一般に流通している4 mの部材を加工して製作可能である。

　住宅の階段幅については，建築基準法では750 mm以上と定められている。住宅の廊下幅については，建築基準法で特に規定されていないが，一般的に階段の幅に合わせて750 mmが目安とさる。芯々910 mmスパンで配置された柱間の空間を廊下や階段として使用する場合，柱間の内法寸法は105角の柱材を用いる

と805 mm，120角の柱材を用いると790 mmとなる。伝統的な日本家屋や和室で見られる真壁の建物は，この寸法が有効幅となる。大壁の建物の場合には5〜12 mmの合板または9.5〜12.5 mmの石膏ボードが柱を覆い隠すため，合板や石膏ボードの表面の仕上材厚を考慮すると有効幅は760〜790 mm程度となる。最も有効幅が狭くなる部材の組合せにおいても，910 mmモジュールで軸組を配置すれば750 mm以上の有効寸法をちょうど確保できることがわかる。

最近では，バリアフリーを考慮して1 mモジュールを採用する住宅も増えて

表2.4.1　2階建て在来木造住宅における横架材のスパンと部材断面の早見表

部位	部材	ピッチ＠		スパンL					
				910 3尺	1 365 4.5尺	1 820 1間	2 730 1.5間	3 640 2間	4 550 2.5間
小屋	垂木	455	1.5尺	40×45	40×75	40×90	40×105		
	母屋	910	3尺		90×90				
	桁	軸組上			120×120		120×150	120×180	120×240
	大梁	1 365	4.5尺			120×120	120×180 150φ	120×210 180φ	120×240 210φ
		1 820	1間				120×180 150φ	120×240 180φ	120×270 210φ
		2 730	1.5間				120×210 150φ	120×240 210φ	120×300 240φ
		3 640	2間					120×270 210φ	120×300 240φ
	小梁	910	3尺		105×105	105×105	120×120	120×150 120×180	120×210 180φ
		1 365	4.5尺		105×105	105×105	120×150	120×180	120×240 210φ
		1 820	1間			105×105	120×150 150φ	120×180 180φ	120×270 210φ
		2 730	1.5間				120×180 150φ	120×240 180φ	120×300 240φ
2階床	根太			40×45	45×75	45×100			
	大梁	1 365	4.5尺			120×120	120×180	120×240	120×300
		1 820	1間				120×210	120×240	120×330
		2 730	1.5間				120×210	120×270	120×330
		3 640	2間					120×300	120×360
	小梁	910	3尺	105×105	105×105	105×105	120×150	120×210	
		1 365	4.5尺		105×105	120×120	120×180	120×240	
		1 820	1間			120×150	120×210	120×270	
		2 730	1.5間				120×240	120×300	
1階床	根太	455	1.5尺	40×45					
	大引	910	3尺	90×90					
	土台	軸組下			105×105／120×120				

樹種：マツ，表示：W×H，単位：mm

いる。910 mmモジュールはむだなく空間を利用する点で優れているが，手すりを付けると必要な廊下や階段の幅を確保できない場合もある。1 mモジュールを用いることで生まれる90 mmのゆとりによって，手すりの設置や車いす生活への対応が容易となる。

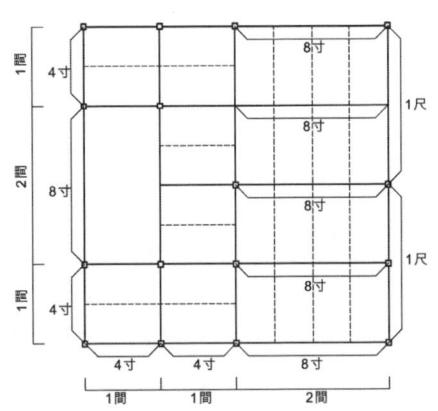

図2.4.1　間四の法
（1間スパンにつき梁せい4寸の横架材をあてる梁断面の略算法）

5章　断面（矩計）寸法

5.1　基礎立上り高さ

　建物の高さ方向の寸法を決めるとき，「地盤面」「基礎立上り高さ」「床高」「階高」「天井高」「軒高」「建物高さ」「最高高さ」などのさまざまなレベル関係について確認する必要がある。「基礎立上り高さ」は，基礎の高さから根入れ深さを引いた地盤面から上の部分の高さで，構造耐力および耐久性上の観点から，地盤面から300 mm以上確保することが必要とされ，さらに特定住宅においては400 mm以上とさらに高い条件が定められている。

5.2　床　高

　「床高」とは地盤面から1階の床仕上げ面までの高さである。十分な床高を確保しないと土中から上がってくる湿気によって土台や床板の腐食が問題となる。防湿処理を行わない独立基礎や布基礎の場合は450 mm以上とすることが建築基準法で定められているが，べた基礎で湿気を遮断する場合には床高を低く設定することができる。

5.3　階　高

　「階高」とはある階の床仕上げ面から直上階の床仕上げ面までの高さで，一般的には土台の上端から2階梁の上端までの高さと一致するため，柱部材の寸法と一体的に検討される。流通している管柱（くだばしら）の長さ（3 000～4 000 m）や通し柱の長さ（6 000 mm）を使用すると階高は3 000 mm以下となる。

5.4　天井高

　「天井高」は床の仕上げ面から天井仕上げ面までの高さであり，居室の天井高は2 100 mm以上を確保することが法規で定められている。一般的な住宅の2階床を支える大梁の梁せい寸法が300～400 mmであることを考慮すると，2 400 mm以上の階高が必要となる。階高と天井高の差は天井懐（ふところ）とよばれ，このスペースを利用して照明器具や空調ダクトなどの設備が設置される。

5.5　軒　高

　「軒高」とは地盤面から小屋を支える最上階の梁や柱の上端までの高さである。屋根形状が複雑でさまざまな高さに軒が表れる場合は，一般的に最も高い軒の高さを指す。これに対し，「建物高さ」とは地盤面から小屋組を含めた棟木上端までの高さで，一般的に建築物の高さというときは「建物高さ」を示す。棟飾りや煙突などの軽微な突出物は建物高さに含まれないが，陸屋根（ろく）のパラペットは建物周囲の全体に設けられるため部分とは見なされず建物高さに算入される。また，

階段室や昇降機などの塔屋については，その部分の水平投影面積が建築面積の1/8以内であれば高さ12mまでは建物高さに算入しなくてもよいという緩和規定があり，この場合の建物の最も高い部分の高さは「建物高さ」と区別して「最高高さ」とよばれる。

階高は階段の計画とも密接に関連している。直線階段を計画するとき，一般的な木造住宅の柱割りを考慮すると，2間スパン（3640mm）に納まるように踏面と蹴上げの寸法が決定される。折返し階段の場合には，踊り場の面積も含めて1坪または1.5坪（1820mm×1820mmまたは1820mm×2730mm）の面積で計画される。住宅の場合，階段の蹴上げは230mm以下，踏面は150mm以上と決められているが，これは非常に急勾配な階段であるため，一般的には蹴上げは150〜200mm，踏面は200〜250mmで，45°以下の勾配になるように計画される。部材寸法や階段計画によって階高の上限値が3000mm程度に決まり，さらに天井高の下限値が2100mmであることから，理想的な階高は2400〜3000mmと導かれる。

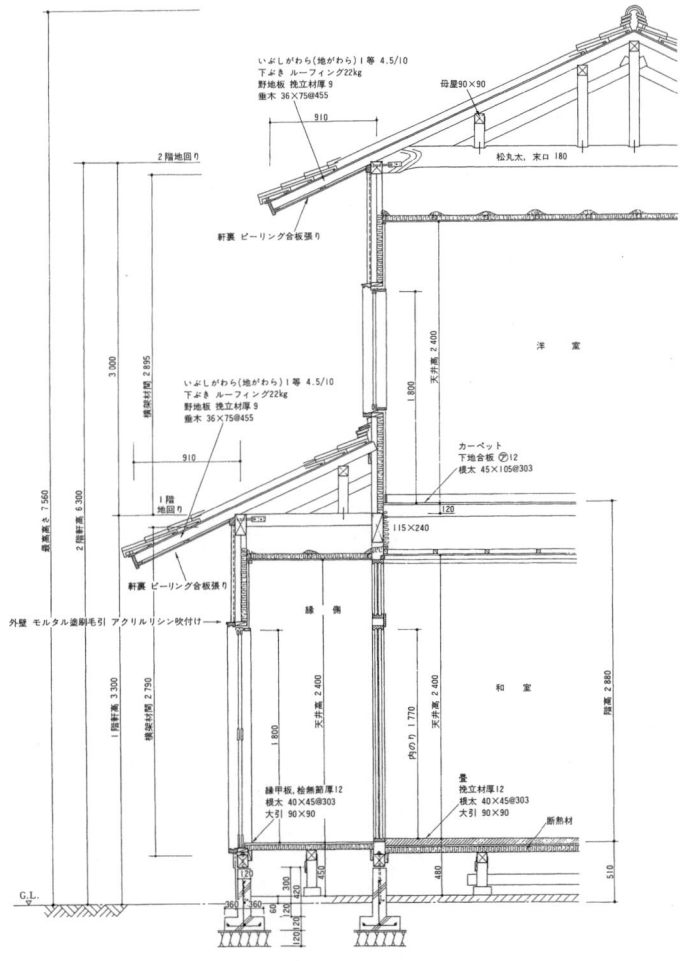

図2.5.1　一般的な在来木造住宅の矩計図[3]

第2部　引用転載文献
1)　森田慶一訳：ウィトルーウィウスの建築書，東海大学出版会
2)　岡田光正ほか著：現代建築学[新版]建築計画1，鹿島出版会
3)　日本建築学会編：構造用教材，日本建築学会

第3部 部位解剖学

　建物はさまざまな部品，部材から構成されている。それを役割ごとに分けてみると，建物を支える骨組と部品部材を支える骨組がある。また建物のどの位置にあるかによって屋根・外壁・天井・内壁・床・開口部・階段などの部位に分けられる。

　これらの部位は，それぞれ役割があり，その役割を果たすように仕組まれている。第3部では部位の役割と仕組み，部位相互の関連性をまとめてみる。

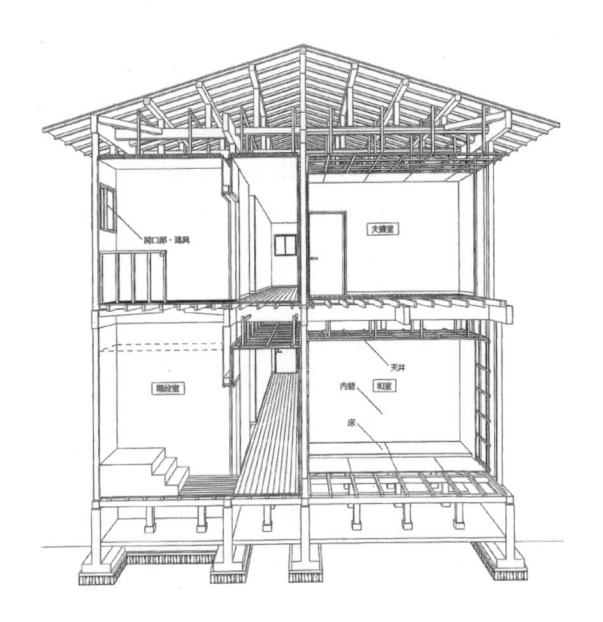

1章　屋根の役割と仕組み

1.1　屋根の役割

　屋根は，建物の最上部に設けて，雨，雪，風，日射，気温変動などの気象作用から建物を保護するため，建物内部に気象作用が影響を及ぼさないように，建物全体を覆っている部位である。

　その役割は，建物を保護すること，建物内部への雨や雪の侵入を防ぐこと，隣家の火災に対する延焼を防止すること，日射による屋根からの熱の侵入あるいは建物内部から熱の流出を防止すること，である。

　一方，屋根は建物最上部であるため，建物の各部位のなかで，最も過酷な気象環境にさらされている。このため，屋根の役割を長期間にわたって維持するためには，日射，気温の変動，風雨などの気象作用による劣化が少ないこと，強風による屋根材料が飛散しないことなどが求められる。

1.2　屋根の仕組み

(1)　雨仕舞の仕組み

　建物内部への雨の浸入を防ぐには，屋根に降った雨を素早く建物外部へ排水することである。このため，屋根は，一般に勾配を付けた勾配屋根が用いられている。しかし，屋根を利用するため陸屋根（ろくやね）とよばれる水平な屋根があり，排水の仕組みが異なっている。

　勾配屋根の瓦葺きの仕組みを図3.1.1に示す。屋根に降った雨は，瓦に沿って，棟から軒先の雨どいに流れる。瓦の場合，一枚ずつ重ねてあるため，重ね部分にすきまがある。強風に伴う降雨の場合，このすきまから雨水が屋根裏に入るおそれがあるために，瓦の下に防水紙（ルーフィング）を敷き込み，これを防いでいる。瓦の重ね部分のすきまは，防水紙に溜まった雨水を乾燥させるために有効である。

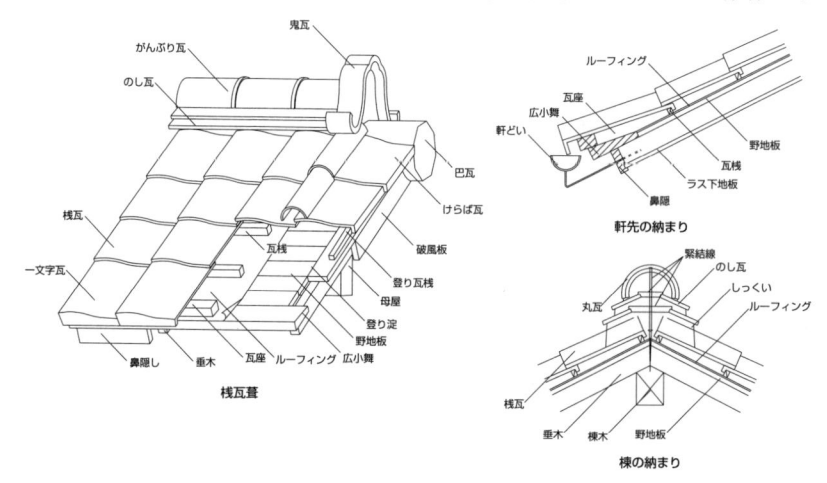

図3.1.1　勾配屋根-瓦葺きの仕組み[1]

陸屋根の排水の仕組みを図3.1.2に例示する。陸屋根は屋上を利用するために水平な屋根となっている。雨水は，屋上の中央部からパラペット方向に緩やかな水勾配（1/100〜2/100）をつけて，屋上の数か所に設けたドレイン（排水管）に流して，外部へ排水している。勾配が緩やかなため，屋上は防水シートを数層に重ねて張り付けて，雨水の浸透を防いでいる。

屋根に集まった雨水は，横どいから縦どいと通して，敷地内に設置した雨水ますに集め，ここから敷地外の排水溝へ排水している（図3.1.3）。

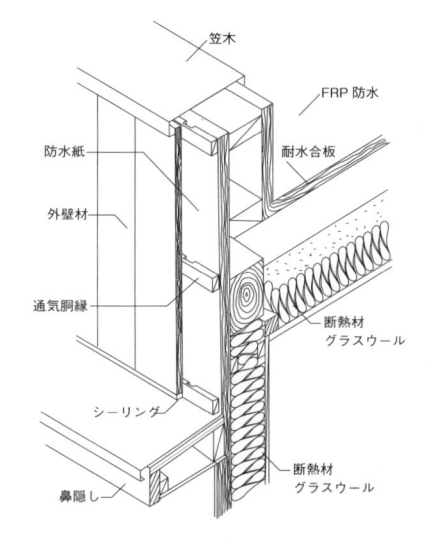

図3.1.2　陸屋根-排水の仕組み

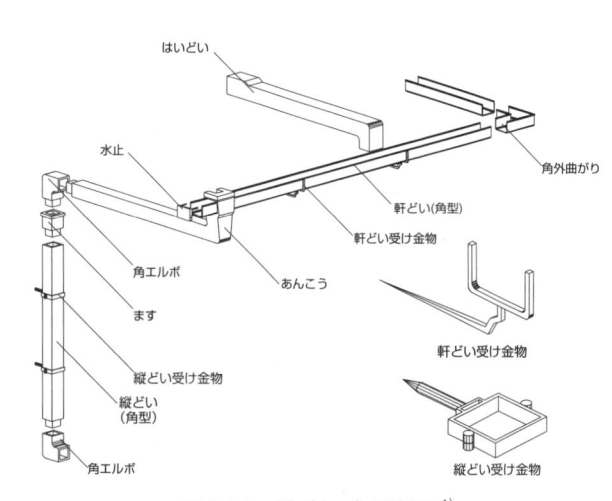

図3.1.3　樋（とい）関係図 [1]

雪積に対しては，屋根の荷重が大きくなるために，雪を屋根から落とす（雪下ろし）には，屋根の勾配を急にする。この場合，雪下ろしのために人が屋根で作業できないので，ある程度雪が積もったら雪下ろし作業が安全にできる勾配となっている。逆に，屋根から雪が落ちて通行人に被害が及ばないように雪止め（図3.1.4）を設置している。また，屋根の下から採暖して積もった雪を溶かして排水するなどの仕組みがある。

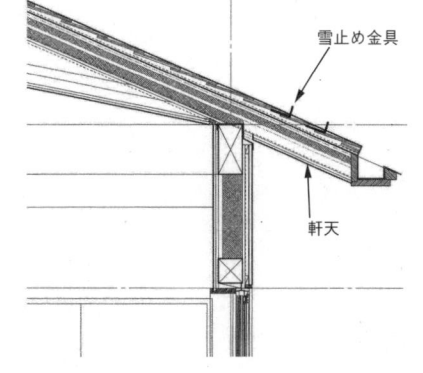

図3.1.4　雪止めの仕組み

(2) 延焼防止の仕組み

隣家に火災が発生した場合，狭小敷地内の建物の屋根に飛んできた火の粉によって，屋根が延焼するおそれがある。このため，屋根葺き材料は，燃えにくい瓦やセメント瓦などの防火材料が用いられている。

陸屋根の場合，防水材料は水を透さないアスファルト系，合成高分子系が用いられているため，防水層の上にモルタルなどの防火材料によって被覆している。特に延焼のおそれのある箇所は，断面寸法の小さい部材で構成されている軒先で，軒天などは防火材料が使われている（図3.1.4）。

(3) 通気の仕組み

屋根は，直射日光を受けるため，屋根材料が高温になり，屋根裏の温度が非常に高くなる。最上階の部屋の温度に影響を及ぼす。屋根裏や軒天に換気口を設けたり，最上階の天井裏に断熱材を敷き込んでいる。

近年では，屋上緑化は，環境保全の観点から採用されているが，屋根面の温度上昇を抑制する効果も期待できる。

(4) 建物保護の仕組み

屋根は，建物全体を気象環境から保護する役割がある。軒の出を長くして，外壁にも雨が掛からないようにしている。

(5) 屋根材料の飛散防止・落下防止の仕組み

強風時には，屋根全体が飛散する場合と，屋根葺き材料が飛散する場合とがある。屋根全面の飛散防止のために，屋根の棟を重くして，端部からの捲り上げを防いでいる。屋根葺き材料の飛散防止は，瓦の場合，図3.1.5に示すように，瓦桟にくぎやステンレス線を用いて緊結している。

地震に対しては，屋根が重いと建物の重心が高くなり揺れやすくなるので，軽いほうが有利である。一方，強風に対しては，屋根葺き材料は重いほうが有利である。

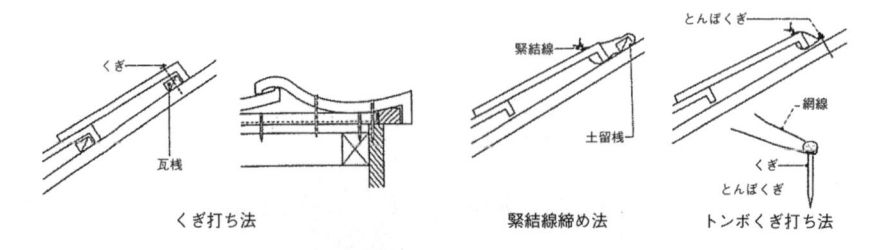

図 3.1.5 屋根葺き材料-飛散防止の仕組み

(6) 劣化防止

気象作用による劣化を遅らせるためには，寒冷地では気温の変動に対する凍害抵抗性，紫外線に対する劣化抵抗性，飛来物に対する衝撃抵抗性を有する材料が使われている。陸屋根の防水層はアスファルト系，合成高分子系材料が用いられているため，紫外線劣化を防ぐために防水層の上をモルタルなどで覆っている。

屋根のメンテナンス

屋根のメンテナンスは大きく分けて，防水性の維持・保全，変色や汚れなどに対応する美観性の継続に対応して行われる。雨漏りは，屋根材自体の劣化が原因ではなく，屋根葺き材の葺き方のずれ・割れに加えて，下地の防水性能の低下が関係している。したがって，屋根葺き材のメンテナンスとして認識するだけではなく，屋根全体を定期的にメンテナンスすることが求められる。塗装を施す金属材料による屋根は，耐候性と美観性の両面から定期的に塗装を行うことが求められ，化粧スレートやセメント材料の屋根は美観性の維持が目的となる。

1.3 屋根の一般的な構成

屋根の一般的な構成を図 3.1.6 に示す。

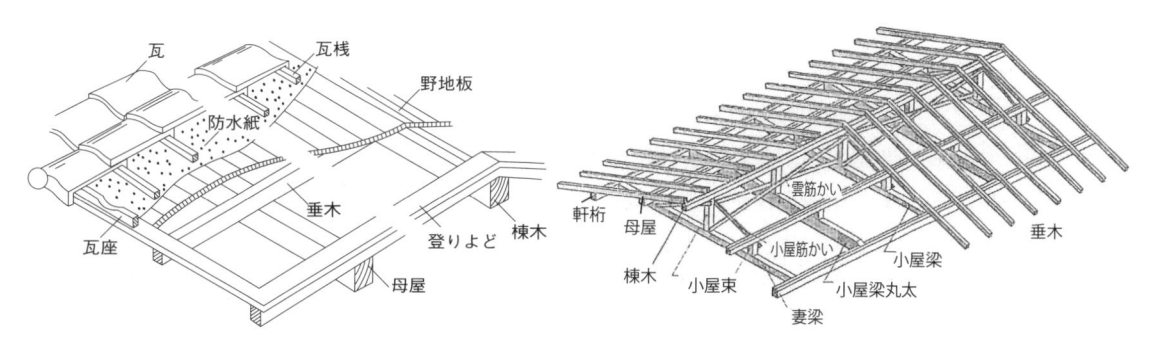

図 3.1.6 一般的な屋根の構成

(1) 屋根下地

瓦葺き屋根の構成は，瓦はくぎで桟木に取り付け，桟木は防水紙を張った野地板に取り付け，野地板は垂木によって支持されている。垂木は母屋で受け，母屋は小屋束を通して，小屋梁へと力が流れていく。屋根は，屋根葺き材料から野地板までをいい，垂木から小屋梁までを小屋組（第3部8章）とよんでいる。屋根の下地は，桟木，防水紙，野地板までをいう。瓦，桟木，防水紙の重さは，野地板全面で支えていることになる。

(2) 屋根葺き材料

屋根の構造は，建物が立地する地域や個々の建物の構造により，建築基準法で防火対策が規制されており，多くの建物の屋根材料は不燃材が使用されている。

屋根の材料は，下葺き材と屋根葺き材に大別される。

a 下葺き材の性能

下葺きの材料（図 3.1.7）は屋根葺き材料と野地板との間の，主として防水を目的とした材料をいい，以下に示す性能が求められる。

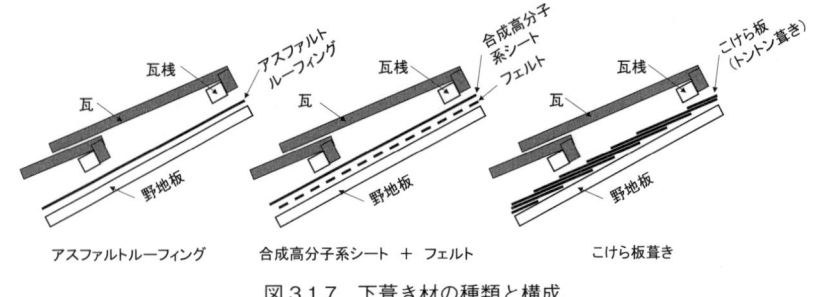

図 3.1.7　下葺き材の種類と構成

1) **機械的強度**

　下葺き材の機械的強度が低い場合には施工時に破損を起こしやすい。また，施工後も野地板の動きや構造体の振動などによって下葺き材が破損する場合もある。そのため，下葺き材には破損しにくい機械的強度（応力が加えられたときの変形挙動に対する強さ）が必要となる。

2) **低温・高温特性**

　屋根の棟・谷・立上りなどの部分では下葺き材が折り曲げて施工されるので，低温特性が悪い材料は硬化するため，折り曲げられる部分では破損しやすい。また，気象条件が低温の場合は下葺き材が脆化して，野地板の動きや構造体の振動などの影響を受け破損する場合もある。高温特性が悪い材料は，高温の条件下では材料が軟化するため，材料を固定する保持力が低下する。耐久性の側面からも，低温時・高温時に安定した性能を保持する下葺き材が求められる。

3) **伸縮性（寸法安定性）**

　下葺き材は，太陽熱による温度変化，屋根葺き材のすきまから浸入する雨水の影響により，伸縮による寸法の変化を引き起こす外力を長期間にわたり受けている。また，施工段階でも気象条件の影響を受け，伸び・縮み・しわなどの寸法の変化を起こしやすく，特に屋根葺き材が軽量の場合は屋根の仕上り，美観に悪影響を及ぼす場合もある。

4) **耐久性**

　屋根の下葺き材は屋根葺き材に覆われているため，直接外気にはさらされていない。しかし，気象条件や施工条件などにより，劣化の影響を及ぼす外力を受けている。そのため長期的な視点から，下葺き材は損傷や変質により防水性能が低下し，雨漏りや漏水が発生することのない耐久性が必要である。

5) **防滑性**

　屋根は高所であり，屋根形態もさまざまであり勾配もあるため，その施工には危険が伴う。施工時の安全性・施工性を考慮すると，危険を排除する滑りにくい下葺き材の性能が求められる。

b 屋根葺き材の種類と特徴

屋根葺き材には以下に示す種類と特徴がある。

1) 瓦（粘土系）（図 3.1.8）

粘土を使った焼きものの屋根材で，表面に釉薬が塗られている釉薬瓦と塗られていない無釉瓦（素地瓦，いぶし瓦，素焼き瓦）とに大別される。瓦は粘土をベースに焼成してつくられたもので，他の屋根材にくらべて重量が重くなるため，耐震性能を考慮する必要がある。表面は強く，耐久性を有し，時間の流れとともになじみ味わい深さを感じ取ることができる。

瓦は，地域特性と関連する地域色豊かな材料であり，その寸法，製法や仕上がり，葺き工法などに地域固有のさまざまな特徴をみることができる。

① 釉薬瓦（陶器瓦）

陶器瓦ともよばれ，プレス成型した瓦形の素地に釉薬をかけて，窯のなかに入れて高温で焼き上げた瓦である。瓦表面の釉薬がガラス質になるため水が浸透せず，長期間を経ても材料としての良好な状態を保つことができる。釉薬を使用するため，多様な色彩を表現できる。形状は，和型（J形），平型（F形），洋型（S形）などがあり，建物の形態やデザインに合わせて選択される。

② 無釉瓦

無釉瓦は，釉薬を施さず陶器の素地の色合いが表出する瓦であり，いぶし瓦・素焼瓦などがある。いぶし瓦は，釉薬をかけずに焼き，松材や松葉で黒色にいぶすことから，瓦全体が渋い銀色となる。釉薬瓦にくらべ耐久性は劣るものの，日本建築の社寺仏閣や和風住宅の屋根に多く用いられている。素焼き瓦は，釉薬を施さず陶器の自然の風合いを生かした瓦であり，酸化炎焼成の赤色のため赤瓦ともよばれる。

図 3.1.8 瓦の種類と特徴

2) 金属系（図 3.1.9）

金属屋根に使用される金属板には，鋼板・銅板・カラー鉄板などの種類がある。金属板は，加工性・施工性に優れることから，その葺き方もさまざまな方法があり，複雑な屋根形状にも対応することができる。瓦棒葺きは，屋根の流れ方

向に配置された心木に，別々に折り曲げた溝板・キャップを組み合わせて構成する工法である。木造下地の上に葺く場合は，心木がある瓦棒葺きと心木のない瓦棒葺きに大別される。平葺きは，比較的面積の小さい矩形の葺き板の四周にはぜを設け，縦横のはぜと重なり合った他の葺き板のはぜを掛け合わせて継いでいく工法である。在来工法として広く一般的に用いられている。

① ガルバニウム鋼板

鉄板を基材としてアルミニウム，亜鉛，シリコンからなるメッキ層をもつ溶融アルミニウム・亜鉛合金メッキ鋼板を総称してガルバリウム鋼板とよばれている。

海岸地域，積雪・寒冷地，強風地域に加えて，公害地域や酸性雨の影響を受ける厳しい環境下においても使用できる。また耐久性の高いシリコンやフッ素樹脂の塗膜を有していることから，良好なメンテナンス性に優れている。

② 銅　板

日本ではさびに強い金属として古くから使用されている。和風住宅では瓦葺きから1段落として葺く腰屋根に用いられている。銅は緑青が発生し緑色に変色した以降は長期間にわたり耐久性を有する。耐久性・耐蝕性・加工性に優れており，はぜ巻きの強い工法にも無理なく適用できる。一方，弾性が低く，たわみが大きいため，構造的な折板・波板には適さない。

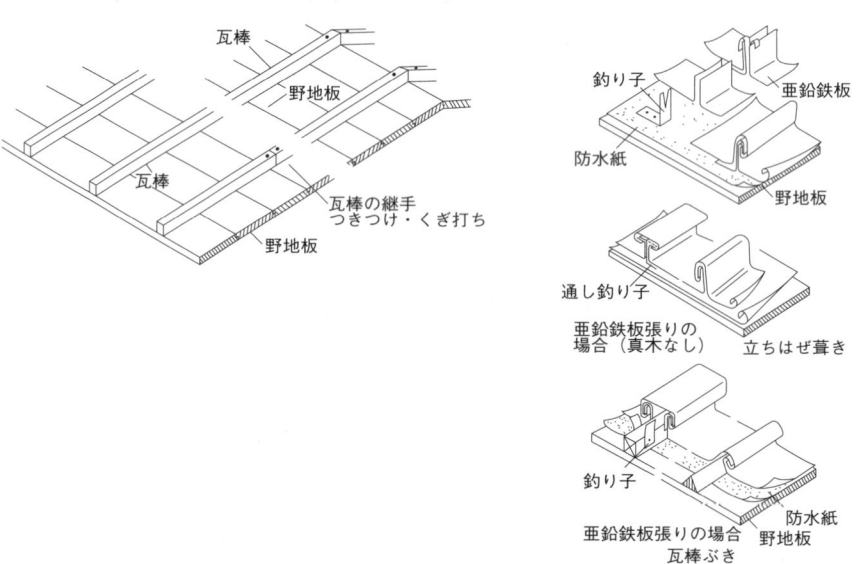

図3.1.9　金属屋根の種類と特徴

3） スレート系（図3.1.10）

① 化粧スレート

化粧スレートは，セメントと補強繊維などの主原料を基に成型し，蒸気養生，高温・高圧養生を行ってつくられた板状の合成スレートに着色したものである。薄い住宅用の屋根葺き材の一種であり，軽量であるため耐震性の側面からも有利であり，耐候性・耐風性・施工性にも優れていることから，屋根材料として広く

普及している。古くは不燃性を保つために石綿（アスベスト）が使用されていたが，現在では使用されておらず，環境問題などへの配慮からビニロンやポリプロピレン，パルプなどの人工繊維や天然繊維を使用した無石綿（ゼロアスベスト）の化粧スレートが使用されている。

② 天然スレート

スレートとは粘板岩を意味し，具体的には玄昌石を指す。天然スレート葺きとよばれるのは玄昌石を屋根葺き材に使用する場合である。

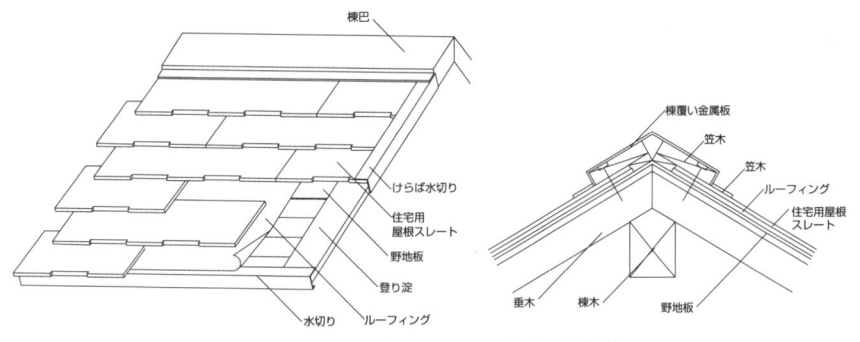

図 3.1.10 屋根スレートの種類と特徴[1]

4） セメント系

セメントと砂からつくられた瓦であり，セメント瓦本体としてはほとんど防水性能を有しない。そのため防水性能を維持するためには塗装が必要であり，おもにアクリル系樹脂塗料，水系樹脂塗料，フッ素系樹脂塗料が用いられている。セメント系材料による屋根葺き材は製造時の寸法精度に優れるとともに施工性にも優れている。製法により以下の2種類に大別される。

① 厚形スレート

セメントと細骨材を原料とするセメントモルタルを型枠に入れ，プレス・脱水・成型し，養生した後，塗料により表面処理したものである。その厚みは化粧スレート類より厚くなるので厚形スレートの名称がついている。また，厚形スレートの表面に釉薬瓦に使用する釉薬で表面処理したものは施釉セメント瓦とよばれる。厚形スレートの形状には，和形・洋形・平形・S形などがある。

② コンクリート瓦

コンクリート瓦は厚形スレートと同様の材料で構成されているが，厚形スレートよりセメント量が少ない硬練りのモルタルが用いられている。高圧・半乾式成型，基材着色などにより製造されている。

1.4 屋根の仕上がり

屋根を形態の視点からとらえると，緩勾配の屋根，急勾配の屋根，陸屋根，片流れ屋根，切妻屋根，ドーム屋根，ヴォールト屋根等々，さまざまである。

屋根の形態は，1種類のみの形状で構成された単純なものから，敷地条件や建

物の空間構成の違いにより，屋根面の形状が不整形のもの，異なる形状が組み合わさったものなど，変形から複合化された形状までさまざまである。複合化された屋根の形態は，屋根を支える軸組架構との対応とともに，建物全体の意匠性と関係することから，屋根の性能を損なわずに，屋根としてどのように仕上げていくか，適切な計画・デザイン・施工が求められる。

(1) 屋根の形態

屋根の形態の視点からは，屋根葺き材・葺き構法と屋根勾配の関係が重要である。逆勾配にならない適切な勾配が得られる形状，屋根葺き材・葺き構法が求められる。また，屋根面どうし，屋根面の各部，屋根面とそれ以外の部分の取り合いとして，大棟・隅棟・軒先・けらば・谷・外壁との取り合いの部分，立上りの部分，谷どい・内どいなどは，雨水の浸入（雨漏り）につながる可能性が大きな部分である（図 3.1.11）。

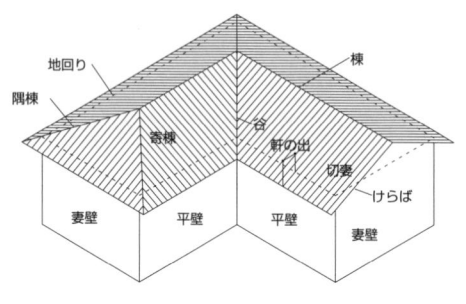

図 3.1.11 屋根の名称[1]

(2) 屋根の形状と屋根葺き材・葺き構法の関係

屋根葺き材・葺き構法と屋根勾配の関係を表 3.1.1 に示す。

a 屋根葺き材料と勾配

屋根の勾配は，建物の印象を大きく左右する要素である。同時に，雨水を適切に流し処理するためには必要不可欠なものである。そのため，屋根を葺く材料やその構法，建物が立地する場所の気象条件に基づく風雨・降雪の強弱などに対応して適切に決定する必要がある。そのため屋根は，使用する屋根の材料に違いにより屋根勾配が異なり，最低屋根勾配も規定されている。屋根の勾配は屋根材料の種類・形態と屋根の葺き方に関係し，建物内部への雨や雪の侵入を防ぎ，雨漏りを起こさない屋根の役割に基づいている。

勾配は，水平方向 1 尺につきそのときの高さを寸で表示するものである。現在では分母を 10 とする分数で示すことが多く，たとえば，4 寸勾配は 4/10 勾配と表示される。慣例として，3 寸勾配（3/10 勾配）以下の屋根は緩勾配，6 寸勾配（6/10 勾配）以上の屋根は急勾配とよばれている。また，10/10 勾配は矩勾配とよばれる。

屋根葺き材料と最低屋根勾配の一般的な目安は表 3.1.1 のとおりである。適切な範囲を超えた急勾配になると，葺き材料・葺き構法によっては，毛細管現象や風圧による逆流によって，屋根の内部に雨水が浸入する現象が増加することもあるため，適切な屋根勾配の範囲で計画する必要がある。

緩勾配の屋根は，意匠的には一般に軽快な印象となり，屋根面積や小屋裏の空間が小さくなるため経済的となる。一方で，建物が立地する地域の気象条件，葺き材料や構法によっては雨仕舞（雨水の処理）に問題を生じるため，緩い勾配は

適さない場合もあるので注意が必要である。急勾配屋根は，緩勾配とは異なる形態的特徴を有し，さまざまな表現が可能となる。その反面，経済的には不利となるが，小屋裏空間の積極的な活用などにより，多様な空間構成・利用や多彩なデザインが可能となる。

表 3.1.1 屋根葺き材料と適応屋根勾配の関係

勾配屋根		陸屋根	
葺き材	勾配	葺き材	勾配
茅葺き	6/10～1	アスファルト防水	1/100
杮葺き	3/10～5/10	シート防水	1/100
桟瓦葺き	4/10～7/10	金属板防水	1/100
スレート葺き	3/10～7/10		
金属板葺き	1/10～1		

b 屋根の形状

屋根面を大別すると平面と曲面とがある。さらに，曲面について屋根の形状からとらえると，独立した屋根形状として曲面により構成されている屋根と，平面を曲げて，反りや起りをつけた屋根に分けることができる。前者には，尖塔，方形，ねぎ玉，ドーム，ヴォールトなどがあり，特にドームやヴォールトは大空間を構成する建物に計画される。後者には平面で構成された屋根の変形としてとらえることができ，面の構成の観点からは平面の屋根に包括される。

面の構成から屋根の形態を分類したものを図 3.1.12 に示す。単純な形態の屋根では構成する面の数は少なくなるため，雨仕舞に影響を及ぼす要素も少なくなる。

勾配屋根における屋根の形態と面の構成の概要を以下に整理する。

1) 面の数が 1 で構成される屋根の形態

片流れ屋根：最も単純な形態で，防水性にも優れ，施工性もよく経済的な屋根である。一種類の方流れのみならず，異なる方流れを組み合わせた屋根の構成も多くみられる。

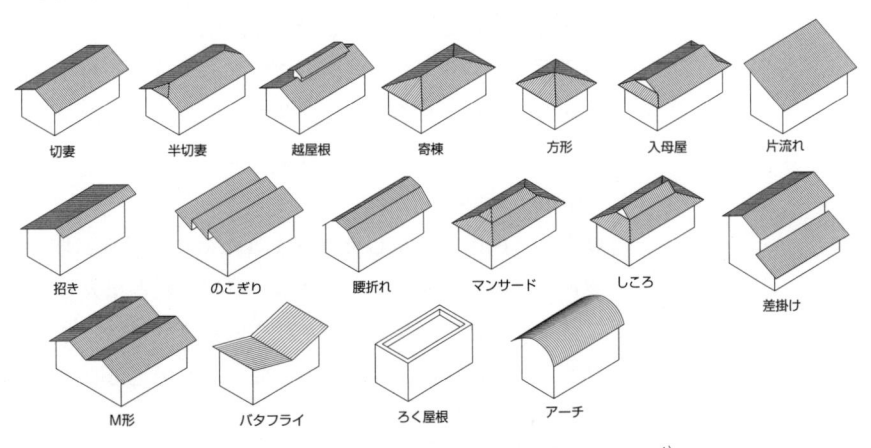

図 3.1.12 面の構成からみた屋根形状と勾配屋根 [1]

2) 面の数が2で構成される屋根の形態

切妻屋根：屋根の原型ともいわれており，最も基本的な形態としてとらえられる。棟・軒・けらばにより単純に構成されるため，雨仕舞の弱点となる部分は少なく，施工性もよく，意匠的には軽快感のある印象となる。軒の深さ，けらばの出，破風のデザイン，屋根面の反りや起り(むくり)などにより，多様な形態を表現することが可能である。

バタフライ屋根：片流れ屋根をV型に組み合わせた形状である。2つの勾配屋根が接合する部分（中央）は陸谷となるため，特に雨仕舞，雨水の排水には十分に注意して計画することが重要であり，適切な施工が求められる。

3) 面の数が4で構成される屋根の形態

寄棟屋根：切妻屋根と同様に代表的な屋根形態である。4つの面から構成される稜線である隅棟が寄り集まっていることから寄棟とよばれる。建物の外周部（4周）に軒が回るため，外壁の保護の観点からは好ましい屋根形態であり，雨仕舞の弱点となる要素も少なく防水性能に優れている。妻壁がないことから屋根裏換気には配慮が必要であり，軒天井や大棟に換気口を設けることが多くなる。

入母屋屋根：日本特有の屋根形態といわれており，寄棟屋根の大棟を延ばし，垂直な妻面を構成し，上部が切妻，下部が寄棟の形式として組み合わせた形状である。社寺建築などでは多く用いられ，比較的規模の大きい建物に適しているといえ，重厚で格調高い印象を与える屋根形態である。雨仕舞の観点からは，切妻や寄棟と比較して，特殊な納まりの部分もあることから，防水性の確保や排水には注意が必要である。

腰折れ屋根：切妻屋根の屋根勾配を流れの途中で変化させ，下部の方を急勾配にした形態である。独特の屋根形状から多雪地域に多く用いられ，また小屋裏空間の活用に有利である。

方形屋根：寄棟屋根の一種ととらえられ，大棟のない形状となる。正方形の平面計画の場合に用いられる。

4) 面の数が6で構成される屋根の形態

錣屋根(しころ)：切妻や寄棟の周囲に緩勾配のひさしが回り一体として構成される形状である。茅葺きや茅葺きと瓦葺きを組み合わせた屋根形態を有する建物，社寺建築にみられるが，現在では少なくなっている。

c 付属的な屋根

ひさし：風雨や日差しを制御するために，外壁に取り付けられるものであり，屋根とは明確に区分されている。屋根の軒が出入り口や窓に対して適切な位置に必要十分な奥行きで計画されている場合にはひさしは必要なく，機能的にはひさしと軒は同様な役割を担っているといえる。また，簡易なひさしは霧除けともよばれている。

下屋(げや)：主屋屋根から独立した形でつくられる部分であり，下屋の下部には内

部空間を有するため，屋根として位置付けられる。

越屋根：明り取り（採光）や煙出し（排煙・通気）などのために，棟回りの一部を立ち上げた上に小さな屋根を設けた部分である。

ドーマー：急勾配屋根の一部に小さな窓を設け，その窓の上部に設けられた小さな屋根のことである。

d 屋根の付属物

屋根あるいは屋根の一部と一体的に取り付けられるさまざまな付属物がある。たとえば，といは，屋根から流れる雨水を集めて排出する役割を担っている。降水量の多い日本の屋根には必要不可欠なものである。といは屋根との関係から，外どいと内どいがある。外どいでは，軒どいで受けた雨水を外壁に沿って設けられた縦どいから排出している。多くの勾配屋根に設けられている一般的なといである。

うだつは，街路に沿って建ち並ぶ商家などにおいて，隣接する建物に面している外壁を屋根よりも高くせり出し火除けとした部分のことである。そのつくり方は地域において異なり，独特の形態として表出している。

2章　外壁の役割と仕組み

2.1　外壁の役割

外壁の役割は，建物を保護するため，隣家の火災に対する延焼を防止すること，日射による熱の侵入あるいは建物内部から熱の流出を防止すること，建物内部への雨や雪の侵入を防ぐことである。

加えて，外壁は建物のデザインを形成する重要な役割を担っている。外壁は，屋根にくらべて人目に直接的に触れやすい部分であるため，材料の表情は建物の外観を左右する大きな要素となる。

2.2　外壁の仕組み

前項で述べたように，外壁の役割のうち，延焼防止，熱の流出入の抑制および雨水の浸入防止，音の流出入の抑制について，その仕組みを図3.2.1に示す。以下にそれぞれの仕組みを解説するが，外壁はそれぞれの仕組みを満足するようにつくられている。

(1)　延焼防止の仕組み

市街地では，敷地が狭いので，家と家との距離が短い。隣家に火災が発生した場合，火炎や火の粉が自家の屋根，外壁，ひさし，ベランダに達し，延焼するお

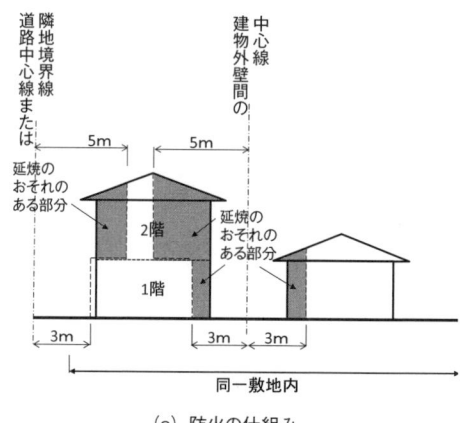

(a) 防火の仕組み

(b) 断熱の仕組み

(c) 防水の仕組み

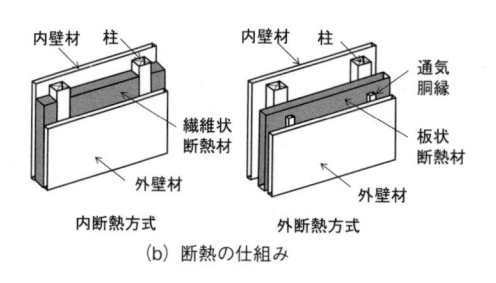

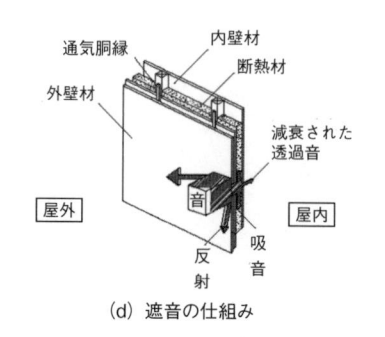

(d) 遮音の仕組み

図3.2.1　多様な性能が要求される外壁の仕組み

それがある。隣家の火災による延焼を防ぐために，屋根，外壁は燃えない材料で覆われている。

火災時の火炎は，上に行くほど広がるため，延焼おそれのある部分は，図3.2.1 (a)に示すように，道路境界線の中心線，または隣地境界線から，1階部分は3m以下，2階部分は5m以下の範囲（建築基準法第2条第6項）と規定されている。これによると，外壁の延焼のおそれのある部分だけを不燃材で覆うことになるが，一般的には，外観を統一するために同種の外壁材料で建物全体を覆っている。燃えない材料は不燃材料といって，建築基準法では，コンクリート，れんが，陶磁器質タイル，繊維強化セメント板，鉄鋼，金属板，モルタル，しっくいなどである。

(2) 熱の流出入の抑制の仕組み

外壁からの熱の流出入を抑制することは，冬の暖房効率，夏の冷房効率が良くなり，省エネルギーにもつながる。外壁の熱の流出入量は，そのときの外気温度と室内温度との差が大きいほど多くなる。このため外壁の断熱性能は，全国一律ではなく，北海道から沖縄まで地域によって区分されている。

外壁の断熱性を確保する方式には，図3.2.1 (b)に示すように，内断熱方式と外断熱方式とがある。内断熱方式は，外壁材と内壁材に囲まれた壁体内に，繊維状の断熱材を充填する方法である。この方式は，柱や梁によって断熱材が途切れることになり，柱や梁の部分が冷橋になるとともに，壁体内に結露が生じやすい。外断熱方式は，柱の外側に板状の断熱材を張り，胴縁を設置して，これに外壁材料を張りつける方式である。この方式は，断熱材が建物外周を途切れることがなく張りつけられ，断熱効果が内断熱より高くなる。しかし，外壁材と断熱材の間に雨水が浸入したりすると，断熱材が吸水して断熱効果が低減する。そこで，この空間に空気が流れるように，通気層を設けている。

(3) 外壁の防水の仕組み

室内への雨水の漏水は，屋根からの漏水にくらべて外壁からの漏水のほうが多い。一般的に屋根は勾配があるため，雨水は屋根に滞留することなく軒樋に流れるが，壁面の場合は，雨水を受ける壁面は垂直であるが，外壁材料のひび割れや，窓・ベランダ・換気口などさまざまな部品が取り付けられているため，取り付け部分からの漏水が多い。外壁の防水は，図3.2.1 (c)に示すサイディング外壁の場合，サイディングの裏に通気層を設けて，通気胴縁の裏に透湿防水シートを張り，サイディングの目地などから浸入した雨水をこのシートで室内側に浸入するのを防いでいる。断熱材が吸水（湿）すると断熱効果が低減するので，透湿シートを通して，通気層へ放出する。通気層に集まった水湿分は，通気層を通って軒天などから放出する仕組みになっている。

(4) 音の流出入の抑制の仕組み

外壁の遮音は，屋外からの騒音が室内に侵入することを防ぐことである。屋外の騒音の仕組みは，空気伝播音の場合，図3.2.1 (d)に示すように，音を外壁表

面で反射させるために重くて厚い外壁材料を用い，さらに壁内に侵入してきた音を壁内の吸音材で吸音して，室内に透過する音を小さくしている。

また，外壁に取り付けられる換気扇や窓は遮音性のあるものを用いるとともに，これらの取り付け箇所のすきまをなくすことが大切である。

外壁は，屋根と同様に過酷な気象環境にさらされている。特に日本は南北に連なる地形であるため，気候帯として冷帯，温帯，亜寒帯に属する環境が併存している。また，建物が立地する地域は，飛来塩分の多い沿岸地域，排煙の多い工場地域，車の排気ガスが多い市街地など，外壁に対して過酷な環境にさらされている。外壁は人間の皮膚と同じようにとらえることができる。皮膚の状態でその人の健康状態がわかるように，建物の外壁の状態を調べることにより，その建物が経年的にこれらの環境下で耐えてきたことによる劣化の進行状況を把握することができる。健康で安全な暮らしを維持していくためには，外壁の仕組みを長期間にわたり維持させるには，建物の皮膚である外壁を整えることが大切である。

2.3　外壁の一般的な構成
(1)　外壁通気構法（図 3.2.2）

木造住宅においても，耐震・防火・断熱性能などが著しく向上している。その結果，室内や構造体内部の気密化が進み，これに伴い壁体内部で結露が発生するおそれがある。

結露が発生すると柱や間柱，土台などの構造体の腐朽による耐久性能の劣化や，断熱材の濡れによる断熱性能の低下につながる。

このような壁体内の湿気を除去する方法として，外装材内側と断熱材との間に通気層を設けている。これにより，壁体内の乾燥を保ち，結露を防ぐとともに，外壁のすきまなどから浸入した雨水を室内に滞留させずに屋外に排出することにより，室内環境を良好に保ち，建物の耐久性を向上させる。あわせて，通気層による遮熱効果により外気温の影響を少なくし，省エネにもつながる。

(2)　外壁の施工法
a　乾式工法（図 3.2.3）

代表的な素材としては，乾式タイル・窯業系サイディング・複合金属サイディングやパワーボード・ダインコンクリートなどとよばれる種類がある。あらかじめ工場塗装されているものと現場で塗装する無塗装板があり，厚みも多様にあり，必要に応じて選択することができる。

これらの材料は形や素材，デザインなどは異なるが，建材として一定の寸法で製作されているため接合面は発生するため，その接合部分にはシーリングやコーキングなどが用いられる。この部分は経年劣化するため，劣化した部分から雨水が浸入して雨漏れの原因につながるためメンテナンスが必要である。

2章　外壁の役割と仕組み

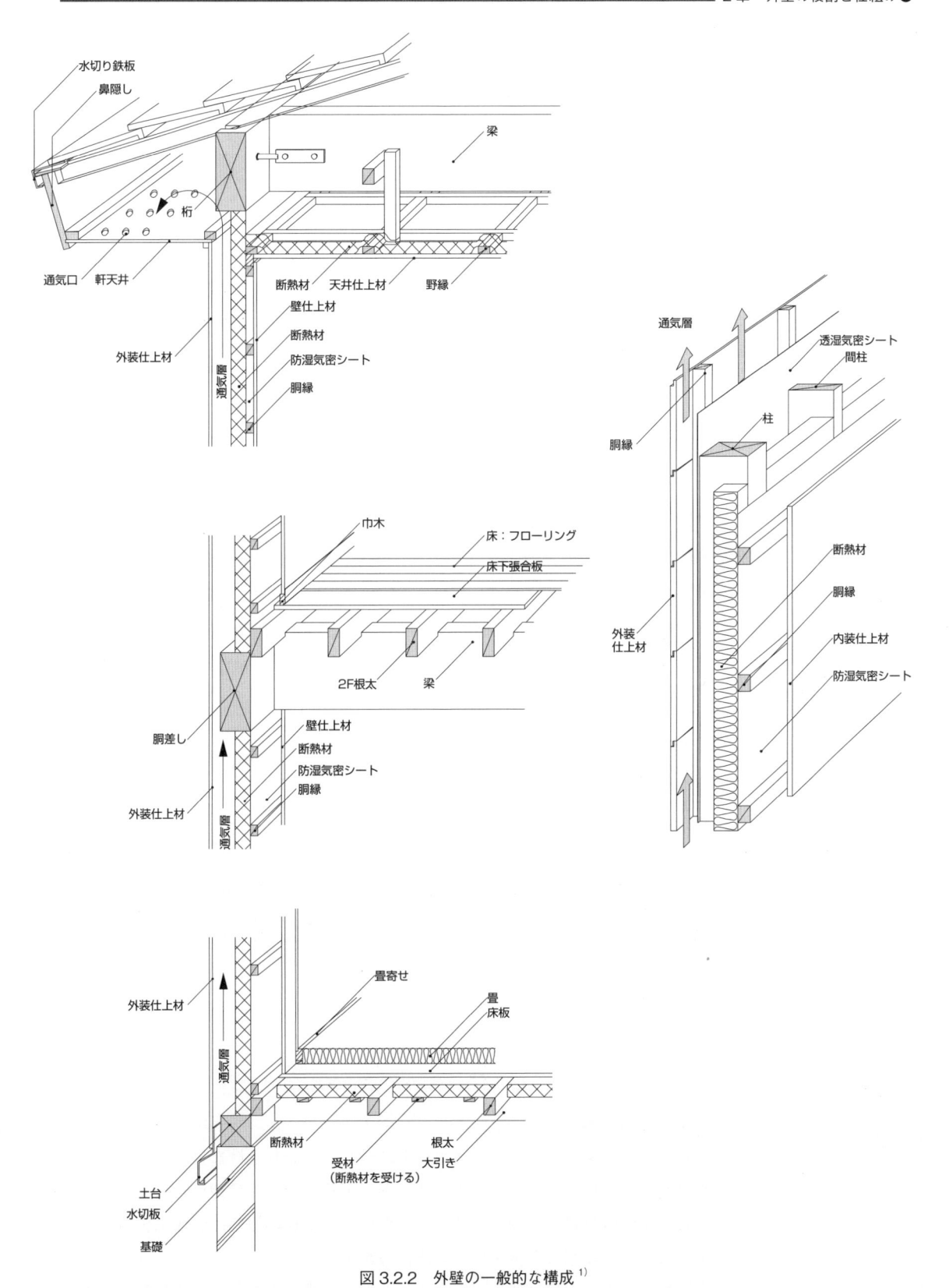

図 3.2.2　外壁の一般的な構成[1]

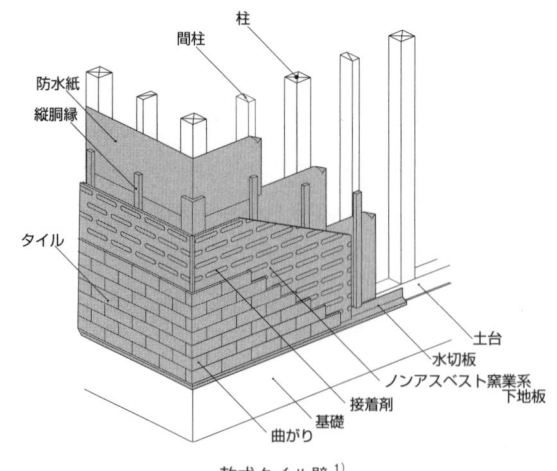

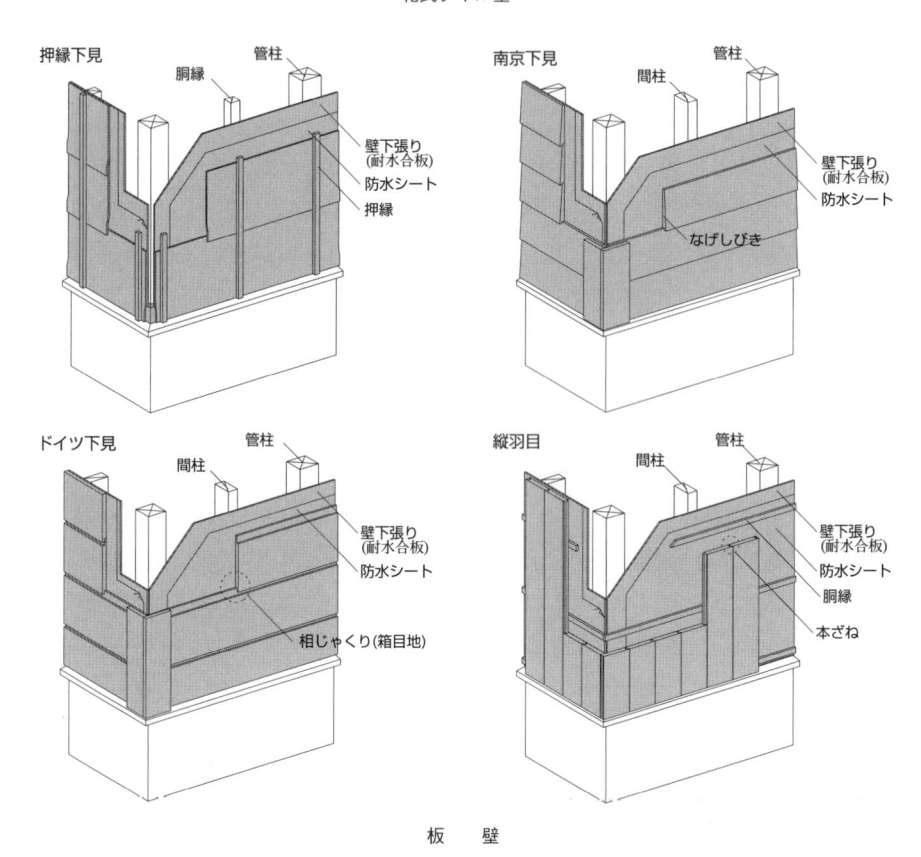

図 3.2.3　外壁の施工法－乾式工法[1]

b　湿式工法（図 3.2.4）

　左官による施工となり，モルタル仕上げやしっくい仕上げなどがある。木造住宅や枠組壁工法においては，乾式工法，湿式工法の両工法に用いられている。

　左官工事では材料に水や砂を使用するため，仕上材の収縮や乾燥によって，施工精度によりひび割れが発生する可能性もある。

　構造材としての木材は乾燥収縮することもあり構造クラックが発生し，窓周り

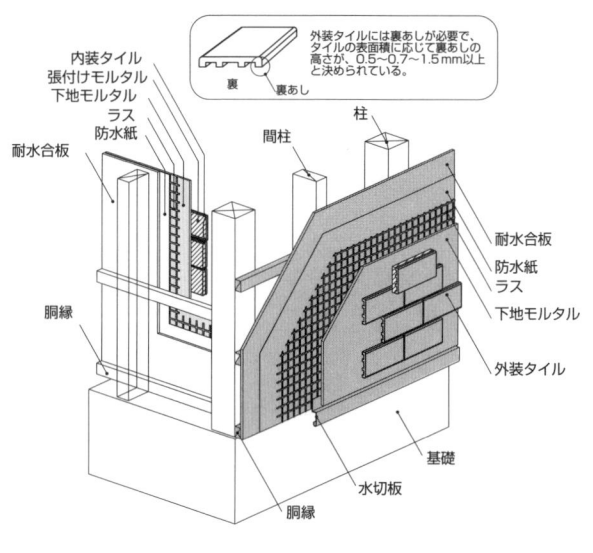

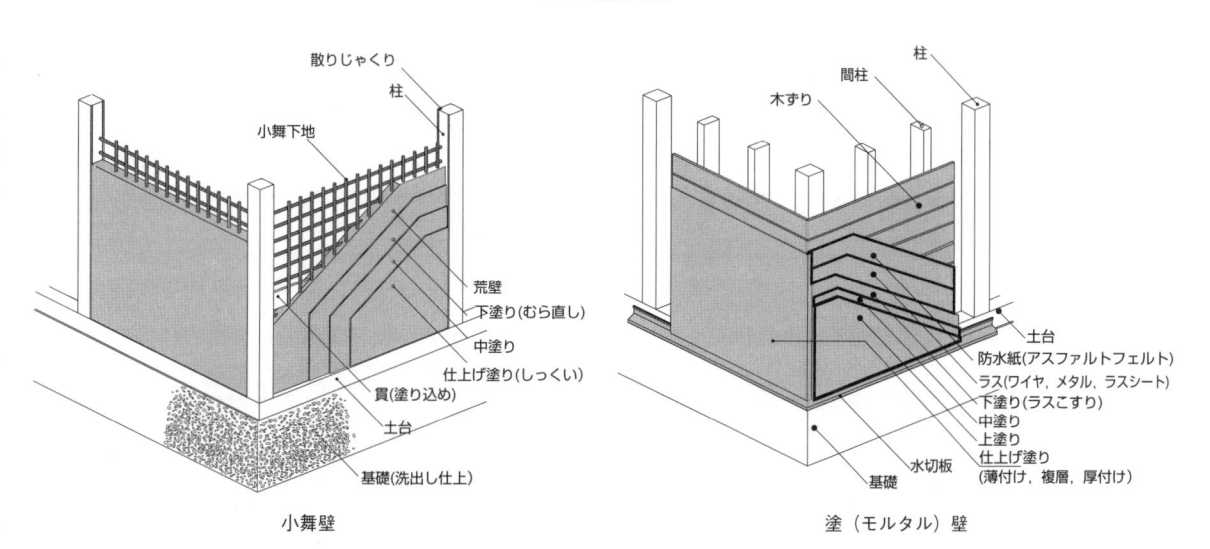

図3.2.4　外壁の施工法－湿式工法[1]

の隅部分にはサッシ枠の伸び縮みと開口部にかかる構造的な力からクラックが発生することもある。これらの構造クラックは雨漏れなどの原因になりやすいうえ，場合によっては浸水が構造材にまで至ることもあるため適切な施工が求められる。一方，ヘアークラックといわれる小さなクラックはそのような問題を発生させないが，美観上好ましくないため適切な対応が必要である。

最近では，クラックの発生を抑制するため，水は通さないが水蒸気は通す外張り断熱工法において，従前の外壁のモルタル下地から，特殊なメッシュ素材と接合材料の上に左官仕上げを行う工法も用いられている。

2.4　外壁材料の種類

外壁材料の種類には，乾式工法として，①サイディング，②窯業系，③金属

系，④セラミック系，⑤樹脂系，⑥木質系，⑦ ALC などがあり，湿式工法として，①吹付仕上塗材（モルタル下地），②薄付仕上塗材，③厚付仕上塗材，④複層仕上塗材，⑤左官壁材（塗り壁），⑥土壁，⑦しっくい，⑧セメントモルタル，⑨タイル，⑩石材，⑪天然石，⑫人造石，⑬れんが，⑭コンクリート打放しなどがある。

(1) サイディング系

a サイディング・窯業系

セメント質と繊維質を主原料として，板状に成型し，養生・硬化させたもの。組成によって，「木繊維補強セメント板系」「繊維補強セメント板系」「繊維補強セメント・ケイ酸カルシウム板系」の3種類に分類される。耐火性，施工性に優れ，デザインのバリエーションが豊富で，住宅用外装材として多く使用されている。

表3.2.1 外壁の種類と仕上り

分類	分類・仕上げ名称例	概　要
木質系	普通合板張り 天然木化粧合板（銘木単板化粧）張り 特殊化粧合板（プリント，樹脂化粧等）張り 天然木むく板張り（羽目板張り）	木材は今日，多くの住宅に使用されている。特に，近年の健康志向，自然派への志向となり，一方ではシックハウス問題とともに，ますます関心が高まっている。これからも，より高い品質，性能が求められてくる材料といえよう。
	繊維強化セメント板張り（化粧を含む）	セメントパーライトや石膏等を主原料とした各種繊維材料で強化成形，特殊な養生を行ったもの。断熱・耐火・遮音などの性能をもつ。
タイル・れんが系	タイル張り（内壁・半磁器・陶器質・せっ器質等） 　　　　　（外壁・小口平，二丁掛け（磁器質・せっ器質等）） モザイクタイル張り れんが積み	タイルは，その色・形状が多様で，かつデザインが自由に発想可能，一方，環境保護の視点から焼かないタイルも登場してきている。タイルには，無釉と施釉とがあり，焼成方法や色の光沢，窯変により多彩なタイプが製造されている。
石材系	大理石張り・花崗岩張り 軟石（ひき石）張り 硬石（薄板）張り・硬石小口積み（千枚積み） テラゾーブロック張り 擬石ブロック張り 玉石・雑割石張り	自然石のもつ美しくかつ重厚な材質感は，建築物への品格と崇高さの面から大切な要素である。特に，耐久性や色調などの保持しやすさは，大きな特徴の一つ。花崗岩などの砕石を種石としたセメント製品は天然石に似せてはいるが，天然石には表現できない色合いや組合せが可能ともなっている。
左官材系	モルタル塗り（はけ引き，金ゴテ仕上げ，色モルタル金ゴテ仕上げ，タイル下地，ひる石，防水したならし等）	タイル，塗装，吹付け，壁紙張りのための下地に使用される。粘性が小さく，塗りにくい面もある。硬化が早く，付着力も大きい。
	プラスター塗り（石膏，ドロマイト，パーライト，ひる石，AP・ゾノライト等）	各種下地に使用されるが，湿度の多い所はやや不利。おもに内部仕上げに用いる。
	しっくい塗り（塗り壁には，大津，京壁，真綿，砂壁他） 繊維壁仕上げ	和風建築の内部仕上げに用いられる。おもに自然乾燥のため工事期間が長期にわたる。
	人造石塗り（人造石キャストン・びしゃん，現場塗りテラゾー塗り仕上等）	自然の石材では，難しい形状や部位などを仕上げる利点がある。石材にはない特性を発揮することも可能。
張ボード系	各種ボード張り（スレート板，木毛セメント板，木片セメント板等）	今日，日本の住宅の仕上げでは，石膏ボードなしには建設できなくなっており，下地にも仕上げにも必要かつ，火災に強く，軽く，加工性に富むなど。
塗装材料系	各種吹付け材→①薄付け仕上げ塗り材→内外装・セメント系，ケイ酸質系，合成樹脂エマルション系他 　　　　　　②厚付け仕上げ塗り材→内外装・セメント系，ケイ酸質系，合成樹脂エマルション系他 　　　　　　③軽量骨材仕上げ塗り材→吹付け用，こて塗り用 　　　　　　④複層仕上げ塗り材→セメント系，ポリマーセメント系，ケイ酸質系他	

b　サイディング・金属系

　鉄，ステンレス，アルミニウム，銅などの金属板に，断熱材を裏打ち，または挟み込んで一体成型したもの。軽量で，施工性に優れている。最近では，基材の鋼板にアルミニウム，亜鉛，シリコンなどのメッキ層を施した「ガルバリウム鋼板」が，耐久性，耐候性，コストパフォーマンスがよいことから，広く普及している。

c　サイディング・ALC

　石灰質原料とケイ酸質原料を主原料とし，これに発泡剤や混和材を混合して形成し，養生硬化させた多孔質の軽量気泡コンクリートのパネルであり，断熱性，耐火性に優れており，おもに鉄骨造の床・壁・天井などに使用されている。

(2) 塗材系

a　吹付仕上塗材・薄付仕上塗材

　塗り厚が約3 mmで，凹凸がある単層仕上塗材である。吹き付けた状態で，左官仕上げのリシン掻き落としのような風合いになるため，吹付けリシンともよばれる。

b　吹付仕上塗材・厚付仕上塗材

　塗り厚が約4～10 mmで，凹凸がある粗面の単層仕上塗材である。吹き付けた表面に，ローラーやこてでスタッコ状の模様を表すことができる。

c　吹付仕上塗材・複層仕上塗材

　下塗り，主材，上塗りの3層で仕上げる複層の仕上塗材である。塗り厚は約1～5 mmであり，耐候性や耐久性に優れている。フラット，ゆず肌，クレーター，凹凸などの模様を表すことが可能である。一般的には吹付けタイルとよばれる。

(3) 左官系

a　左官壁材・土壁

　各地域で産出される可塑性のある土を主材料として，混和材やのり，すさ，骨材などを練り上げてつくる日本の伝統的な塗り壁材である。本来は熟練した左官職人が，天候によって素材混合の比率を変えて現場で調合して施工していたが，最近では素材を工場で混合させた既調合材料を用いることが多くなっている。

b　左官壁材・しっくい

　消石灰を主原料として，海草糊などの糊液とすさとよばれる植物繊維を練り上げてつくる日本の伝統的な塗り壁材である。土壁と同じく，最近では素材を工場で混合させた既調合材料を用いることが多くなっている。

c　左官壁材・セメントモルタル

　セメント，骨材，混和材，水を練り混ぜて施工する。ひび割れや剥離対策，施工性，テクスチュア，色の表現に加えて，断熱や防火性能などを向上させるためにさまざまな改良が加えられ施工されている。仕上塗り専用セメントモルタルは，既調合材料が主流となっている。

(4) タイル系

粘土を成型し，高温で焼き固めた陶磁器質の建材である。焼成温度によって，磁器質，せっ器質，陶器質に分類される。吸水率の低い，磁器質とせっ器質タイルがおもに外壁に用いられる。タイルは質感や色彩がよく，耐久・耐火・耐候性に優れている。一方，重量があることや施工手間が掛かることなどの理由から，最近では乾式工法が主流となっている。

(5) 石材系

a 石材・天然石

天然石は生成過程の違いによって「堆積岩」「火成岩」「変成岩」に分類される。火成岩に属する花崗岩（御影石）や安山岩，堆積岩の属する粘板岩（スレート）は，酸に強く，吸水性が低いことから，外壁に適している。堆積岩に属する石灰岩や砂岩は，防水処理をした後に外壁に使用することもある。施工方法は，湿式工法，乾式工法，半湿式工法がある。

b 石材・人造石

大理石などの天然石の種石をセメントや樹脂と練り混ぜて板状に加工した材料である。テラゾー・擬石ともよばれる。種石の種類や顔料によって，さまざまな色合いや表情，形態をデザインすることができる。工場生産のため品質・価格が安定している。

(6) れんが

粘土や鉱石を粉砕して練り固め成型し，乾燥，焼成して製造される。地震の多い日本では，建築基準法によりれんがを構造体として使用することは認められていない。その多くは鉄筋コンクリート造・鉄骨造の外壁として，またはれんがタイルとして外壁に使用される。施工方法はタイルと同様に，湿式工法と乾式工法がある。

(7) コンクリート打放し

鉄筋コンクリート造の構造躯体をそのまま外壁として表現する工法である。型枠によって，平滑かつ光沢のある仕上り，表情のある杢目模様などをデザインすることが可能である。撥水材で保護することにより，コンクリートの表面を維持することができる。

3章　天井の役割と仕組み

3.1　天井の役割

　内装のなかでも天井とは，上階の床や最上階であれば屋根の下にあたるため，上階の床や屋根の形状とともに考えなければならず，構造体の形にも影響を受ける。近代以前には，組積造であれば施工・構造上からボールト天井となり，木造の傾斜屋根であれば構造の形がそのまま天井となり，梁や傾斜した垂木が並んでいるのが見え，上階がある場合は上階の床を支える梁や根太がそのまま表れることが多かった。しかし現代では，照明器具や電気の配線や空調・給排水などの設備機器や配管が増え，それらを隠して室内をインテリアとして整え，防火対策などからも，躯体とは別に天井が別につくられることが多くなっている。その場合は自由な形状や仕上げを施すことができる。

化粧屋根裏天井
（構造表し天井）

踏み天井
（構造表し天井）

平天井

ボールト天井

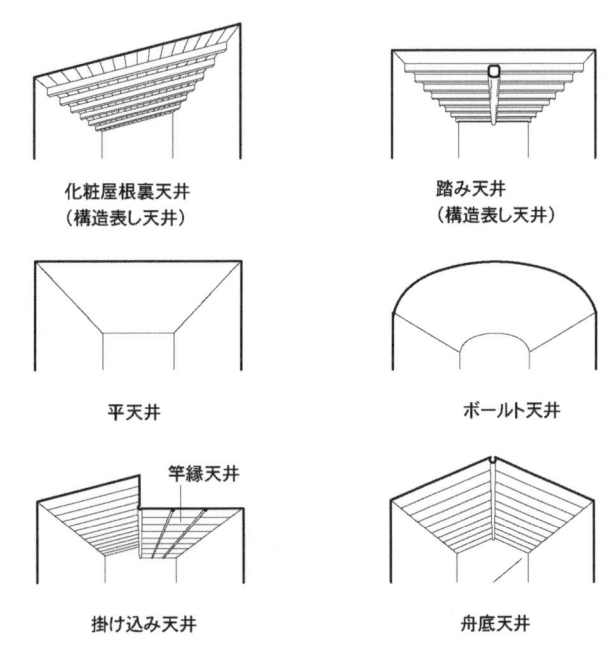

竿縁天井

掛け込み天井

舟底天井

図 3.3.1　天井の形状

3.2　天井の仕組み

　大きく分けて，小屋組あるいは上階の床組を見せる方法と，下地を組み新たに天井を張る方法とがある。小屋組・床組を見せる場合は，小屋梁・母屋・垂木などが見えるので，力の流れがわかり，裏表がなく力強さが感じられる空間となる。その場合，小屋組や床組の仕上げに気を配らなければならないことや，設備の機器や配線・配管をどう隠し，または見せるのかを考慮しなければならない。新たに天井を張る方法は，一般的で空調・設備の配管や電気配線・照明を埋め込

むことができる。あらたにつくられた天井に段差をつけたり，窪みをつけたりすることもあり，そこが間接照明などに利用されることも多い。また最近では，構造や設備機器や配管を見せて，天井をすこしでも高くロフト的な雰囲気をつくろうとすることも増えている。その延長で天井をルーバーや格子，金網でつくり，天井面を感じさせながら天井裏が見える方法もある。

3.2.1　一般的な木造の天井の仕組み

　構造体とは別に天井をつくる場合，天井の仕上材である縁甲板（えんこういた）や小幅板，塗装・クロスを貼るための下地であるプラスターボードを取り付けるために，図3.3.2に示すように，野縁（のぶち）という4.5 cm角程度の木で下地を組む。天井材の重さなどによって野縁どうしの間隔は30 cmから45.5 cmとし，天井板の継目部分にも取り付ける。野縁は縦横同じ間隔で格子状につくることも多い。野縁を支えるのが野縁受けで，これも4.5 cm角程度の材料を間隔90 cm程度で組んでいく。野縁受けを支えるのが吊木で，小屋梁などから4.5 cm程度の材料を使用し，間隔は90 cm程度で吊る形になる。

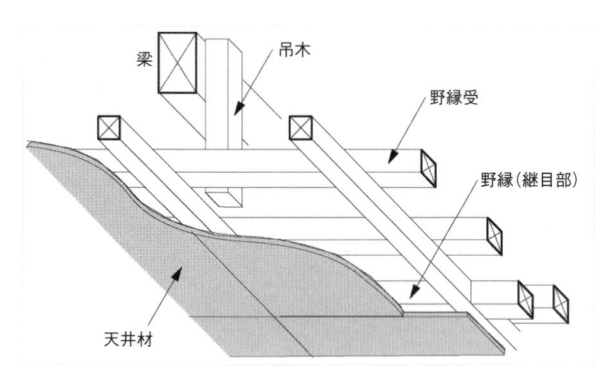

図3.3.2　天井の仕組み

3.3.2　天井と壁の納まり

　天井と壁の接する部分の納まりには図3.3.3に示すように，いろいろな納め方がある。これは天井と壁の仕上材料が異なる場合の見た目のためであり，材料の収縮や地震の際にずれが集中するためすきまが開きにくくするためでもある。

（1）　回り縁

　回り縁を使用する場合，和室では4 cm角程度の材料を使用し，洋室では厚さ2 cm程度で4 cm幅の薄い材料を使用することが多く，また，モールディングといって複雑な断面をした既製品を使用して装飾をすることもある。このように回り縁を使う方法は壁や天井の材料のずれが大きくても許容するつくり方であるが，インテリアとしては縁取るようになるため視覚的な要素が増えてうるさくなりがちである。

（2）　目透かし

　すきまをあらかじめ開けて，材料が多少ずれても目立たなくし，異なる仕上げ

材料で天井と壁をつくる場合の接点をすっきりと見せる方法。すきまを壁につくるか天井につくるかで呼び方が変わる。

難しいのは仕上材料の端が見える部分（壁目透かしの場合：壁の上端，天井目透かしの場合：天井材の端部）のつくり方である。ここを精度高くつくらないと，汚く見えてしまう。クロスを貼る場合はクロスを巻き込み，板張りの場合はきれいに揃える工夫が必要である。

(3) 突き付け

ビニルクロスでは突合せで仕上げる場合もあり，同じクロス貼りで天井と壁を仕上げる場合が多くなる。突合せ部分をシーリング処理できるので，すきまが開きにくくなる。

クロス仕上げ以外の場合は，多少すきまが開くことを前提に材料を考える必要があり，いずれも仕上材料に適したつくり方をすることが大切である。天井部分は，仕上材によって下地の間隔が変わったり，天井と壁の接合部分のつくり方が変わる。

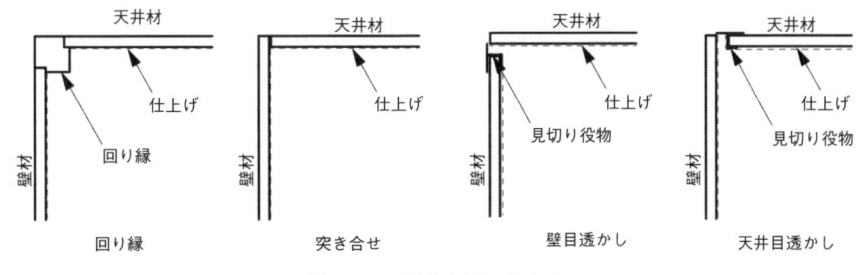

図 3.3.3　天井と壁の収まり

(4) その他の構成

集合住宅などでは下地を軽量鉄骨でつくられることが多い。その場合は，吊木は吊りボルトとなり，野縁はMバーやWバー，Sバーなどと軽量鉄骨の材の断面形状でよばれることが多い。

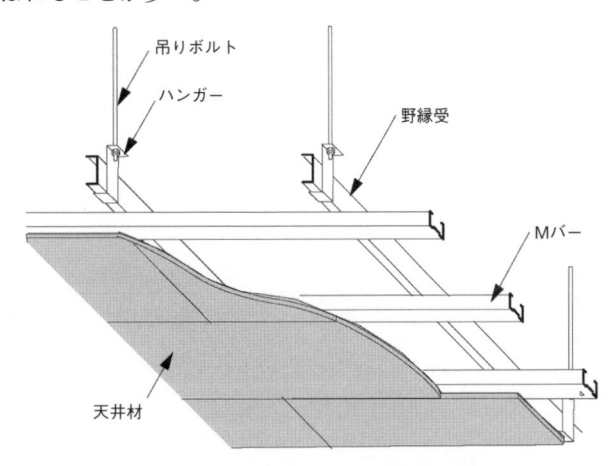

図 3.3.4　軽量鉄骨による天井下地構成例

3.3　天井の仕上げ

　天井は人が直接触れることはなく，目も遠くなり身近に触れることは少なくなるので仕上げも壁や床と比較すると簡易にされることが多い。しかし，そのわりには，空間全体の雰囲気に影響する割合は大きい。

(1)　クロス・塗装・左官仕上げ

　最も一般的なのはプラスターボードを張り，そのジョイントに寒冷紗(かんれいしゃ)テープを貼り，その周囲とビスの周囲にパテを施し，クロスやペンキや簡易左官といった仕上げをする方法である。

(2)　板張り

　板張りは湿度による伸び縮みや地震などの動きにも対応する実矧(さねは)ぎという接合方法で張られている。

(3)　化粧石膏ボード張り

　吸音性能のある化粧石膏ボードを張る方法がある。この化粧石膏ボードは仕上げの塗装もされているため工期が早いので，オフィスや公共施設などの規模の大きな建物で使われることが多い。

(4)　水回りの仕上げ

　浴室などの湿気のある部屋では，ケイ酸カルシウム板やフレキシブルボードといった板を張りペンキで仕上げたり，バスリブといったプラスチックのジョイントシステムで仕上げることが多い。雰囲気をつくるためにヒバやヒノキやサワラといった比較的湿度に強い縁甲板や小幅板を張ることもある。

4章　内壁の役割と仕組み

4.1　内壁の役割
4.1.1　構造壁と間仕切壁
　屋内の壁には，外壁の内側，内部の耐力壁，その他の間仕切壁（雑壁ともいう）がある。

　外壁の内側とは屋外と室内を仕切っている壁なので，構造上の耐力壁であることが多く，断熱性能や耐火性能も必要とされ，窓や出入り口も設けられる。

　内部の耐力壁は，外壁同様，構造上必要な室内につくられた壁で，地震や風圧に耐えるための壁である。その耐力壁には，筋かいとよばれる木材を斜めに設置する場合と，構造用合板とばれる木の面材を張り付ける2つの方法が主流である。それは耐火性能も求められ，下地や仕上げにも注意が必要である。基本的に耐力壁をなくすのは難しいため，その位置は将来リフォームがしやすいような考慮が必要である。

　その他の間仕切壁は部屋の仕切りとしてつくられる壁のことである。これはおもにプライバシーを守ることなどからつくられるもので，人の出入りや視線を調整したり，音の遮音や吸音も考慮しなければならない。

　持続可能な建物を目指すなら，構造上の耐力壁と間仕切壁とは分けて考えてつくりたい。そして，耐力壁はできるだけバランス良く最小限に入れたならば，その他の間仕切壁は将来の変更に柔軟に対応することができる。

4.1.2　間仕切壁と人の関係
　内部の用途や使う人の関係について考えたならば，壁とはその両側の視線や人の行き来をできないように区切ってしまう存在である。そこで，図3.4.1に示すように，壁に開口を開けたり，可動する建具やガラスや格子やルーバーなどを用いて，時間によって，または見え方などを調整するさまざまな方法がある。そのいくつかの種類を次にあげる。

① **壁に大きな開口がある**：壁に空いた開口は外壁の窓のように視線などが行き交うが，人の行き来を制限する。その開口も大きくなってくると内外のつながり感も増し，会話や人の行き来もできるようになり，領域を区切るだけにもなってくる。

② **壁が一部にある**：壁がカウンターのように下だけにあれば行き来はできないが，両側に居る人は話もできれば物の受け渡しもできる。吹抜けや段差に面しては手すり壁や腰壁として落下防止にもなる。

③ **ガラスで仕切る**：ガラスには透明なものからスリガラスや障子のような乳白状のものまである。行き来も話もできず風も通らないが，お互いの見え方や気配の感じかたや明るさを調節できる。

④ **格子やルーバーなどで仕切る**：格子の間隔や向きによって見え隠れしたり視

線の方向を制御できる。風や光は入るが人の行き来を防ぐことができる。

⑤ **可動の仕切り**：時と場合によって仕切ることも，仕切りを取り払って一体にすることもできる。引き戸や折れ戸が多いが，大きな開き戸も考えられる。

⑥ さらにそれらの複合もできる。ガラスや曇りガラスでありながら可動であるとか，格子やルーバーでありながら可動であるとか，格子やルーバーでも空き加減が調節できる，など多様な組合せが考えられる。

⑦ **屋外が間にある**：中庭のように空間や樹木が距離感を生む。

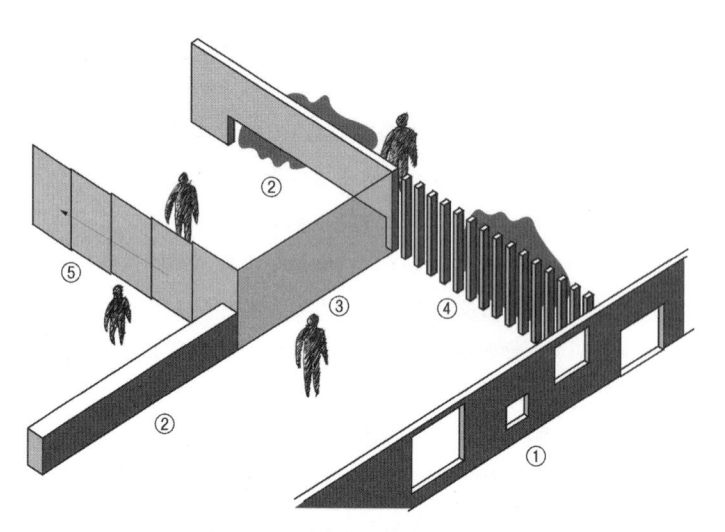

図 3.4.1　間仕切壁と人間の関係

4.2　壁の仕組み

木造の外壁と内部の壁は，図 3.4.2 に示すように，一般的に 105mm 角から 120 mm 角の柱とその間に立てられる 25 mm × 105 mm（柱の太さに合わせる）

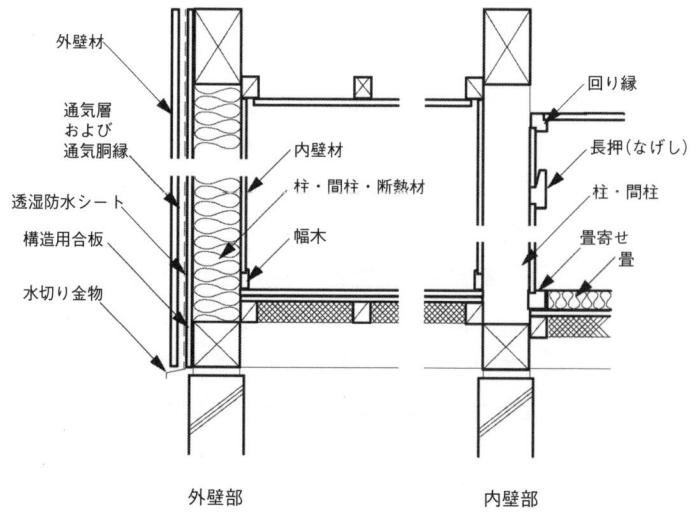

図 3.4.2　壁の構成

の間柱を1間の1/4である455 mm間隔に立てて，その両側（外壁の場合は室内側）に合板やプラスターボードなどを張っていることが多い。防火性能がありコストもかからず施工も簡易なので，最も多いのはプラスターボードである。壁の面積が広い場合，二重にプラスターボードを張るのが有効なのは天井と同様である。

壁と床の接合部は，一般的には幅木を回す。床が畳のときはそれが畳寄せになる。壁と天井の接合部には回り縁などがまわる（天井参照）。床から1 800 mmのところにはフックの下地を兼ねて長押をまわすこともある。

4.3 内壁の仕上げ

4.3.1 インテリアのイメージ

基本的なインテリアのイメージでいえば，内装が床・壁・天井の仕上げを似たものにすると写真スタジオやロマネスクの修道院のなかのように視覚的な要素の少ない静謐なイメージとなり，それぞれに異なる仕上げで組み立てられたものはメリハリがあり，構成された感じが強まる。さらに回り縁や幅木や枠などさまざまなものが付けられて視覚的に主張するようになると，華やかであったり，賑やかな雰囲気になる。いってみれば，視覚的に要素が少なければ静かな落ち着いたイメージとなり，要素が多くなれば賑やかでであったり，騒々しいイメージになる。それは照明においても同様で，間接照明で光源の見えずに視覚的な要素が減れば穏やかな印象となり，多くの光源が点在して直接見えるようなら華やかな印象となる。

4.3.2 仕上げの種類

① **クロス張り・和紙張り**：いまやマンションや建て売り住宅を中心に最も一般的な壁の仕上げ方で，プラスターボードを張った上に，ジョイントに寒冷紗テープを貼り，ビスの上とともにパテをしごき，その上にシート状のビニルクロスや布クロスや和紙などを貼る工法である。シートを貼っているので，下地のジョイントが地震などで動いても表面にひびなどは入りにくいのが利点である。特に，ビニルクロスなどは工期も短く，熟練の職人でなくても施工でき，安価なため普及している。汚れが落ちやすいとか，ケナフなどの自然素材でつくられているとか，けいそう土を練り込むなど，仕上げや模様もさまざまなものが開発されている。また，木綿や麻や絹などの布を貼ることもあり，美術館などでは麻の布を貼った上にペンキで仕上げ，画鋲やくぎを打っても跡が残りにくく何度もペンキで補修できるようにすることが多い。そのようにくぎなどを打つことが多い場合は，下地はプラスターボードでなく合板を使う。また，和紙を貼ることもあり，最近ではビニルクロスのようにロールになっていて施工しやすいものもある。

乾式の仕上げ：水で溶いた材料でなく，くぎや接着剤で板状のものを施工する方法をいう。ジョイントが生まれるのでそこをどう処理して見せるのかを考え

なければならない。

② **縁甲板張り・小幅板張り**：木の長い板を張る方法で，継目にさね（実）とよばれる凹凸があることですきまが空かず，くぎで止めても見えない工法である。

③ **合板，化粧ボード張り**：一般に3尺×6尺（サブロク＝90 cm×180 cm）もしくは4尺×8尺（シハチ＝120 cm×240 cm）のシナベニアや化粧合板，化粧ボードを接着剤や頭の小さいくぎで施工する方法。ジョイントは目透かし（すきまを3〜5 mm空けて張る），突きつけ（すきまを空けないで張る）などで表れる構法である。

湿式の仕上げ：水などで溶いたものにより仕上げる工法で，ジョイントの継目がない大きな面をつくる。

④ **ペンキ仕上げ**：プラスターボードを張った上に，ジョイントに寒冷紗テープを貼りビスの上とともにパテをしごき，その上にペンキを塗って施工することが多いが，木造では，地震などで下地が動くのでひびが生じやすい。そこで面積が大きいときなどは，総パテ，全面寒冷紗＋総パテ，プラスターボードをジョイントをずらして二重に張るなどの施工をすることが多い。

⑤ **左官仕上げ**：昔ながらのしっくいや土塗りに加え，現代ではプラスターボードの上に簡易に施工できるしっくい調や土塗り調の材料もある。昔ながらのしっくいや土塗りでは，木刷りとよばれる下地に施工されていたが，現代では耐力壁として認定されていないため，ラスボードの上に下塗りして上塗りを繰り返す施工方法がとられる。

⑥ **タイル張り・石張り**：乾式のように板状の材料を使うが，材と材の間にモルタルでどんな形にも合わせて施工するので湿式の部類となる。ラスボードに下塗りした上に施工される。近年では乾式の金物に引っ掛けるような施工方法もあり，地震などの動きにも追随できることを考慮されている。

5章　床の役割と仕組み

5.1　床の役割
5.1.1　床の役割

　床とは，人が立ったり歩いたり座ったり，家具やものを置いたりする水平面（まれに斜めや段々のあるものもある）である。したがって，床がつながっていなかったり，段差が大きければ行き来ができないことから，人の行き来を調整するものということもできる。また，床は上下階を仕切っていることにもなるので，上下の視線や行き来も調整していることにもなり，上下階で斜めにつながれば比較的関係も生まれやすい。強度の面では，歩いたり，キャスターなどで移動するのに負荷がかかるため他の内装よりも摩擦や衝撃に強い仕上げが求められ，場合によって防水性や耐薬品性や耐熱性なども求められる。また，裸足で歩いたり立ち止まったりする床もあり，畳やカーペットの上に直接座ることもあるので，柔らかさや肌触りの良さが求められることもある。さらには段差があればベンチやテーブル，カウンターともなるといった，家具の延長としても考えられる。

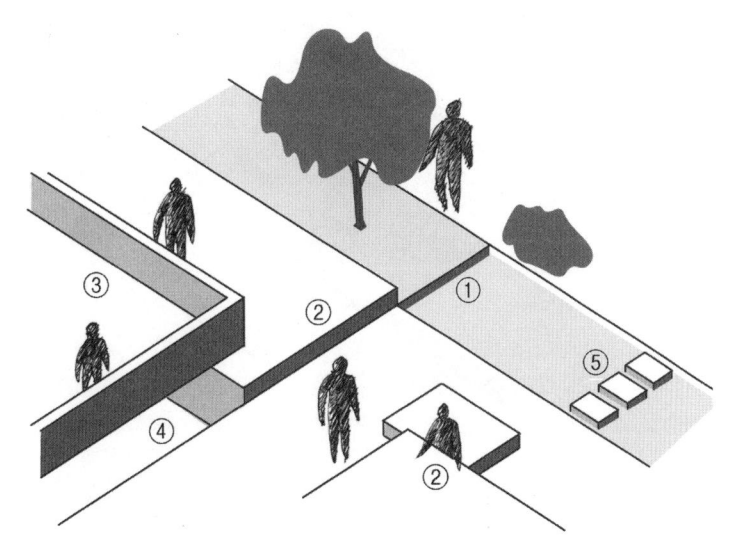

図3.5.1　床の役割と構成

5.1.2　床と人の関係

　床のつながりは人の行き来を調節し，レベル差は意識の上での閾(しきい)となり，ある高さ以上となると視線は行き交うが移動はできない関係が生まれる。

① **床がつながっていない**：吹抜けや池などで行き来ができない。
② **床に少ないレベル差がある**：視線は行き交い話もできるが，段差があることで，意識の上で，閾のように違う場所だと感じる。30〜40 cmの段差はベンチのように座ることもでき，70〜80 cmの段差はテーブルのように使うこと

も考えられる。

③ **床に大きなレベル差がある**：視線がずれるが，目が合い話もできるが，行き来ができず距離感も感じる。
④ **床に穴が空き，吹抜けとなっている**：見下ろしたり，見上げると視線が行き交うので，真上では難しく，斜めの上下関係であれば，お互いの様子もわかる。
⑤ **階段やエレベーター，橋でつながっている**。

また，動線上のこともあり，さまざまな場所からアクセスできるハブのような場所をつくるとか，歩き回れるような動線や，さまざまな場所を自由に行き来できる街のような内部，床に段差をつくることで階段室をなくし各階がつながっていることも考えられる。

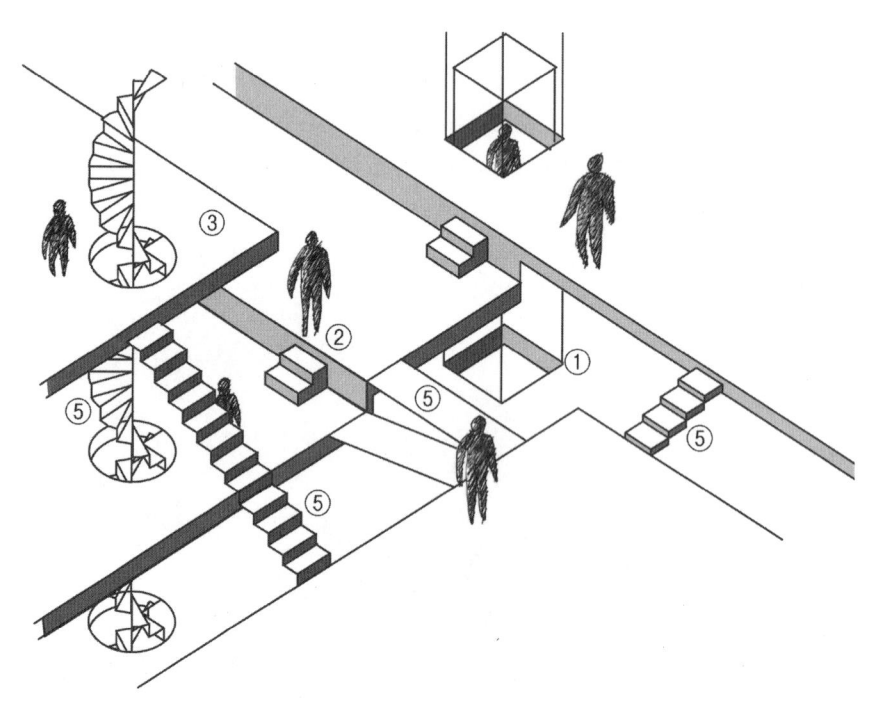

図 3.5.2 床と人間との関係

5.2 床の仕組み

これまでは，1階であれば土台や大引，2階以上であれば梁や小梁の間に根太を1間（1.81 m）の1/6である303 mm間隔で並べ，上に厚さ12 mmの合板を張ってフローリングや塩ビタイルなどの仕上げをすることが多かった。最近では，それに加えて根太の施工を省力化するとともに水平剛性（水平面の変形を抑えて床を固める）なども高まることから，小梁を半間間隔に設けて厚さ24 mmほどの合板（ネダレス合板等）を張ることが増えてきた。

床仕上げが畳の場合，畳下の通気性を確保するために合板部分を，荒床とよば

れる単板を並べたものに変えることもある（かつて日本の住宅では，床材の下は荒床が基本）。

1階の床では，大引は束で支えるが，木束の場合は縦向きに木材を使うため水分を吸いやすく，腐れやすいという欠点があった。最近では束には木製ではなく金属製やプラスチック製の鋼製束を使用することも多くなっている。1階の根太は，幅 4.5 cm，高さ 4.5 cm から 6 cm が一般的で，その上に構造用合板を張り，仕上げのフローリングなどを張って行く。

2階は梁に根太をかけ，その上に構造用合板を張り，仕上げのフローリングなどを張っていく。根太は幅 4.5 cm，高さ 6 cm（床梁の間隔が 1 m 以下の場合）または高さ 10.5 cm で，床梁の間隔を 2 m 以下としていたが，根太と床梁に欠き込み加工をする必要がある。これは床組部分の強度は高くなるが手間がかかるため，最近では，24 mm 以上の構造用合板を張って強度を確保することが増えている。

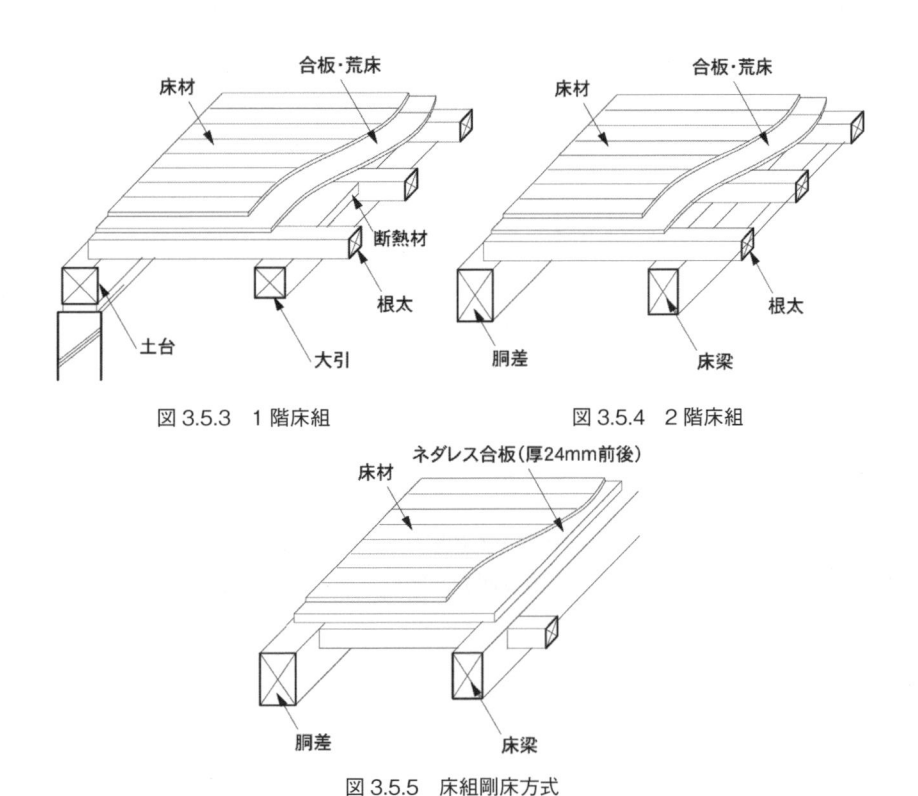

図 3.5.3　1 階床組

図 3.5.4　2 階床組

図 3.5.5　床組剛床方式

また一方で，合板と根太を省略し，仕上材自体の強度で床を支える床構造もあり，大引や床梁の間隔は 1 m 以下，仕上げの床材は 3 cm 程度以上が必要である。

5.3　仕上げの種類

① **フローリング**：大きく分けて無垢の木材のものと，薄い木材を張り合わせた

合板によるものがあり，最近は三層フローリングといわれるような5mm程度の木材を張り合わせたものも増えている。無垢のフローリングは湿度の変化などにより反ったり縮むといった変形が起こりやすく，床暖房を設けた場合はその可能性が増す。それにくらべて合板や三層のフローリングは変形を少なくすることができる。

　また，堅い木や柔らかい木もあり，堅い木はナラやタモ・チークやウォールナットなどがあり，キズがつきにくいのでフローリングには向いている。それにくらべ柔らかい木のヒノキやスギ・マツ（パイン）・キリなどは触ったときに柔らかく暖かくも感じる。タイルなどの床にくらべれば皿などを落としても割れにくく，膝の負担も少ないなどの利点があるが，キズがつきやすく水に弱いなどの欠点がある。

② **タイル・石**：水や傷に強いといった利点もあるが，触ったときに冷たく皿などを落とすと割れやすく，膝に負担がかかるなどの欠点もある。水回りや土足で使う玄関などに使われる。

③ **コルク**：弾力性があり触ったときも暖かい。しかし汚れやすく，水に弱く，摩耗に弱いため使用する場所の検討が必要である。

④ **塩ビシート・樹脂タイル**：樹脂でつくられた厚さ2〜4mmのシートで，タイル状に切ったものと，ロール状に巻いて溶接できるので継目をなくせる長尺シートがある。

⑤ **畳**：木造の建物はモジュール（基本的な単位）が1間（1 818mm）であり，それに合わせた形で，2間四方（3 636mm四方）であれば畳8枚（8畳）で成り立っている。昔からのものは畳床が天然素材の稲わらでつくられ，畳表で表面を覆い，畳縁で長手2辺を縁取った厚み55〜60mm前後のものを本畳という。近年では中層にポリスチレンフォームや合板などでつくり，畳表も塩ビのものもできており，薄く軽いものもある。

⑥ **三和土（タタキ）**：昔からの土間の仕上げで，材料は土と石灰とにがり（苦汁）を突き固め，堅い土間となる。

6章　開口部の役割と仕組み

6.1　開口部とは
6.1.1　開口部ありよう

　開口部とは何か，はっきりと説明するのは難しい。開口部という言葉は，建築基準法にもきちんと定められていない。開口部とは何か，その範囲はどこまでか，というようなことが実は判然としないのである。

　建築にはこのような曖昧な言葉が多くある。言葉を定義づけることが難しいのなら，開口部の役割や機能を考察し，その構成やつくりかたなどを研究することで，開口部という曖昧な対象の像を結んで見るのがよいだろう。

　開口部のありようは，建築の構造や構法あるいは仕上げによってずいぶん異なる。このことを理解して想像を巡らせて見よう。

　たとえば，窓を思い浮かべてみよう。石を積んで壁をつくり築く建築にとって，窓は壁に穿たれた穴である。開口部は，おおむね石をくり抜いて穴を開けることによってつくられるといってよい。言葉のイメージがしっくりなじむ。

　一方，わが国の古来の建築のように，太い木の柱と梁による軸組からなる建築には，そもそも壁などない。柱と柱の間には何もなく，建築は，地面から切り離された床と屋根，そして屋根を支える柱によって規定されるといってよい。そう，日本建築は，窓ならぬ開口部だらけなのである。

　図 3.6.1 は，奈良時代の貴族の住宅が移されて仏堂となった，法隆寺東院の伝法堂である。向かって右側が正面で，広い簀子敷に続く桁行二間，梁間四間の空

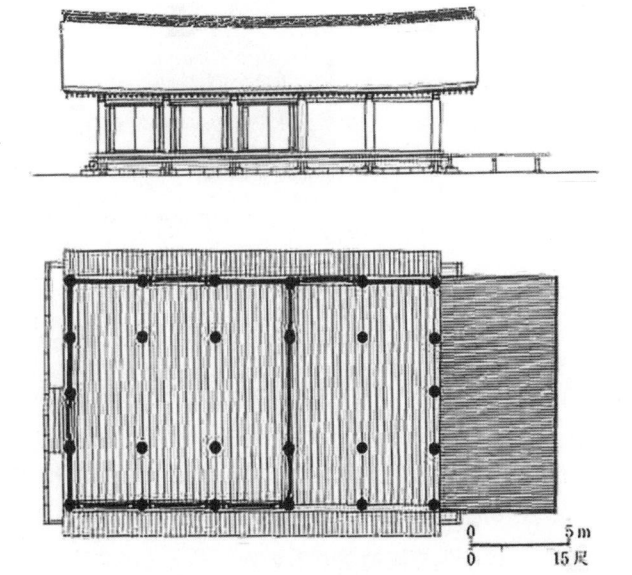

図 3.6.1　法隆寺東院の伝法堂[2]

間はまったく開放的である。一方，左側の桁行三間，梁間四間は，柱の間に壁や戸をしつらえた閉鎖的な空間である。

このように壁をくり抜いて開口部をつくる壁式の建築と，開口部をふさいで内部空間をつくる軸組による建築とは，開口部のあり方が正反対である。

現代建築のガラス張りの開口部は開放的な建築の延長にある。建築をどのように構想するかということと，どのような開口部をつくるかということは，密接な関係にある。開口部は単に建築のひとつの部分ではなく，建築のありかたそのものなのである。

柱と梁による軸組による開口部に，戸やふすま御簾などをしつらえ空間を仕切る。

図 3.6.2　日本の伝統的な住まいの空間[3]

開口部の障子を通してやわらかい光がみちる。正面の障子をすこし開けると，彼方の自然の風景をあたかも一服の掛け軸のように，室内に取り込むことができる。

写真 3.6.1　慈照寺東求堂同仁斎[3]

6.1.2　開口部の役割

開口部は，建築を開く。外の世界とつながって，建築の内部の空間に，何か新らしいものをもたらす。環境を導くといってもよいかもしれない。光，視線，空気，人びとを，また猫なども招き入れる。採光，透視，換気，通行などの機能がこれにあたるが，ただ機能を全うすればいいのではなく，どのように導くかが大切である。どんな光を取り入れるか，何をどのように見るか，どのようにどれだけ空気を流通させるのか，そしてどのように出たり入ったりするのか，などなど，つねに如何に，という問題をかかえる。

それがなくては建築として成立しないあらゆるエッセンスを，建築の外から中へ，中から外へと導く部分，これが開口部である。だから，開口部は開いていなければならない。ところが同時に，相反するように，開口部は閉じられもしなければならない。外と遮断することで，建築の内部環境を護るからである。先にあげた要素に加え，音，熱，水，風などを防ごうとする，すなわち遮音，断熱，気密，防水（水密），防風などの性能を要求されるのである。

開けたいけど閉じたい，この矛盾に満ちた存在が開口部である。そして開口部がなければ建築は建築たりえない。だからこそ，その存在はとても大きく，人はいろいろな工夫を凝らすのである。開口部をどのようにデザインするかは，建築をデザインすることのもっとも大きなテーマのひとつなのである。

開口部には，建具をはめ込むことになる。ガラスや木でつくった板戸などの単純なものから，よく見る金属製サッシとよばれるものや，さらに高性能に開発されたサッシまで多種多様な建具が存在する。

建具とそれに付随する，たとえばカーテンやブラインドなどは，この章で話した開口部の矛盾をなりたたせるためにデザインされている。簡単な例では，サッシが閉じられていれば，台風のときも外の様子を見られるし，性能のいいペアガラスを使えば，冬の寒い日にも暖かい部屋から雪景色を楽しめるのである。どのように外の環境とつなげるかを考え開口部を構想することと，建具を考えることは，同時になされなければならないのである。

開口部とは，建築の，まことに重要な役割を受け持っているのである。

6.2 開口部の仕組み

開口部には構造体は何もなく，大きく空洞が開いている。ちょうどヒトの頭蓋骨の眼窩(がんか)のようでもある。

しかし開放的なわが国古来の建築にみるように，開口部に柱などの構造体があってもよいのである。日本古来の建築は，軸組が規則正しくきれいに構成されていた。間戸(まど)という言葉もある。柱の間に戸（建具）を入れるのである。柱の外側（あるいは内側）に，ガラスのような透過性のある素材を使えば光を導き視線を確保することができる。

大きな開口部をつくるには，構造的にも工夫をしなければならない。まず，開口の上の横架材である梁や桁，まぐさを，しっかり垂れないようにしなければならない。垂直方向だけでなく，水平にもあばれないようにしなければならない。開口部がゆがめば，建具がきちんと動かなくなってしまい，開口部の役割を全うできなくなってしまうからである。建具の枠も動かないようにしなければならない。十分に材料の断面を吟味し，ボルトで吊ったり金物で補強したりすることもある。

構造体がないから，開口部は，他の建築躯体部分とくらべて弱い。そのうえ，開口部に組み込まれる建具の機能を確保しなければならないから，開口部の周囲

の構造体は開口部を強力にサポートしなければならない。そんなにやっかいで，周りにたくさん迷惑をかけてもなお尊重され，大切にされる開口部。それだけ，建築における開口部の果たす役割は重要であり，開口部をつくる仕組みには工夫が必要なのである。

6.3 開口部の構成と種類

開口部は，どのようにできているのだろうか。先に述べたように，開口部のありかたは，建築のありかたそのものをあらわすといってよいから，建築家たちはみな開口部のデザインに腐心する。古今東西に優れた例は多く，そのありかたも多岐にわたる。ここでは基本的な事柄を知ることにしよう。

6.3.1 基本的な開口部の構成

(1) 開口部とその周囲

開口部は，そのありかたの多様性は別として，建築の躯体に開いた孔のようなものである。したがって，開口部周囲の建築を構成する材料や要素と多く関わらなければならない。孔の周囲には，躯体や壁体の断面が現れるからである。

窓をイメージしてみよう。この開口部が構造体や軸組に大きな影響を及ぼすことはすでに述べたとおりであるが，孔を開けるわけだから外壁や内壁，場合によっては屋根や天井，床などの，下地材や仕上材も，そして性能を確保するための防水シートや断熱材なども，すべていったん切り取られなければならない。

これが開口部の弱点となって露呈する。開口部からの漏水や熱の貫流といった問題は，開口部が，周囲の部分とこのような複雑な関係を築かなければならないから生じるのである。開口部がもともと孔だから漏水するのではなく，開口部とその周囲の関係がうまくいかない場合に水が漏るのだ。

雨というのは引力に引っぱられて上から下に降るだけではない。台風のように強い風に吹かれていろいろな方向から，斜めからも下からも降る場合がある。建築の壁体や開口部に雨が強く吹きつけられれば，水滴は，壁面を伝って下から上に上る場合すらある。だから開口部のデザインは難しい。

よい外部環境を取り入れたい，でも必要な性能は確保したい。この矛盾が開口部のデザインを難しくもするし興味深いものにもする。開口部がなければこのようなリスクはない。だがそんな建物には何の楽しみもない。

(2) 開口部と建具

もうひとつ，基本的なことに開口部と建具の関係がある。この章でもこれまで建具という言葉が何度か出てきたが，いったん，整理しておこう。

開口部は，開口として，すなわち単純に孔として存在することはあまりない。多くの場合，そこに建具がはめ込まれる。建具は，枠と障子からなり，枠は，開口部周囲の建築の材料や要素と一体となって，必要な性能，すなわち遮断する性能を発揮しようとする。同時に，枠は障子とかみ合うことによって，建具としての性能を確保し発揮しようとする。

このように，開口部と建具は切っても切れない縁で結ばれているが，開口部イコール建具ではない。でも，開口部を問題にするときに，建具について一緒に考えるのも自然なことである。

建具については，第4部2章で詳しく解説しているが，開口部の抱える矛盾に注目すれば，建具についてもよりよく理解できるに違いない。

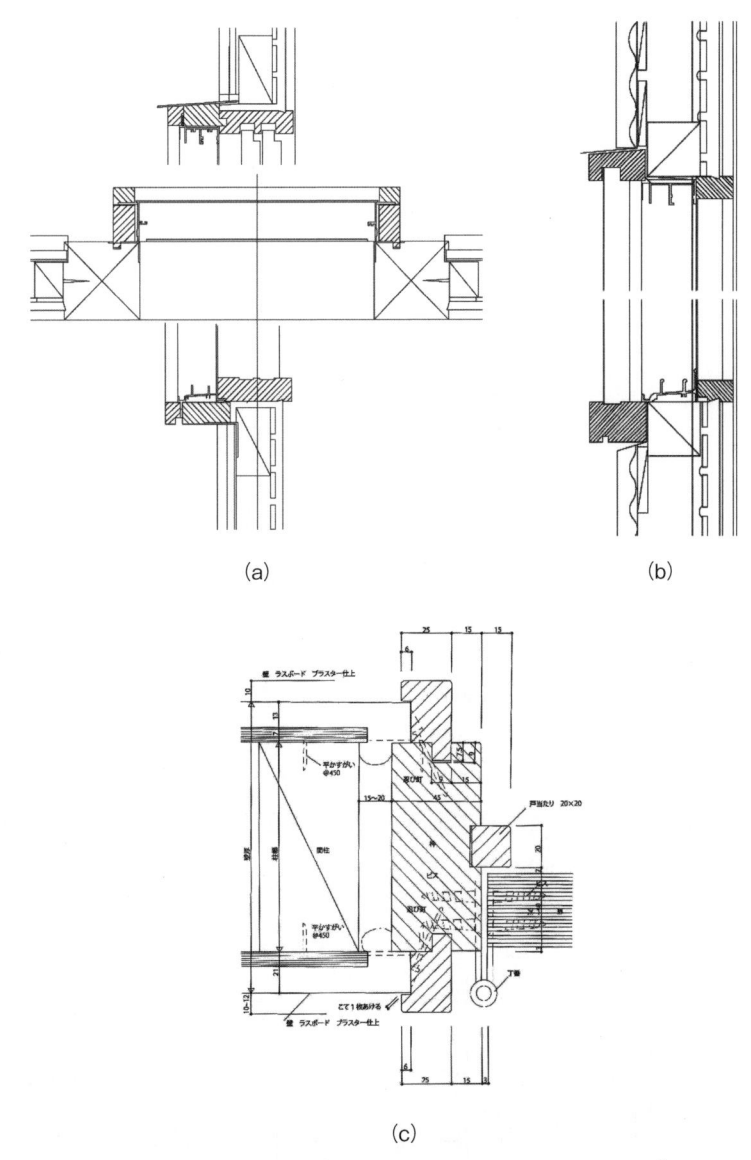

(a)　　　　　　　　　　　　(b)

(c)

図 3.6.3　一般的な開口部の詳細　開口部の取合いと建具[1]

6.3.2　開口部の種類

開口部をデザインするのに大切なことは，その位置（平面での位置，断面での位置，そしてもちろん立面での位置），大きさ，プロポーション，開口部が（す

なわち建具が）動くのか，その動きかた，そして構法や取合いという意味での開口部のつくりかた，すなわち閉じる性能の確保などである。

開口部の呼び方は，開口部の位置によって，またその目的によって異なる。図3.6.4に示すいくつかの例を見てみよう。

天窓は，室の天井や屋根など，建物の高いところにつくられる開口部で，おもに光を取り入れようとする，天を向いている窓でもある。天窓から射し込む光の量は，同じ面積の鉛直の窓によって得られる光の3倍と計算され（建築基準法による），また，一日を通して変化する光を取り入れられるのでとても有効な開口部である。天窓を開くようにすれば，効果的に換気を促進することもできる。そして上方からの光は，建築空間に強い印象や象徴性を与えることもままある。

高窓は，壁の高い部分に設けられる窓で，得られる光はハイサイドライトなどとよばれる。壁に開く窓なので一般的な窓と同様に構想できるが，高所にあるわけだから，開閉やメインテナンスのことはよく考えなければいけない。

地窓は，言葉のイメージのとおり床に近い位置に設けられ，床面をほのかに明るく照らし落ち着いた雰囲気をつくる。視線をコントロールしながら，光や風などを導く。

下地窓は，窓のつくられかたによってついた名である。和室や茶室などで見たことがあるだろう。真壁の下地である小舞を残したまま，その部分だけ土を塗らずに残した開口部である。下地がそのままあらわれているから下地窓なのである。

換気窓・換気口は換気，空気の流れを得るための開口部である。

出入り口・玄関・勝手・通用口，これらはみな人が出入りするための開口部である。その役割によって呼び方はさまざまである。

引戸，引違い戸，引き込み戸，掃出し窓，腰窓，出窓，カーテンウォール，面一（つらいち），フィックスなどなど，開口部にかかわる言葉は，枚挙にいとまがなく多様である。開口部をどうつくるかは，建築のありかたそのものなのである。

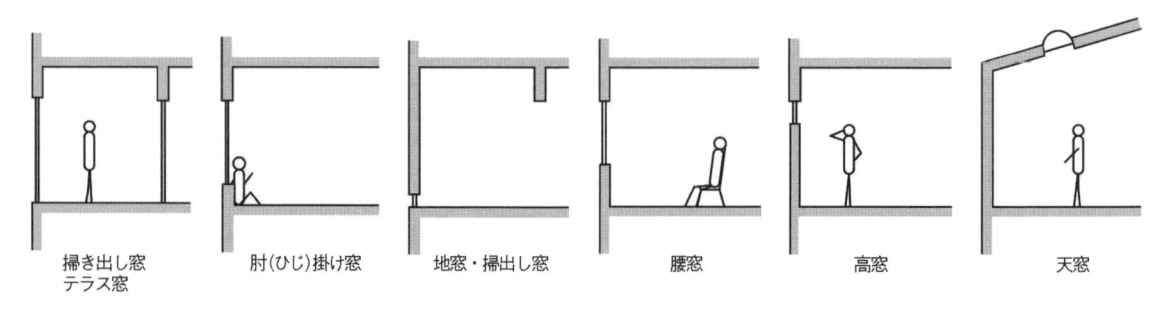

| 掃き出し窓
テラス窓 | 肘(ひじ)掛け窓 | 地窓・掃出し窓 | 腰窓 | 高窓 | 天窓 |

図3.6.4　開口部の種類[1]

| コラム | 吉村山荘の開口部１ |

　ひとつの優れた例を見てみよう。吉村順三の軽井沢の山荘は，すべてが素晴らしく，暖かく人間味あふれる建築である。そして開口部のデザインは，この建築の重要なエッセンスである。26坪ほどの小さな山荘は，１階がコンクリート造壁式構造で２階から上が木造軸組造である。玄関は１階にあるが，居間や食堂，寝室などのおもな部屋はすべて２階にあり，一部小さな書斎が３階にある。屋根は周囲の地形になじむように一方向に傾斜している。敷地は，軽井沢の奥まった森のなかの緩やかな傾斜地で，すぐそばを沢が流れる。避暑地らしく，森の木々のやわらかい光が印象的で，四季折々に色づく自然が美しい。緑，赤，黄，雪の白色。沢のせせらぎや鳥のさえずりも心地よい。周りの自然が建築のなかに入ってくる。山荘の小さな空間は，ひろがって自然のなかに解き放たれる。

　森のただなかに居るかのごとき気持ちのいい空間は，開口部の位置や大きさ，開き方などを，自然に向かって丁寧にデザインすることで獲得できたのである。

　それでは開口部のエッセンスをひとつずつ味わってみよう。

(1) Ｌ字型の大きな開口部

　居間の南西面にＬ字型にデザインされた開口部である。床から軒桁まで，高さいっぱいに開き，すべての建具を戸袋にしまえるので水平方向にもいっぱいに開く。１階の玄関から階段を上り振り返ると，視線は，対角線上に部屋を横切り，その先の森へと広がっていくのがわかるだろう。浅いバルコニーが連続するので，身体を乗りだすように自然と一体となる。光も色も音もすべてが行きかう。

(2) 小さな開口部

　それぞれの部屋に，ぴったりあった開口部がデザインされている。開口部を通して見える風景も，室内に入ってくる光の加減も異なるが，それぞれにちょうどいい。空間に変化をもたらしひろがりを与えることができるのだ。

(3) トップライト

　屋根の露台に出る押し上げ戸から入ってくる光が，屋根裏の書斎に射し込む。小さな空間に光の流れができ，上方へのひろがりが生まれる。

(4) １階のテラス

　玄関の戸の前にコンクリートのテラスがひろがる。本を読んだり食事をしたり，時には野外コンサートの舞台にもなるだろう。２階部分がひさしとなるから，すこしの雨くらい大丈夫だ。外部との境のない一体となったオープンな居間のような空間である。玄関の戸は，防犯も考慮されている。

(5) 開口部を通して入ってくるもの

　森の木々，ニレ，ミズナラ，クルミ，クリ，カエデなど。やわらかい緑か

●第3部　部位解剖学

ら，秋になるといっせいに色づきはじめる。沢のせせらぎ，鳥のさえずり，木々の葉の擦れる音。森の澄んだ空気，冷気，土のにおい，香り。自然の光，室内の影，灯，漆黒の闇。人びとの笑い声，演奏し奏でる音。

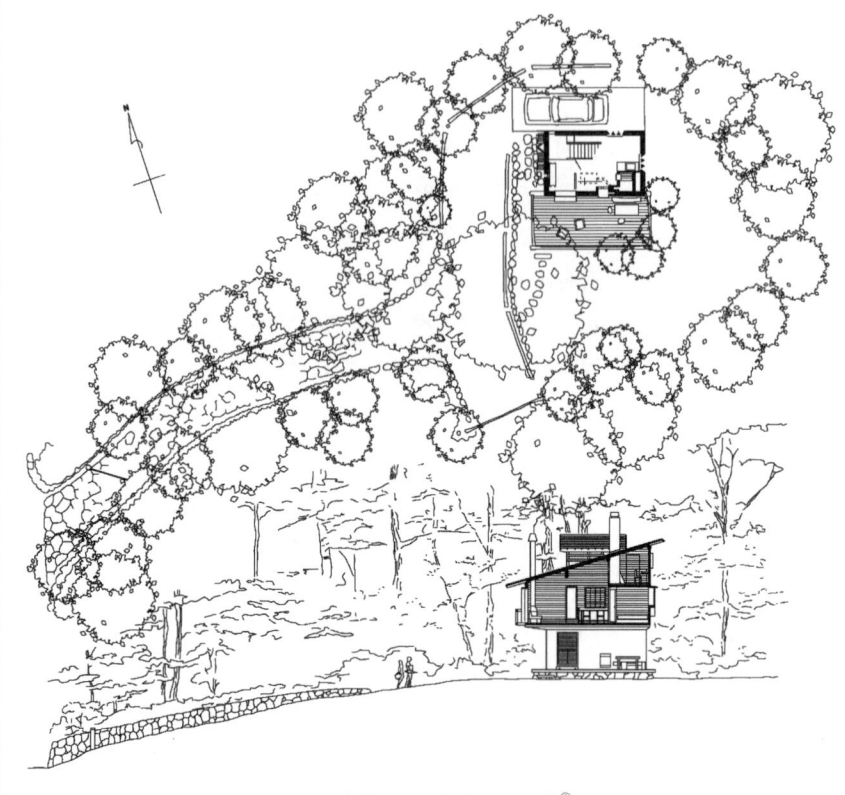

図1　吉村順三の軽井沢の山荘[2]

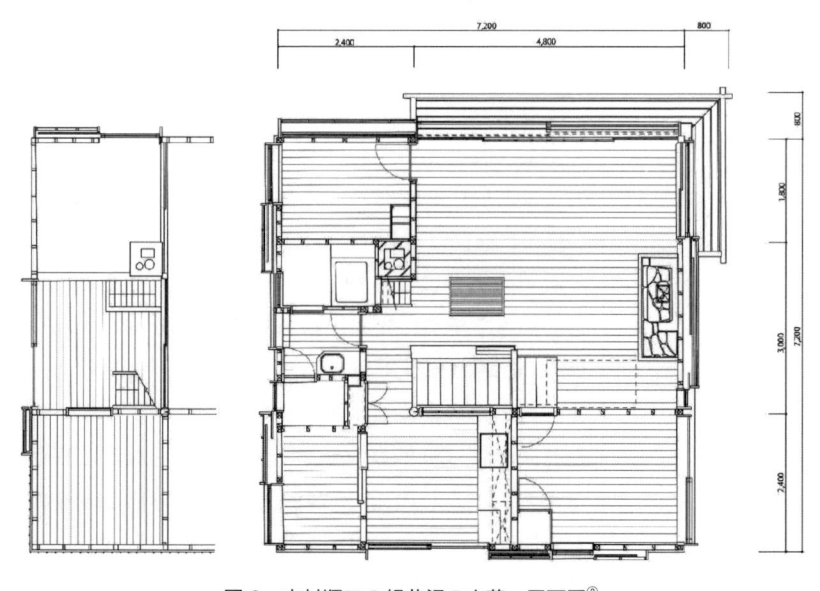

図2　吉村順三の軽井沢の山荘　平面図[2]

コラム　吉村山荘の開口部2

L字型の大きな開口部
(1) 立面図

　これは，南側の立面図である。南の森から見た建築の外観で，L字型の開口部が大きく描かれている。ガラス戸は大きな2枚の引違い戸であることがわかる。立面図からはわかりにくいが，平面図（図2）をよくみると，雨戸，ガラス戸，網戸は，すべて東側の戸袋に引き込まれることがわかる。この開口部は，戸を引き残すことなく完全にオープンにできるのだ。居間の空間がそのまま外につながるように感じる。開口の上には，何本もの溝が掘られた幅の広い框（かまち）が，小さなひさしのように一直線に続いている。この開口部には障子をたてることもでき，寒さを避けるために冬だけ使うという。

　1階は，鉄筋コンクリート壁式構造である。軽井沢の湿気を避け建物を地面から切り離し持ちあげている。テラスに面してふたつの開口がある。ひとつは玄関で，2階のL字型の開口部の真下にある。玄関の引戸には外側に手がけがなく，引戸に仕組んだくぐり戸に錠をする。その右の小さな開口部はテラスの暖炉である。ここに薪をくべて火を燃やせば，暖もとれるし湿気も払える。煙は，建物のなかにつくられた煙突を通って，屋根の上から排出される。暖かい空気の熱は煙突のコンクリートによって伝搬し，建物の内部をゆったりと暖めるのだ。

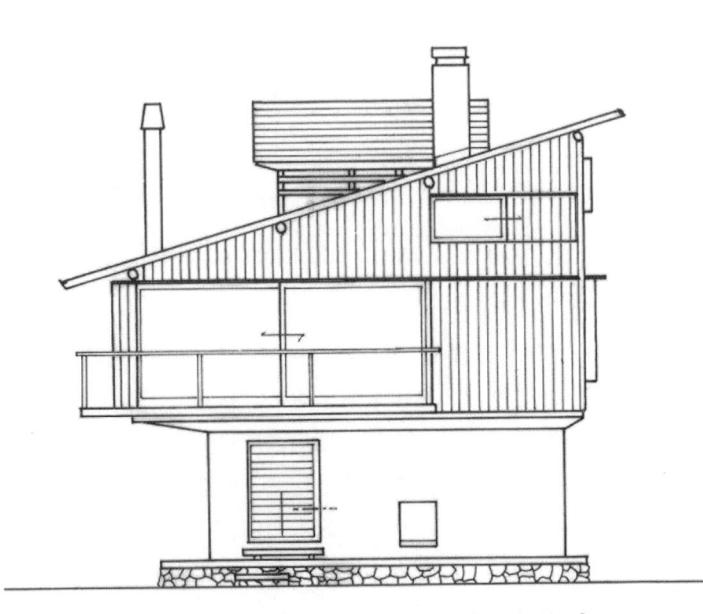

図3　吉村順三の軽井沢の山荘　南側立面図[3]

(2) 軸組図

　仮想的に，杉板の外壁を剥ぎ，胴縁や防水のための下地を取り去ると，軸組が現れる。間柱や筋かいが木造軸組構造の骨格をなしている。それに対して，開口部には軸組の構造体は何もなく，大きく空洞が開いているのがわかるだろう。

　開口部に，柱などの構造体があってもよいことは先に述べた。日本古来の建築の軸組は規則正しくきれいに構成されていたことを思い出そう。

　だが，ここでは柱はほしくなかった。そのうえ，開口部を開いたときには，建具も何もすべてなくなってほしかった。そうすることによって，森との一体感を強めたかったのだ。

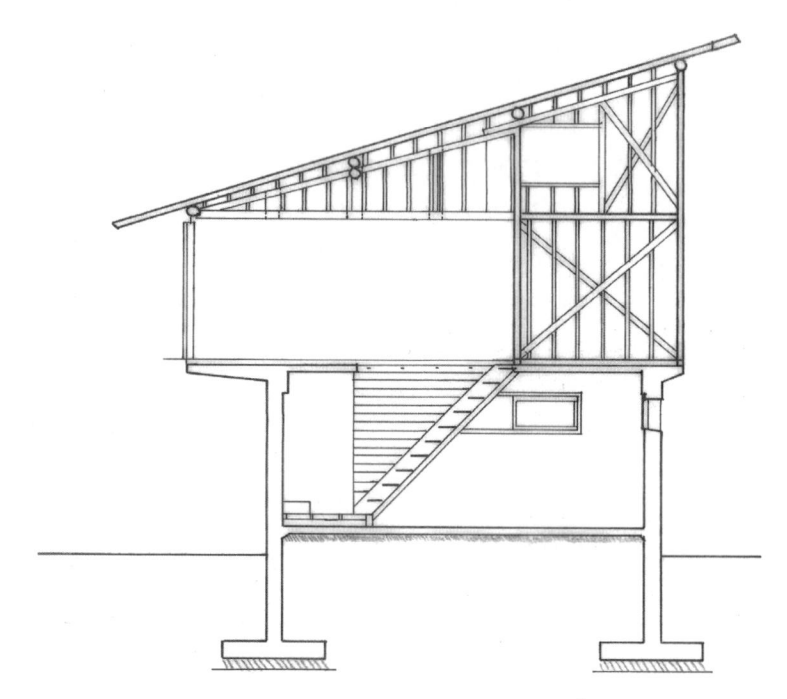

図4　吉村順三の軽井沢の山荘　軸組図[2]

(3) 矩計図

　今度は，軸組を仮想的に取り去ってみよう。内部の空間が見えてくる。注目しているL字型の開口部を見るためには，この図と直交する方向の矩計図が必要だが，これまで見てきた立面図や軸組図と連続して理解するにはこの図のほうがよい。左側の開口部は，L字型の開口部の西側部分だが，基本的に南側と同じなので，これを参照することにしよう。開口部の仕組みもよく理解できるだろう。

　建築の内部の開口部を見てみよう。2階の居間と，3階のこじんまりとした屋根裏部屋（書斎）の間には引戸があり，床から天井まで解放したり閉じた

りできる。これも開口部である。屋根裏部屋の東側の小さ窓からは，おそらく最初に朝日が入るだろう。きれいな光や風は，斜めに居間を突き抜けて西側（そして南側）のＬ字型の開口部から抜けていく。

　１階から２階への階段には，階段をふさいで１階と２階を仕切ることができるように，水平の引戸が組み込まれている。やや特殊だがこれも開口部である。引戸を開けておけば，１階の玄関や窓のから入った空気が，２階に導かれ，いろいろな部屋を通り大小の開口部から抜けていく。さらにのぼって屋根裏部屋の窓や露台に通じる押し上げ戸からも抜けていき，山荘の内部に緩やかな自然の空気の流れを生じる。このような自然の換気は心地よい。引戸を閉じれば，この流れを遮断し，冬には部屋の暖まった空気を逃さず寒気を防ぐことができる。

　正面中央の開口部は寝室への扉である。その右の障子の入った開口部は，キッチンとの間にある。前者は，光も音も空気も遮り，人が通ることが開口部の役割である。もちろん開け放てば，それらすべてが通り抜ける。後者は，光を透過させることが第一の目的だろう。

　このように，そこに居て心地よいと感じるためのすべてが，開口部によって導かれるのである。

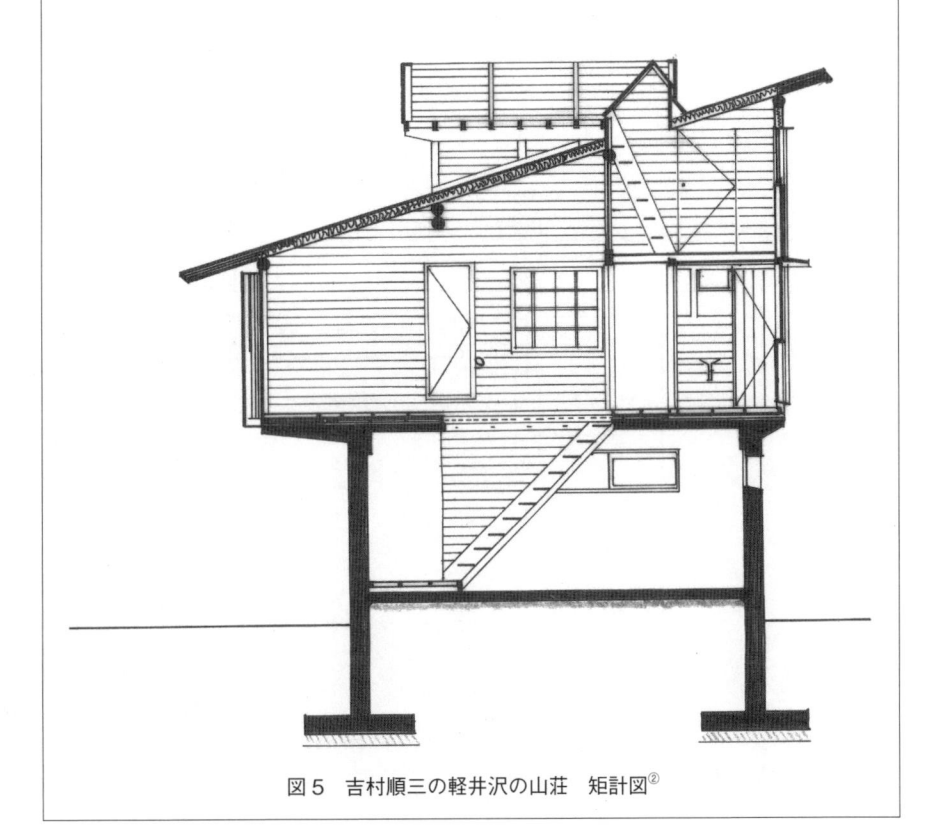

図５　吉村順三の軽井沢の山荘　矩計図[2]

コラム　吉村山荘の開口部3

　図6は，軽井沢の山荘の居間のL字型の大きな開口部の詳細図である。床から天井（実際は軒桁）までいっぱいに開き，すべての障子（戸）は戸袋に引き込まれる。人のスケールに配慮しながらダイナミックな空間の流れをつくりだしている。それゆえに，開口部のつくりかたが大がかりになることも否めない。

　平面詳細図と断面詳細図をよく見てみよう。網戸，ガラス戸，雨戸といった建具のために3本の溝（レール）が刻まれている。これは西側の開口部である。南側は，障子がそれぞれ2枚ずつになるから6本の，そして障子（これは紙の障子）の溝が2本，計8本の溝が刻まれている。下框（かまち）は合計すると400 mm近い幅になり，上框はそれよりさらに幅が広い。障子は，外側から，雨戸，網戸，ガラス戸，障子（ブラインドやカーテン）とするのが一般的だが，雨戸を遮光の機能と考えるならば，一番内側に考えることもある。

　開口部の上には，ひさしがあったほうがいい。このL字型の開口部の上には，構造芯で1 200 mmもの幅で屋根（軒）が張りだしている。開口部の上にひさしがあれば，すこしくらいの雨でも開口部を閉じる必要もなく，快適に自然の換気を確保できる。ひさしは，建築の壁体を護るためにも重要な役割をするのである。

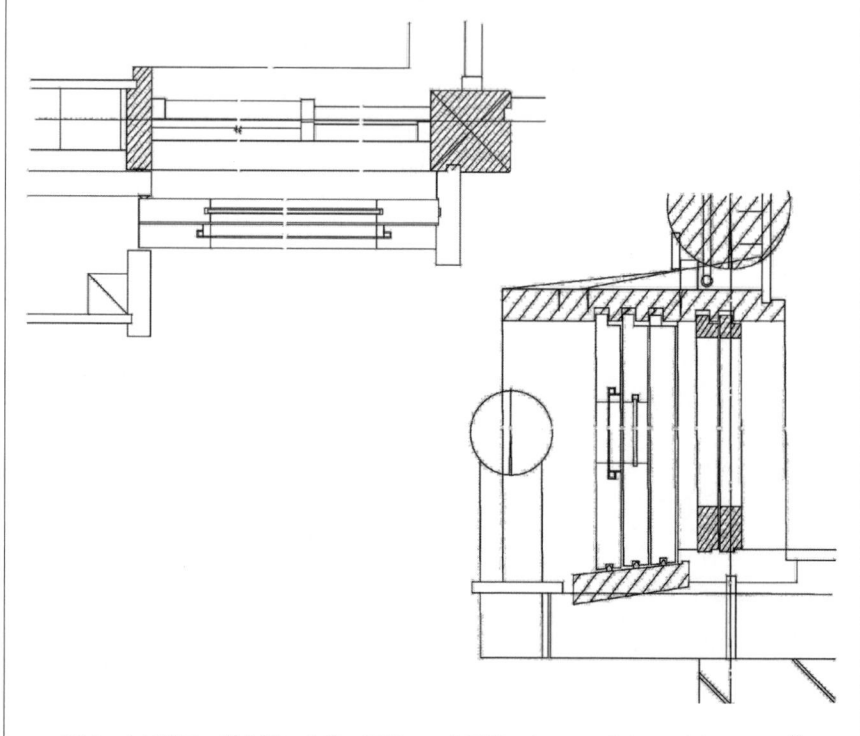

図6　吉村順三　軽井沢の山荘　居間のL字型開口部　平面詳細図と断面詳細図[3]

7章　階段の役割と仕組み

7.1　階段の役割
7.1.1　階段とは
(1)　床としての階段

　建築大辞典に依ろう。階段とは，上下階に昇降するための段々状になった構造物である。段々状の部分のうち，足の載るところを踏面，それに直角な部分を蹴上げという。一般に勾配としては，17〜75°のもの。とある。そのとおりである。だがもうすこし異なる見方をしてもいいのではなかろうか。

　階段は2つの床レベルをつなぐ。床レベルは2つでなくてもいいのだから，階段は床をつなぐ，といえないだろうか。そう，階段は床の延長なのだ。

　ある階の床が，パラパラと音を立てて落ちて段々になったところで止まっている。これが階段である。そう考えれば階段の段床（足の載る部分）だって，足に合わせて大きさを決める必要もないし，階段でどんなことをするかも，階段のデザインも，もっと自由に考えられるのではないだろうか。

　みなさんも階段に座ったりすることがあるだろう。それは昇降するという階段のもつ，もともとの役割の外にある行為である。もし段床の幅や奥行きを一般的な階段よりずっと広くとり，傾斜を緩やかにすれば，子供たちは思い思いの場所に座り，本を読んだり絵も描いたりするだろうし，大人だって思い思いに好きなことをするに違いない。階段は，楽しい場所になる。床の延長であるばかりか，段床の高さが変わるぶん，変化に富んだ場所となり，いろいろなことを可能にするのだ。劇場やホールの客席だって，そして競技場の観客席だって，後ろへ行くほど階段状に高くなる。もちろん舞台やフィールドを見やすくするためだが，これは階段なのか床なのか。どちらでもあるのだ。

　だから，昇り降りするという機能だけに縛られずに階段を構想すれば，きっと楽しく使いやすい階段をデザインできるに違いない。

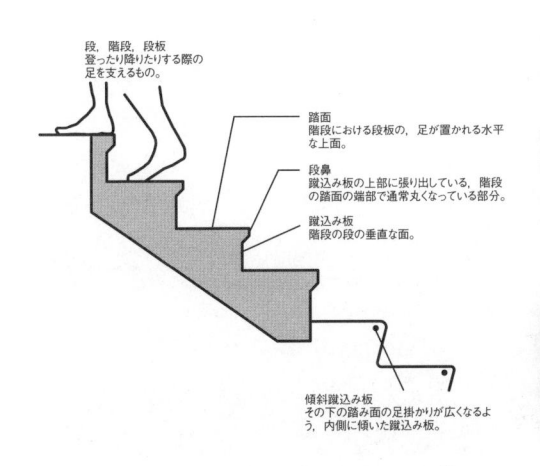

図 3.7.1　一般的な階段と各部の名称[4]

写真 3.7.1　自由な床の連続としての階段　坂本一成　SA
（撮影：新建築写真部）

(2) 空間としての階段

階段は日常性を破る場所である，とは建築家宮脇檀の言葉である。これも大切な階段の役割ではなかろうか。

階段を昇ったり降りたりするときに，階段の周りの空間や外の景色がいつもと違って新鮮に見えた経験がないだろうか。階段が，階段室のようにその機能だけのための空間に閉じ込められている場合はそうでもないが，階段が生き生きと建築の空間と協調し，緊密な関係をもつとき，人は素敵な経験ができる。階段を昇り降りするとき，人は水平方向にも垂直方向にも同時に移動する。それに伴って視点も三次元に移動するから，視線も大きく三次元的に変化し，普段とは違う新たな空間を見ることができるのだ。

スキップフロアというのがある。一般的な階と階の間にひとつ以上の階床があって，すこしずつ，スキップするように階を上がる空間の構成のことである。階段は数段程度と短く，段床と階床との連続性は高い。だから，昇り降りするという機能はもちろんだが，スキップフロアが構成する空間の質や連続性を強く感じることになる。

7.1.2 階段の意味

機能から離れた抽象性といえばよいだろうか，先に述べた，階段の空間性に通じるが，何かもうひとつ違う大切さが階段のデザインに込められる。

図 3.7.2 は，伊勢神宮下宮正殿の立面図である。地面と切離された神聖な高床にのぼるためには木階（正面の階段）を使わなくてはならない。だが，のぼることだけが目的なら階段のつけかたはほかに方法があるだろう。社殿の平面（ひらめん：建物の長手側面）の中央に，堂々と，一段一段無垢の檜でつくられた階段は，そこにあるだけで美しく，そこが神の社であることを力強く表現している。凛とした象徴性がこの階段と建築を支配しているのである。

典型的な西洋建築のヴィラ（邸宅）には，ピアノノビレという建物の中心となる室が地面より一階分ほど上がったところにつくられる。見晴らしもよく大切な

写真 3.7.2　空間と一体となった階段　中山悦治邸 [5]　　写真 3.7.3　スキップフロア　篠原一男　海の階段 1971 [6]

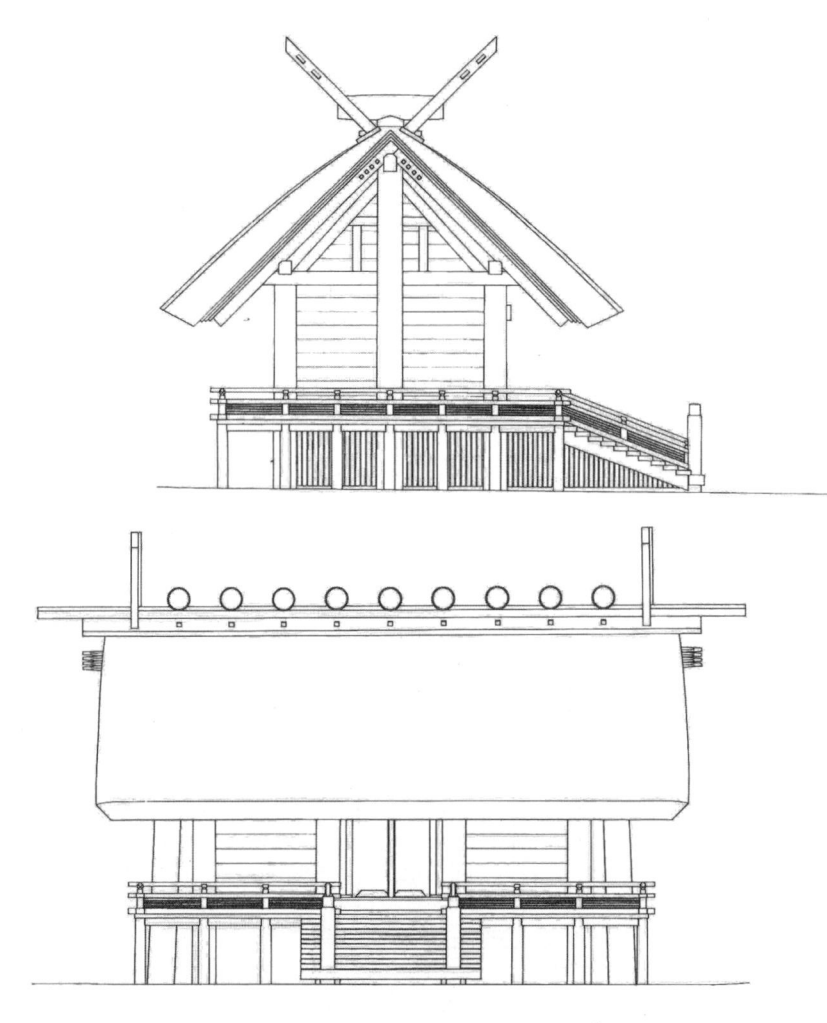

図 3.7.2　伊勢神宮下宮正殿の木階[3]

部屋である。1階（外部）からここに導かれる階段は，ピアノノビレに正面から向かって築かれ，幅も広く堂々としている。

パリのガルニエのオペラ座には，エントランスから2階のメインホワイエに至る優雅な大階段がある。オペラが催される夜，この階段を紳士淑女がゆったりと上がっていくのを，階段の周囲から人びとが眺めている。この大階段は，紛れもなくこの空間の主役であり，人びとに姿を見せるため，人を見るために大切な役割を果たしているのだ。

7.1.3　階段による環境形成

階段は，床に開いた孔であるから，吹抜けの空間とともにある。

階段は，異なるレベルの床をつなぐばかりではなく，建築の空間と空間をつなぐのである。この空間つなぎ目である吹抜け空間を，建築の環境を形成のために利用する。環境形成，これも階段の大きな役割なのである。光を取り入れ，分散させたり，空気の流れをつくることができるだろう。暖まった空気は上昇して自

然の換気を促す。下の階には新鮮な空気が供給されて，思ったより涼しく保たれる。(6章コラム　吉村順三の軽井沢の山荘の例を参照)

7.1.4　スロープ

階段をずっと緩やかにして，段板を水平でなく連続させるとスロープになる。スロープは階段ではないが，その役割は階段の延長にある。図3.7.3は，アントニン・レーモンドが設計した軽井沢夏の家である。中心となる居間の長手に沿ってスロープがあり，屋根の傾きが呼応している。非常に空間的であるわけだ。スロープのいいところは，空間がシームレスにつながるということだ。シームレスとは，縫い目がないという意味で，階段のように一段一段途切れるのではなく，連続的に床がつながっていることをいっている。だから気に入った高さの場所で止まっていられる。もちろん，これもスロープを含んだ空間のデザインがいいからに違いないのも事実である。

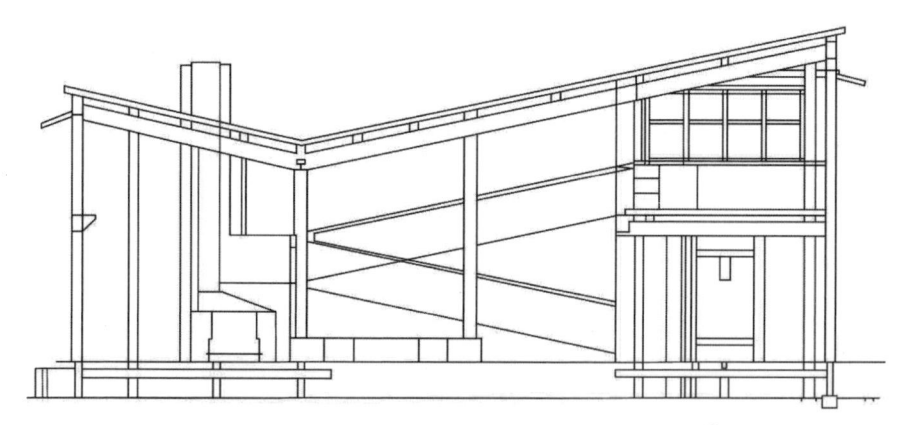

図3.7.3　アントニン・レーモンド　軽井沢夏の家1933[4]

7.2　階段の仕組み

7.2.1　階段のおきて

(1)　のぼりやすい階段

階段の役割をいろいろ考察してみたが，そうはいっても昇り降りする機能はつきまとう。どのような階段がのぼりやすいか，多少のばらつきはあるものの，一般的には，$2R+T=60$を満たす階段はのぼりやすいといわれている。Rは蹴上げTは踏面の寸法（ともに単位はcm）である。図3.7.4に，階段の角度と，適切な踏面と蹴上げの関係を示している。

(2)　さらにのぼりやすくするために

段板と蹴込み板を，直角にぴったり合わせようとすることがままある。それに対して，図3.7.1に見たように，蹴込みをすこしでもとると，ずっとのぼりやすい階段になる。

傾斜が急な階段の場合，すなわち梯子のような階段をつくるときは，段板をわずかに傾斜させて，身体が自然と前のめりになるようにすると，のぼりやすく安

7章　階段の役割と仕組み

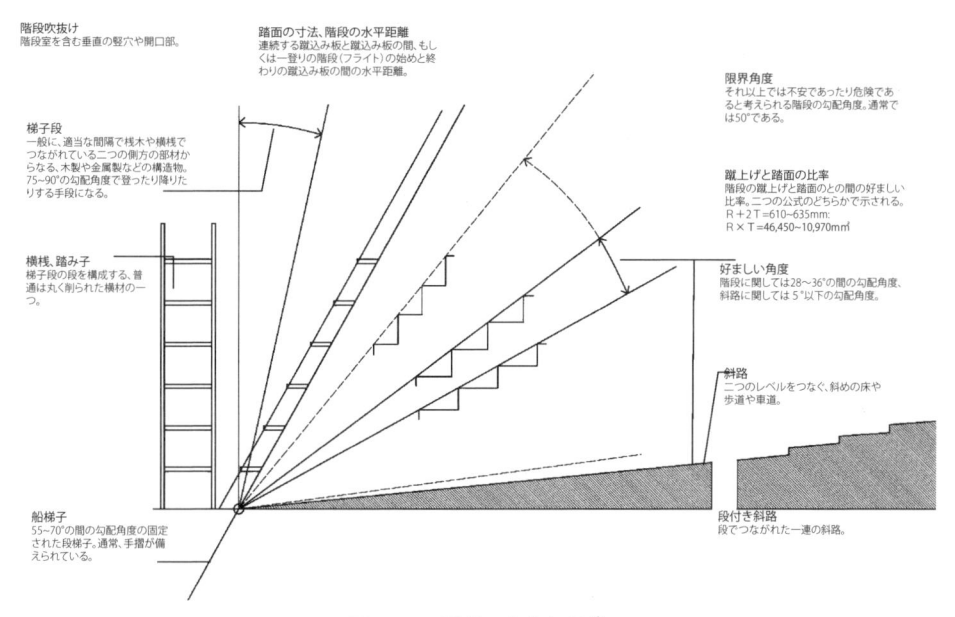

図 3.7.4　階段の角度など [4]

全な階段（梯子）になる。（6章コラム　軽井沢の山荘の，屋根裏部屋への階段，そして屋根裏部屋から屋上の露台に出る階段参照）

段板には，滑り止めのために，溝を掘ったり，ゴムや樹脂を貼ったりする。足の先端がグリップすると，階段の昇り降りはずっと快適で安全になる。この部分をノンスリップなどといったりする。図 3.7.1 を参照してほしい。

(3)　階段の幅とクリアランス

階段をのぼっていくと上の階の床が迫ってくる。ではどれだけのクリアランスがあれば頭がつかえないだろうか。図 3.7.5, 3.7.6 が示すように，段板の先端（段鼻）で垂直高さ 1.8 m から 2.1 m といわれている。階段と平行に測れば 1.6 m から 2.0 m ほどということになる。

現行の建築基準法では，住宅用の階段の幅は 75 cm 以上という規定である。ビルなどの避難のための階段は 90 cm 以上の幅が必要で，上の階の居室の床面積が 200 m^2 以上あるような大きな建物の場合は，階段幅は 120 cm 以上と決められている。さらに多くの人が使う建築には，相応の規定が適用される。

そして基本的に，階段には，高さ 3 m 以内ごとに踊り場を設けなければならないことになっている。

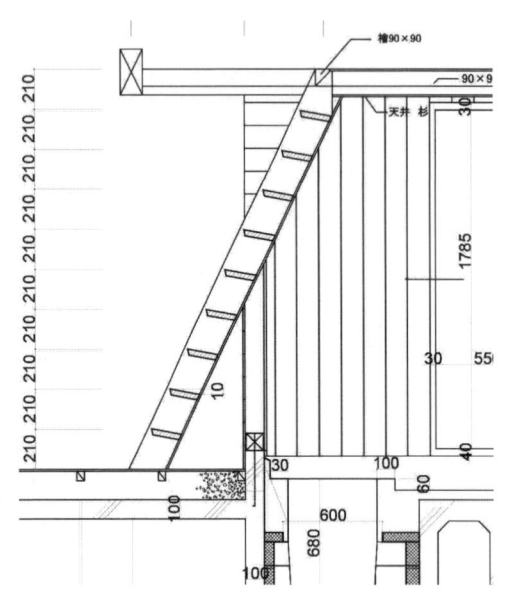

図 3.7.5　段板の傾いた階段（吉村順三　軽井沢の山荘）[2]
3階にあたる屋根裏の書斎に上る階段　10mmの傾斜がついている。

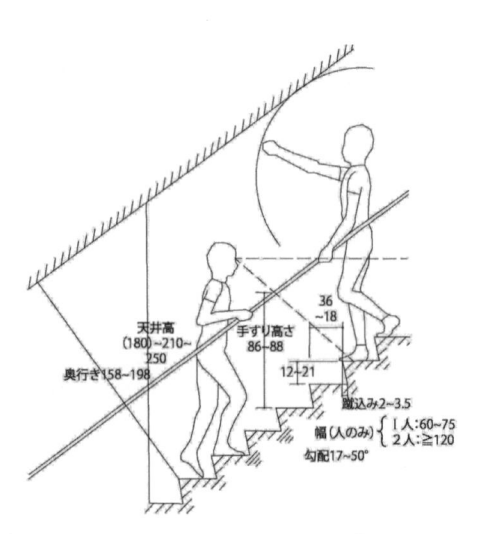

図 3.7.6　階段の機能寸法[5]

7.2.2　階段の構成
(1)　段床とそのささえかた

　階段は床の延長なのだから，その構造も，まずは床の支え方を演繹して（応用して）段床を如何に支えるか考えれば，いいアイデアが浮かぶかも知れない。しかし階段を，効率よく，安全に構成しつくろうとすると，ある共通の到達点に至るものである。その基本的な構成とささえ方を図 3.7.7 に示す。各部の名称も図に示すとおりである。

　階段に必要なものは，

① 　足を載せる水平の板（段板）
② 　段板をささえる斜めの桁（力桁，側桁，ささら桁）
③ 　段板と段板の間を塞ぐ板（蹴込み板）

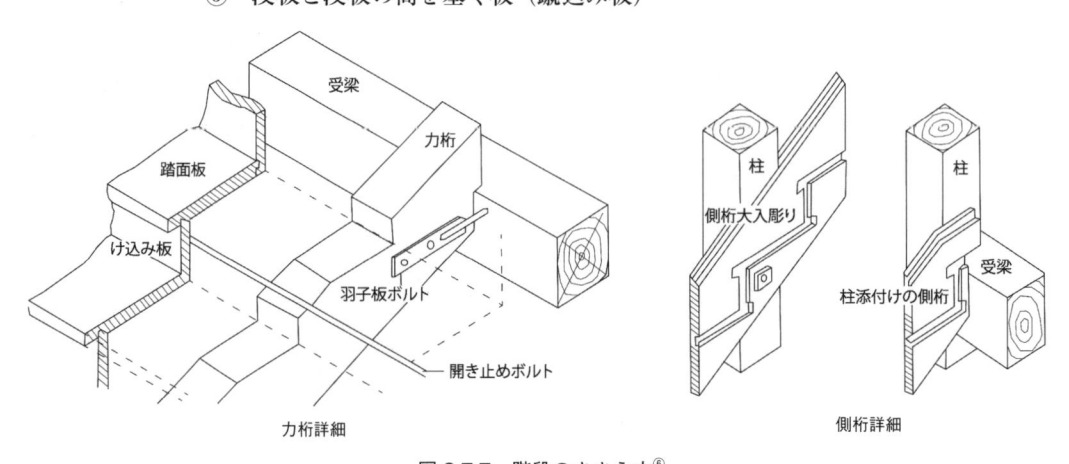

図 3.7.7　階段のささえ方[6]

である。このうち③はなくても階段は成り立つ。

材料は，特にこうでなければいけないというものはなく，一般的な構造材，造作材でよい。

(2) 手すりと手すり子

階段にはたいてい手すりをつける。転落防止と，昇降するときの補助のためである。

手すりを考えるときに重要なのは，
① 手すりの高さ
② 手すりの断面形，握りやすさ
③ 手すり子のデザイン
である。

手すりの高さは，公共的な空間などでは1.1 m 以上と決められているが，これは転落を防止するためである。階段の昇降を助けるためには，もっと低く，段鼻で高さ85 cm から90 cm 程度としたり，手すりが邪魔になるような用途の建築では，それぞれに最適な高さに決定するのである。みなさんも手すりに注目してみよう。

手すり子とは，手すりを支え，手すりと段床の間をふさぐ役割をもつ。よじ上ってしまい転落することを避けるために，横桟ではなく縦桟とし，かつ，子供の頭が入らないように間隔を狭めるなど，転落防止のために工夫が必要だ。だが，同時に，手すりと手すり子のデザインは，階段が優美に空間的であるための，とても大切な要素であり部分なのである。

さまざまな階段の例をひもといてほしい。

7.2.3 階段の材料

本書では，木造軸組の建築を想定しているから，階段の構造もまずは木造を想定する。檜，松，杉，栂，また栗など，一般的に木造建築に使われる樹種が，その構造および仕上げに用いられる。もちろん集成材もである。

木造の建築といっても階段を鉄でつくったり，一部を鉄で補強する場合もある。木造住宅のサッシ（建具）がアルミ製やスチール製だったりするように，木造建築の部分に金属が使われることはよくある。屋根の金属板しかり，場合によっては構造の補助材として鉄骨が使われることもある。

回り階段は，階段の設置面積が小さいし，階段の上り口と降り口が，平面的にほぼ同じ位置にくるので，小規模の建築においては有効な昇降手段である。その分，三次元的な空間の変化のダイナミズムには乏しい。回り階段の詳細を図3.7.8に示しておく。

もうひとつスチール製のすてきな階段の例をあげておこう。写真3.7.4は，中村好文の上総の家の階段である。普通の折返し階段であるが，この軽快さはスチール製であるからこそなし得たのである。空間との関係がとても好い例である。

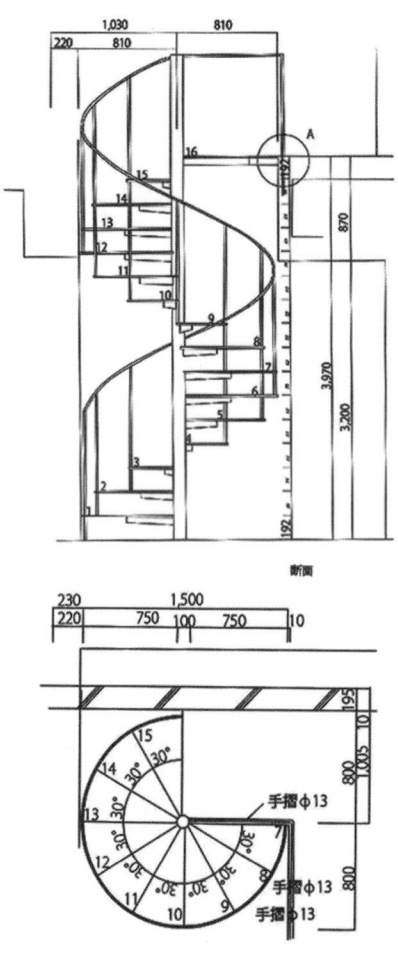

図 3.7.8　回り階段　吉村順三
田園調布の家 1970[3]

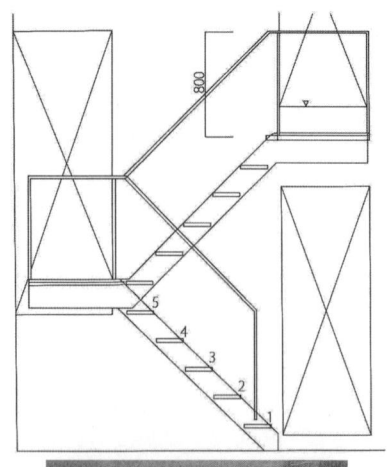

写真 3.7.4　スチールの階段
中村好文　上総の家
（撮影　新建築写真部）

7.3　いろいろな階段

これまで，階段の役割と仕組みについて考察をすすめてきた。その過程で，いくつかの階段のタイプをすこし詳しく見てきた。ここからは，もうすこし階段のバリエーションを整理して見てみたい。

7.3.1　典型的な階段のタイプ

(1)　直階段

もっとも基本的な階段である。

(2)　折返し階段

これもよくみられる階段である。基本的には，階のほぼ中間の踊り場で進む方向が正反対になる。

(3)　直角に曲がる階段

普通の住宅ではそう多くは見かけないかもしれないが，空間的な効果は高い。階段を，その横からきれいにみせるのはなかなか難しい。直角に曲がる階段は，必ずいずれかの横の面を階段をのぼる人にみせることになるので，慎重にデザイ

ンしなければならない。

(4) 回り階段

　回り階段の特徴は，7.2.3 に述べた。機能的で効率がよいうえに，なんとなくかっこいい気がして，つい簡単に回り階段を使ってしまいがちだが，空間的には何か新しいことが起こるわけではない。それに思ったほど使って楽しいものでもない。安易に採用せず，一考してもよいだろう。

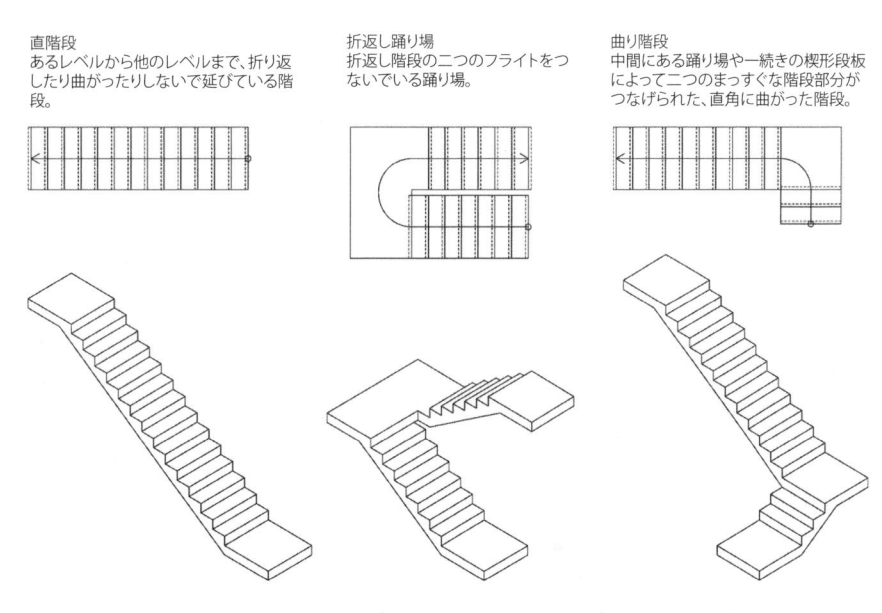

直階段
あるレベルから他のレベルまで、折り返したり曲がったりしないで延びている階段。

折返し踊り場
折返し階段の二つのフライトをつないでいる踊り場。

曲り階段
中間にある踊り場や一続きの楔形段板によって二つのまっすぐな階段部分がつながれた、直角に曲がった階段。

図 3.7.9　一般的な階段のタイプ [4]

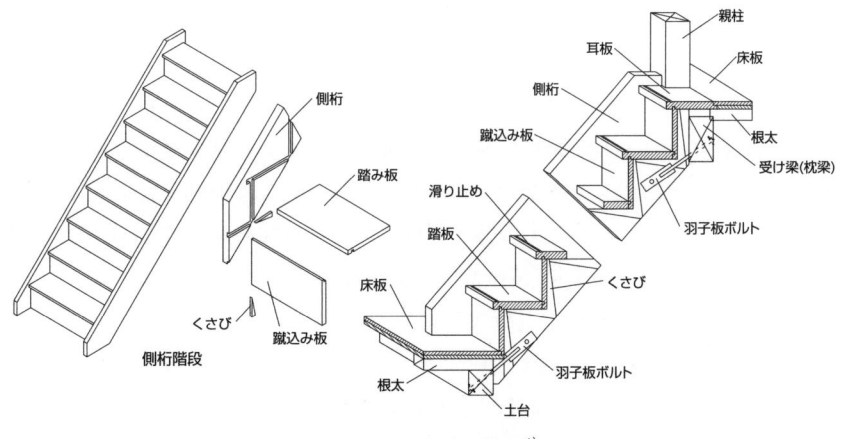

図 3.7.10　階段の構成 [1]

8章　骨組の役割と仕組み

8.1　骨組各部の役割と仕組み

日常生活において自分の健康について改めて考えることは少ないが，病気やけがをすると健康の大切さを実感する。外見だけでなく，体のなかも丈夫であることは重要なことである。

これと同様に，外見が素晴らしい建物でも，建物のなかを人が歩いたとき，床がたわんだり，建物が揺れたりしたのでは快適な生活を過ごすことはできない。また台風などの強風が吹くときや地震のときに建物が大きく揺れたり傾いたりしてしまっては，せっかくの大切な家が台無しである。

このように，建物に作用する重さや力を安全に基礎まで伝えることが骨組の役割である。木造軸組住宅において，骨組は小屋組・軸組・床組・壁組から構成されている。小屋組は屋根に作用する重さや力に対して変形することなく軸組に伝える役割，床組は床に作用する重さや力を軸組に伝える役割，壁組は壁に作用する重さや力を軸組に伝えることが役割である。軸組は，小屋組・床組・壁組からの力を受け，基礎に伝えることが役割である。

本章では，この建物の力の流れと骨組の役割と仕組みについて説明する。

8.2　建物に作用する力と骨組の力の流れ

8.2.1　建物に作用する力

建物を支える骨組の役割を考えるには，まず建物にどのような力が作用しているか見てみよう。

人体にたとえると，当然，自分の体重を支えなければならないし，また荷物を持ったり担いだりしたときには，その重さも支えることになる。さらに地震の揺れや強風に吹かれたとき，あるいは電車などの乗り物に乗っているとき，横方向に大きな力が作用し，これに対して倒れないように抵抗している。

建物も人体と同様に，建物自体の重量(固定荷重)，建物のなかの人や家具などの重量(積載荷重)，さらに冬に屋根に積もった雪（積雪荷重）などの重量が図 3.8.1 に示すように上から下に向かって鉛直方向の力として骨組に作用している。また台風や地震による力は鉛直方向にも作用するが，建物に対しては水平方向の力のほうの影響が大きく，おもに水平方向の力として作用している。鉛直方向の力は，常時，軸組に作用しているが，水平方向の力は台風や地震のとき瞬時に作用する力である。

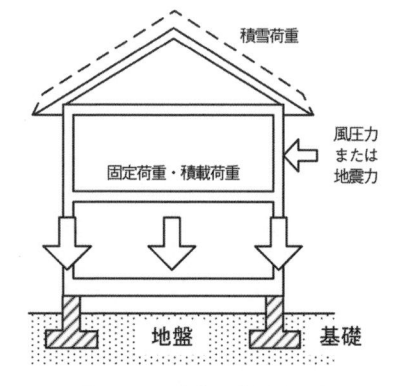

図 3.8.1　建物に作用する力

8.2.2　骨組の力の流れ
（1）　鉛直荷重による力の流れ

地球上には重力があるため，建物の自重（固定荷重），人や家具などの重さ（積載荷重），屋根に積もった雪（積雪荷重）などの重量は，図3.8.2に示すようにすべて鉛直方向の力として上から下（重力方向）に作用している。したがって建物にかかる力（荷重）は，荷重がかかる部材からそれを支える部材へと流れていく。大きくは，力は上から下へ，断面の小さい部材から大きい部材へと流れていく。流れる方向は，床板・野地板→根太・垂木→梁→柱→基礎→地盤の順になる。

鉛直荷重の力の流れ

①小屋組
固定荷重・積雪荷重→野地板→垂木→母屋→小屋束→軒桁・小屋梁

②2階軸組
軒桁・小屋梁→2階柱

③2階床組
固定荷重・積載荷重→2階根太→2階床梁・胴差

④1階軸組
2階床梁・胴差→1階柱→土台

⑤1階床組
固定荷重・積載荷重→1階根太→大引き→床束・束石→地盤

⑥基礎
土台→基礎→地盤

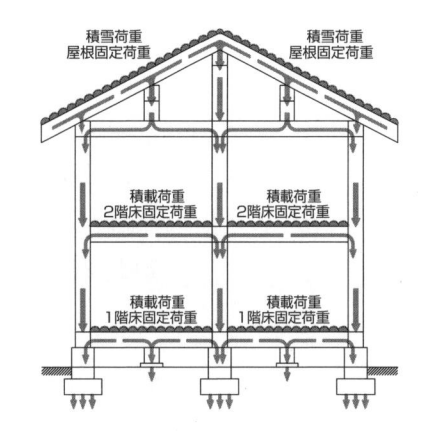

図3.8.2　鉛直荷重の力の流れ[1]

（2）　水平荷重による力の流れ

建物に作用する横方向の力としては，地震と風による力がある。地震は地面が揺れて，その揺れにより建物の重さが水平方向の慣性力として建物に作用する。横方向の力の流れは，大まかにいえば床面から耐力壁へ伝達される。

8.3　骨組の役割と建物を支える仕組み

木造建築の骨組は小屋組・床組・軸組・壁組から構成されている。ここではこれらの役割と仕組みについて見てみる。

8.3.1　小屋組の役割と仕組み

木造では，屋根を支える骨組のことを小屋組といい，小屋組には2つの構造的な役割がある。1つは，つねに鉛直方向に作用する瓦などの自重と，積雪などの積載荷重を支える役割，もう1つは地震力や風圧力などの水平力を耐力壁に伝達する役割である。

小屋組の仕組みは図3.8.3に示すように大きく「和小屋」と「洋小屋」に分類される。

和小屋は水平に配置した小屋梁（桁梁）の上に束を立て，その上に母屋とよば

れる水平材を載せ，さらにその上に垂木という細い部材を掛け，野地板という板をくぎ打ちする方式である。屋根の頂部を支える横架材は，棟木とよばれる。日本の代表的な小屋組で，さまざまな屋根形状に対応しやすく，小屋裏空間の利用も可能である。

和小屋は，屋根面の鉛直方向の荷重を小屋梁で受けて柱に伝達する。このとき，屋根葺き材や雪の重量は，まず野地板にかかる。それ以降は，垂木→棟木・母屋(もや)・軒桁→小屋束→小屋梁→桁・梁・柱の順で流れていく。

屋根面に作用する水平力は，野地板→垂木・母屋・棟木・桁梁→小屋筋かい・下階の耐力壁と流れていく。このとき，小屋回りに作用する水平力に対しては，小屋組の内部の小屋筋かいなどが抵抗し，その水平力は下階の耐力壁に伝達される。

洋小屋は，日本では明治時代に西洋の技術が導入されて，建物に採用されるようになったもので，その仕組みはトラス構造ともよばれ，トラスで構成された小屋組が屋根の荷重を支えている。トラスは部材に軸力のみが作用するため，小さな断面の部材でスパンを大きくできるが，部材が数多く配置されるため，小屋裏空間の利用は限定されやすい。

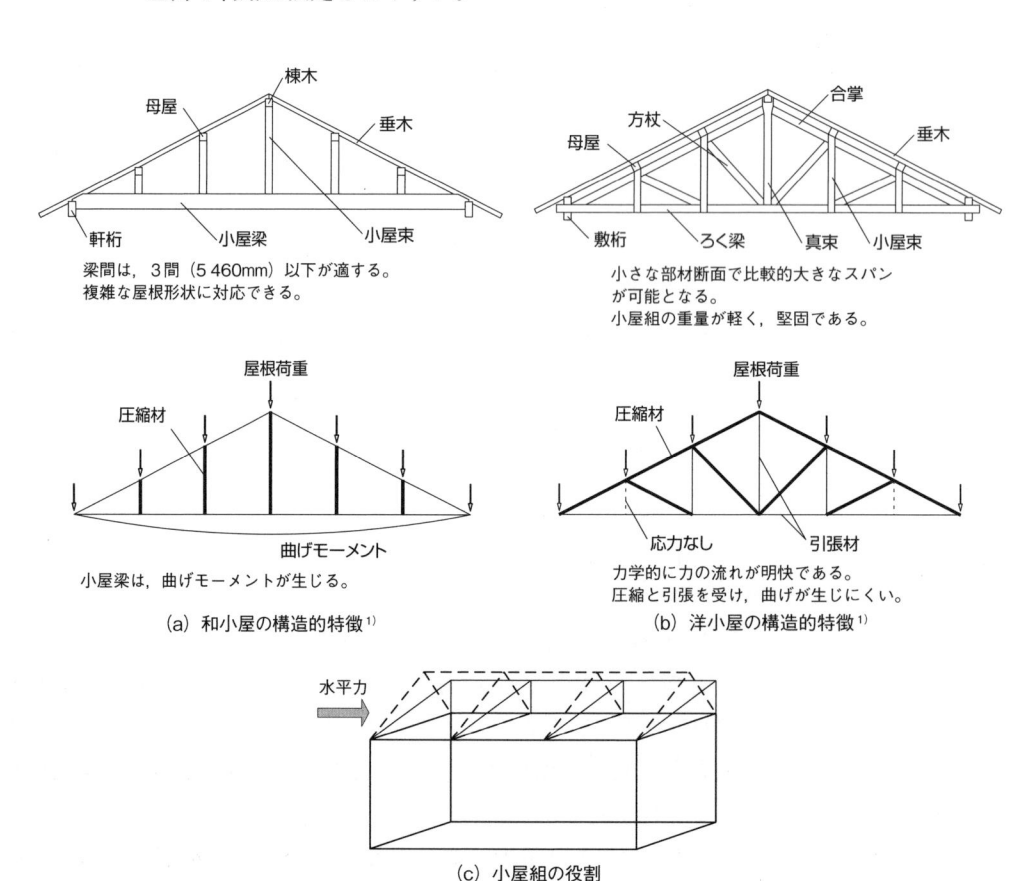

梁間は，3間（5460mm）以下が適する。
複雑な屋根形状に対応できる。

小さな部材断面で比較的大きなスパンが可能となる。
小屋組の重量が軽く，堅固である。

小屋梁は，曲げモーメントが生じる。

力学的に力の流れが明快である。
圧縮と引張を受け，曲げが生じにくい。

(a) 和小屋の構造的特徴[1]　　　(b) 洋小屋の構造的特徴[1]

(c) 小屋組の役割

図 3.8.3　小屋組の仕組み

8.3.2 床組の役割と仕組み

床組は，建物内にいる人や家具などの積載物の鉛直荷重を支える役割を果たしており，建物の構造部材で最も基本的なものである。

床組とは，1階や2階の床のことで，その仕組みは，図3.8.4に示すように梁や大引に根太を掛け，その上に合板などの床板を載せて構成されている。なお，最近では施工の省力化を図るため根太を省略し，床板に24～28mm厚の構造用合板を用いて，梁や大引に直接打ち付けていることも多い。

床材や人・家具などの重量は，まず床板にかかり，そこから，根太→小梁→大梁→柱の順で流れていく。ただし，床梁の中間に柱がある場合は，屋根の重量も加算される。また，床には柱や梁，壁が受けた水平力を伝達する役割もあり，梁とともに建物の水平面を構成する構造部材でもある。床面に生じた水平力に抵抗するのは，図3.8.5に示すように下階の耐力壁である。よって，床に作用する水平力は，床板→根太→小梁・床梁→下階耐力壁へと流れていく。建物に水平力が

> **根太床・梁床・組床**
>
> 2階の床組の構成は，床面の大きさに応じて選択する。
> ・部材の断面形状は，構造計算またはスパン表にて決定する。
> ・床大梁：間隔は約3.6～5.4mで配置し，スパンが約3.6mで，梁せいは300mm程度である。
> ・床小梁：間隔は約1.8mで配置し，スパンが約3.6mで，梁せいは240mm程度である。
> ・根太：床梁間隔が0.9m内外の場合は，45×60mmを標準とし，床梁間隔が1.8m内外の場合は45×105mmを標準とする。

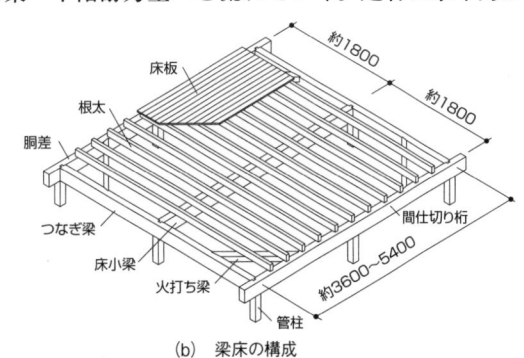

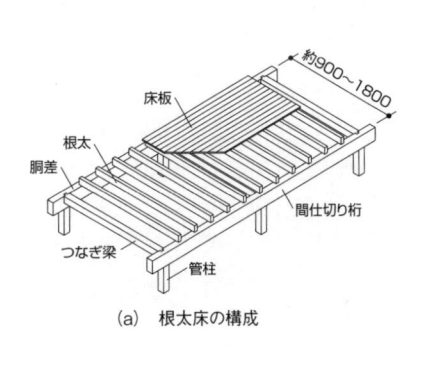

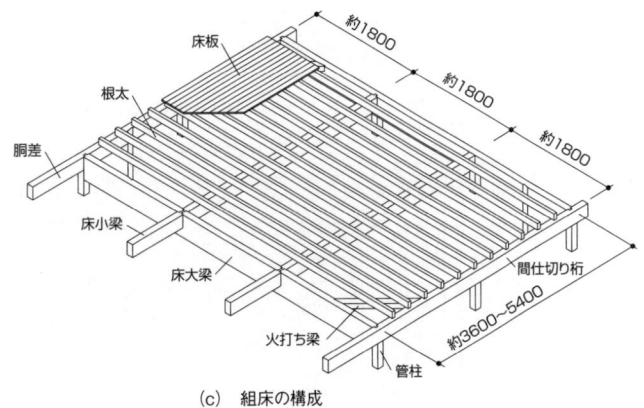

(a) 根太床の構成
(b) 梁床の構成
(c) 組床の構成

図3.8.4 木造の床組[1]

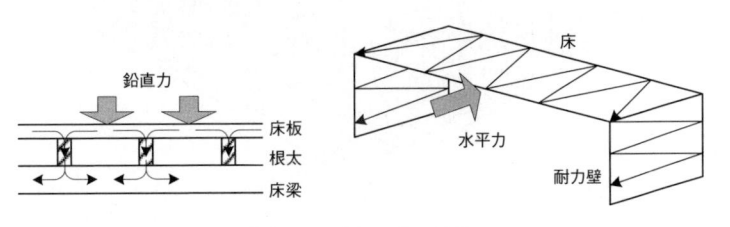

図3.8.5 床組の力の流れ

作用したときに床が柔らかいと床面は水平方向に弓なりに変形してしまうので，水平力を確実に伝える役割をするためには，床にはある程度の硬さが必要となる。床面の平面剛性を確保し，軸組の一体化を図る目的で，火打梁が設置される。

8.3.3　軸組の役割と仕組み

木造軸組構法（図3.8.6）で，小屋組を支える骨組が軸組とよばれ，土台・柱・梁・桁などで構成され，建物を支える最も基本的な構造体となる。

鉛直方向に真直ぐに建つ柱などの軸材と，水平に置かれる梁・桁などの横架材で構成される。軸組を構成する柱や梁の役割は鉛直力を負担することであり，水平力に対してはあまり抵抗できない（図3.8.8）。

横架材のおもな役割は，床や屋根から伝わってきた鉛直荷重を支え，柱へ伝達することである。木造は，鉄筋コンクリートや鉄骨にくらべ，木材のヤング係数が低く，含水率の影響もありたわみやすい。たわみは，雨漏りや床鳴り，建具の開閉などの居住性に大きな影響を及ぼす。特に断面の寸法が比較的大きな横架材を梁（大梁）といい，床を支えているのが床梁，基礎の上に配された梁は土台とよばれる。梁は，床を支持するために床の周りに配置する横架材であり，床の重

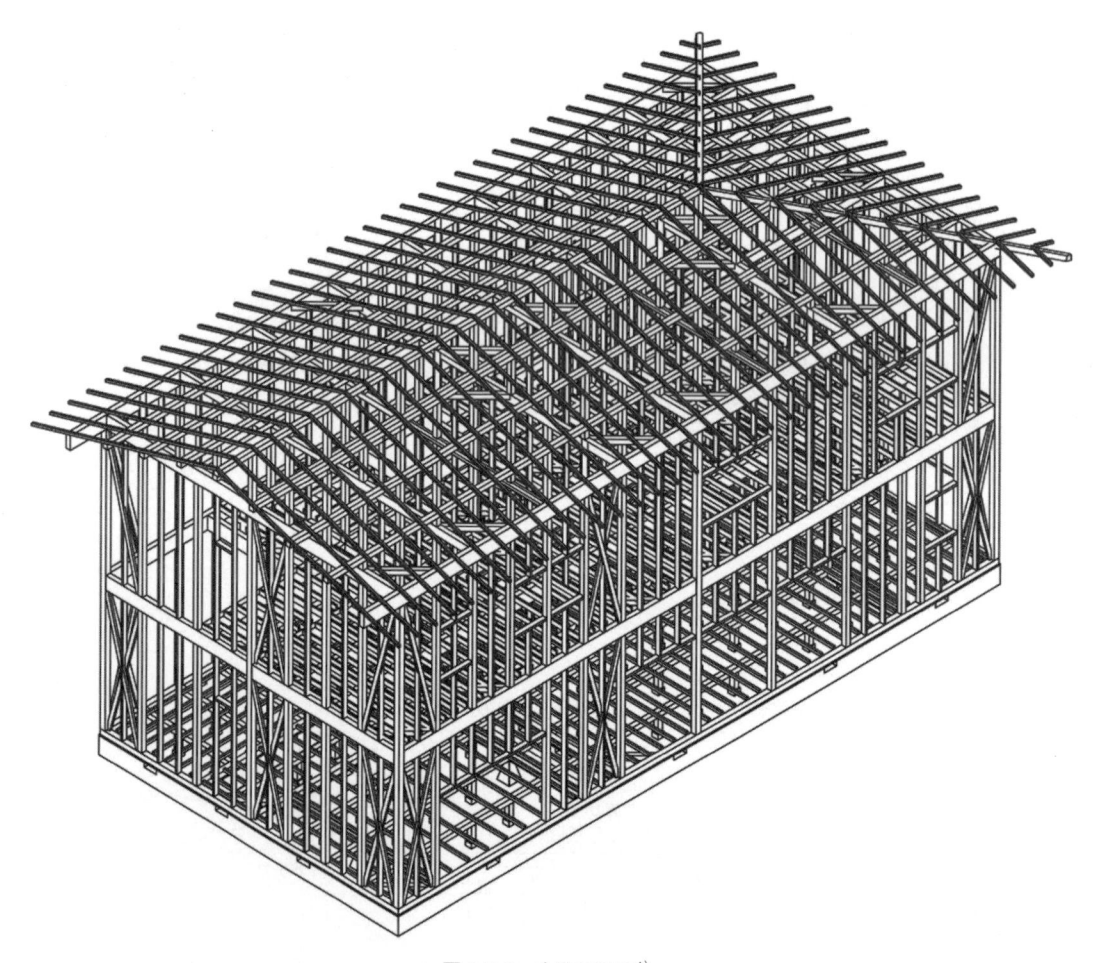

図3.8.6　木造の軸組[1]

量や面積が大きいときは大梁に小梁を掛けて床を支える。

　柱のおもな役割は，常時作用している鉛直荷重を支えることである。柱が細長いと大きな荷重に対して折れやすくなるので，そのような場合には断面を大きくする必要がある。

　なお，耐力壁および小屋組・床組の外周枠（柱・梁）は，水平力が作用したときに生じる引張力や圧縮力に抵抗する役割もある。

　壁や窓などの部材を支える下地がある。下地材には間柱，まぐさ，窓台などがあり，仕上材を支える役割がある。

柱通しと梁通し

　木造の軸組は，柱と梁の組み方で3つの形式がある。1本の柱が1，2階ともに通った柱を通し柱といい，これは，柱に床梁が差し込まれる形式で柱通しという。柱通し構法は，軸組が1階と2階で途切れずに通ることにより軸組の一体化が図れる利点がある。一方，その階のみの柱を管柱といい，梁を優先して通していき，その上と下に柱を設置する形式を梁通しという。柱が比較的多く配置される方向に下梁を通し，その上に直交する梁をかみ合わせて載せるため，仕口の形状や建方は比較的簡単になる。

　3つ目の形式は上記を組み合わせたもので，通し柱は通せるところだけに設け，梁はスパンごとに分割するもので，現在，建てられている軸組構法の住宅で多く用いられている。

8.3.4　耐力壁の役割と仕組み

　壁の大きな役割は，室内の壁（内壁）では用途の異なる空間を仕切る役割，外壁ではプライベートな空間である室内と，パブリックな空間である屋外を仕切る役割があり，また外部からの風（風圧力）や地震力を軸組に伝達する役割がある。壁には，筋かい，面材壁，土壁，落し込み板壁などとよばれる種類がある。

　壁のなかでも，構造的な面からは耐力壁と非耐力壁があり，地震や強風などの横からの力に抵抗する壁のことを耐力壁といい，耐力壁以外の壁は構造的な耐力を負担しない非耐力型とよばれている。木造軸組構法では，柱・梁の部材の断面寸法が小さく，軸組だけでは水平力が作用したときに建物が大きく傾き，倒壊するおそれがある。これを防止する役割をするのが耐力壁である。このように，耐力壁は水平力に抵抗すると考えるため，鉛直荷重は負担させない。したがって，建物に水平力が作用すると耐力壁に力が集中するので，建物に有害なねじれや変形が生じないよう，壁の量(壁量)や平面的にバランスの良い配置が重要になる。

　耐力壁の代表的なのが軸組の対角をつなぐように設ける筋かいで，おもに木材や鉄筋が使用される。1つの軸組に1本の筋かいを設けるものを「片掛け」，2本交差するように設けるものを「たすき掛け」という（図3.8.7）。

　筋かいは，図3.8.8に示すように水平力が作用すると軸組がひし形に変形しようとするため，一方の筋かいは圧縮され，他方の筋かいは引っ張られる。この圧縮力に抵抗する役割をする筋かいを圧縮筋かい，引張力に抵抗する筋かいを引張

筋かいとよぶ。圧縮筋かいは，細長い形状の場合，座屈しやすいため，この座屈を防止する役割をするために入れるのが間柱である。なお，筋かいに鉄筋を使用する場合は，径が細く座屈しやすいため，引張力のみに抵抗する役割をする。

筋かいを用いない耐力壁として，図 3.8.7 に示す面材壁，貫壁，面格子壁，土壁，落し込み壁などがある。構造用合板や石膏ボードなどの面材を，横架材と柱・間柱にくぎ留めした壁を面材壁といい，面材を横架材や柱に直接くぎ打ちする壁を大壁，柱形を見せる壁を真壁という。面材壁は，面材が水平力に抵抗する役割をする。面材壁が水平力を受けると，軸組がひし形に変形し，面材は波打つように変形（面外座屈）する。この変形に抵抗する役割をするのがくぎである。なお，面材を横架材や柱に直接くぎ打ちする大壁と，柱形を見せる真壁では，力の伝わり方が異なる。

貫壁は貫と柱の接合部に生じるめり込みが，土壁は中塗り部分が，落とし込み板壁はつなぎとして打ち込んだダボによる板と板のずれ防止が水平力に抵抗する役割をする。

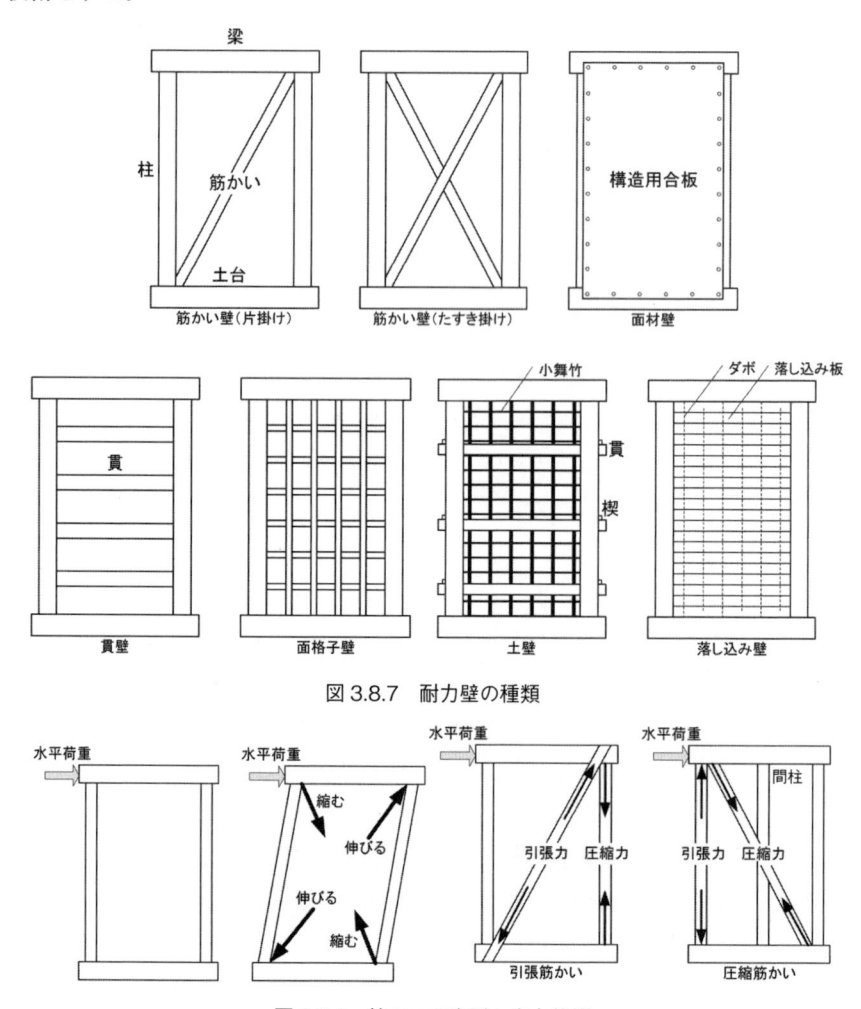

図 3.8.7 耐力壁の種類

図 3.8.8 筋かいの変形と応力状態

コラム　木造建物を地震から守る技術

　木造建物を地震に対して安全に守る技術としては耐震構造が一般的だが，1995年に発生した阪神淡路大震災以降よく耳にするようになった「免震構造」や「制震構造」について解説する。

・建物には揺れやすい周期がある

　地震により建物が揺すられたとき，揺れが1往復する時間を固有周期とよぶ。大きくゆっくり揺れる建物は固有周期が長く，小さく小刻みに揺れる建物は固有周期が短いといえ，木造住宅の固有周期はおおよそ0.5秒以下といわれている。また建物が建つ地盤にも周期（卓越周期）があり，この周期と建物の固有周期が近い場合には「共振現象」とよばれる大きな揺れが生じる。

・制震構造

　制振構造は，地震の大きな揺れに対して「制震ダンパー」とよばれる装置がエネルギーを吸収し，建物の損傷を軽減する構造のことである。木造住宅では，筋かいにゴムなどでできた「粘性ダンパー」を組み込んだものや，板と板が擦れるときの摩擦力を利用した「摩擦ダンパー」などを組み込んだものが実際に使われている。これらの構造は，あくまでも大地震時の安全装置といえる。

・免震構造

　一般的に，地震による水平の力は，周期1秒以下程度では大きく，周期が長くなると小さくなる傾向がある。そのため，木造住宅には比較的大きな地震力が作用することになる。免震構造は，免震装置とよばれるゴムなどの柔らかい（周期の長い）材料を地面と建物の間に組み込み，建物が揺れやすい周期を長くすることで，建物に直接地震による揺れが伝わらないようにするものである。最近では，空気で建物を浮かせる構法も実用化されている。これによって，室内の家具類の転倒や建物の損傷を軽減することが可能になる。

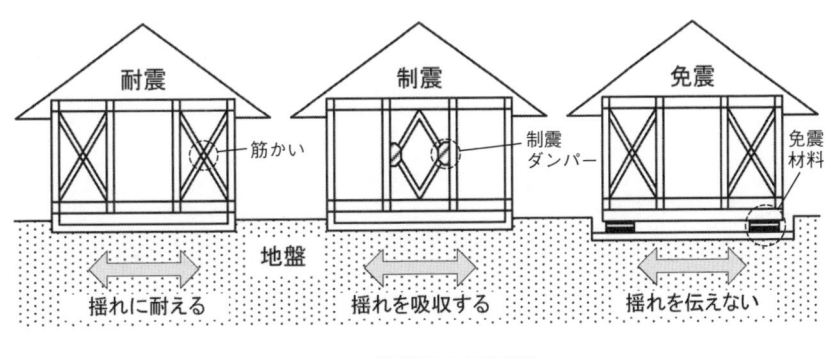

図1　制振構造と免震構造

コラム　木構造のさまざまな構法

　木造住宅は，本書で取り上げている在来軸組構法のほかにもさまざまな方法でつくられる。ここではそれらの構法の概要を説明する。

枠組壁工法：柱の代わりに枠材に構造用合板などをくぎ留めしたパネルで骨組を構成する。2×4（ツーバイフォー）工法ともよばれる。

パネル構法：あらかじめパネル化した構造材を用いる構法である。

集成材構法：大空間を構成するために採用されることが多い構法である。梁間方向は，大きな断面の柱と梁材によるラーメン架構とし，桁行方向は，耐力壁とする構造が一般的である。

丸太組構法：丸太を，木または銅製のダボでつないで井桁のように積み重ね，壁面を構成する構法で，ログハウス，校倉ともよばれる。

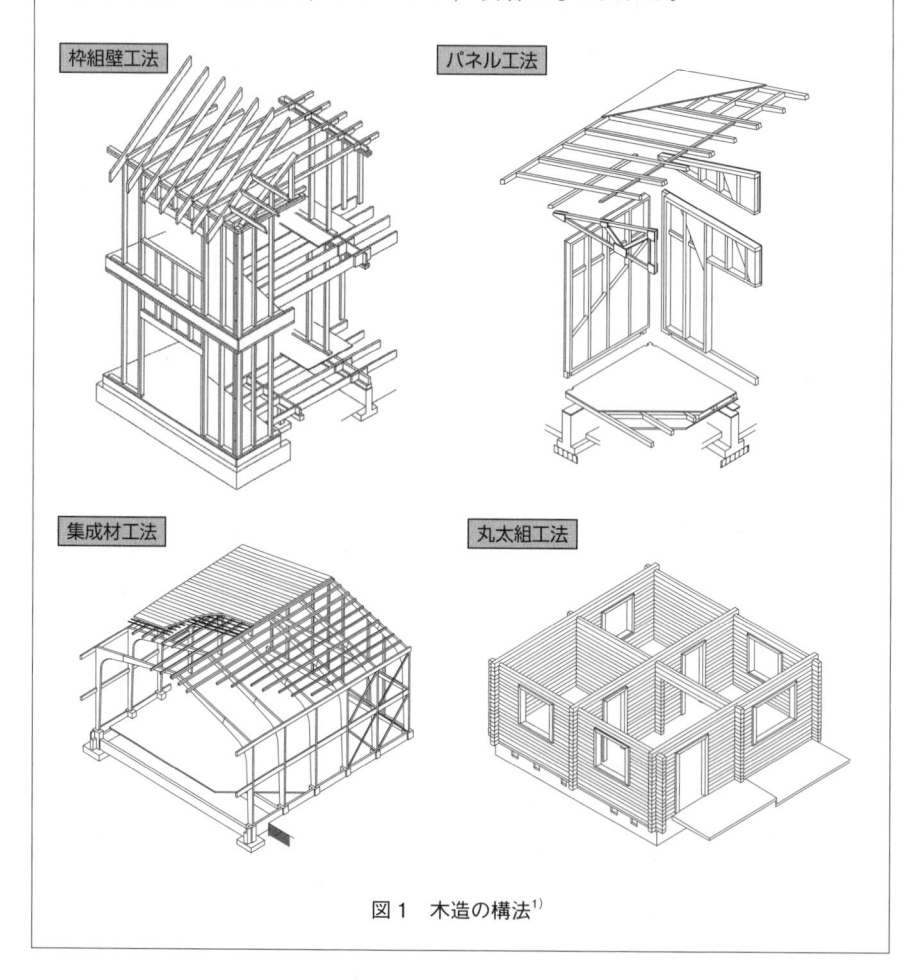

図1　木造の構法[1]

9章　基礎・地盤の役割と仕組み

9.1　基礎・地盤の役割

　基礎の役割は建物および建物内の人や家具などの重さ，地震や風など建物に作用する外力によって生じる力を地盤に伝達することである。地盤の役割はこれらの基礎からの力を建物が沈下，変形することなく支持することである。

　基礎の底面は人体でいえば足の裏である。人は硬い地面を歩くことは容易であるが，足がはまるような軟らかい地面を安定して歩くことは難しい。基礎は人のように歩くことはないが，人と同様に建物を安定して支持できるかどうかは，建物を建てる地盤の特性に応じて適切な基礎をつくることにかかっている。基礎・地盤は建物を使用するときには見えないためなじみが薄い。しかし，どんなに使いやすく，強く，美しい建物も基礎・地盤に安定して支持されていなければ成立しないため，基礎・地盤は縁の下の力持ちといえる。

9.2　基礎・地盤の仕組み

9.2.1　地盤の仕組み

　基礎の仕組みを述べる前に，まず地盤の仕組み地形，地層の成り立ちから見てみよう。

　建築の歴史よりも人類の歴史，それよりも地盤の歴史のほうがはるかに古い。この歴史のなかで海水面の変動や川の流れによる土の浸食・運搬・堆積などによって図3.9.1に示すような複雑な地形ができあがっている。

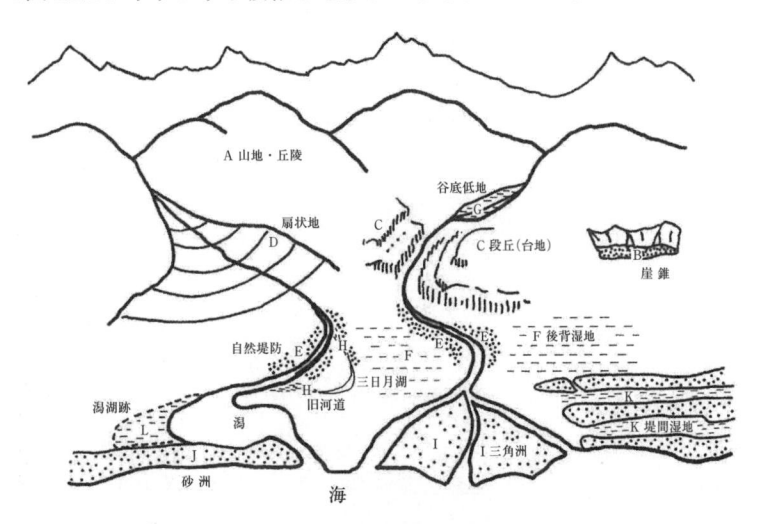

図3.9.1　地形模式図 [7]

　日本全国を旅すると，このように山あり谷ありいろいろな地形を目の当たりにできるが，図3.9.2に示すように人が歩く地面の下も山や谷のような地層が存在している。一般に，浸食された後に土が堆積した谷部分は山部分にくらべて時代

が浅く地盤は軟らかい。建物を建てる場所によって地層の構成はさまざまであるため，基礎をつくるにあたっては地層を詳細に調べなければならない。

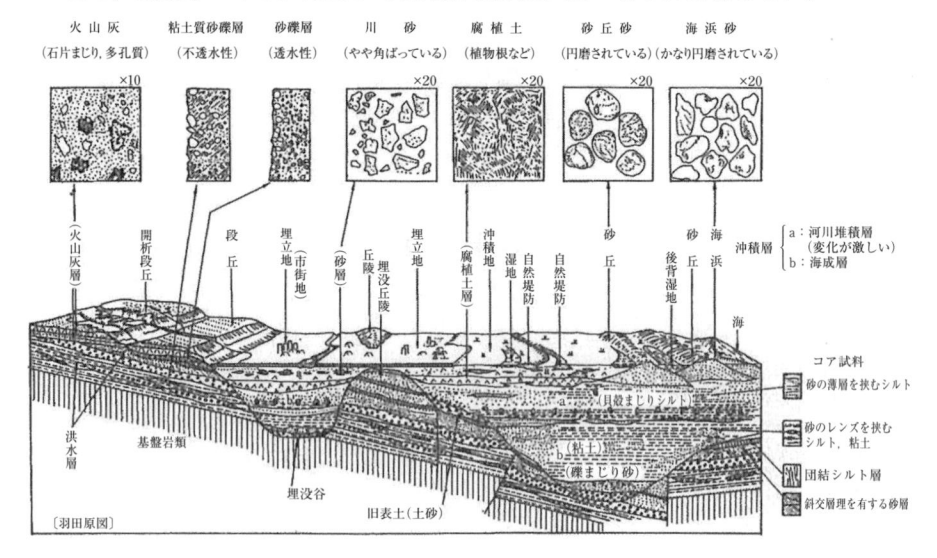

図3.9.2　地層構造の例[8]

　基礎の形式や種類を決定するには地盤調査を行い，地盤が軟らかいのか硬いのかを調べる必要がある。地盤調査の方法にはさまざまなものがあるが，マンション，ビル，商業施設などの比較的大きい建物では標準貫入試験（図3.9.3），戸建住宅などの小規模建物ではスウェーデン式サウンディング試験（図3.9.4）を実施することが多い。いずれの試験方法も地中部の地層の硬軟を調べる試験である。標準貫入試験は地盤を掘るボーリング試験を併用するため，砂や粘土などの土の種類を把握できるが，スウェーデン式サウンディング試験は標準貫入試験よりも試験が簡易な反面，スクリューポイントとよばれる錐状のツールを地盤に押し込む試験法のため土の種類は把握できない。

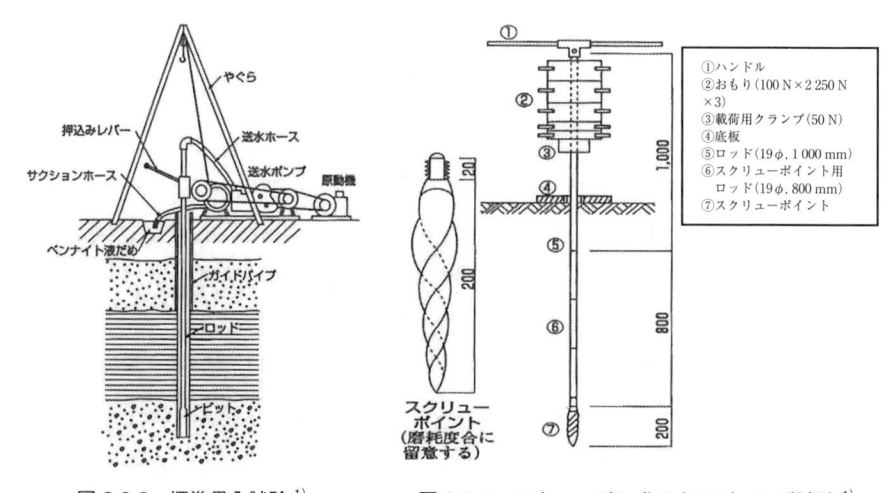

図3.9.3　標準貫入試験[1]　　　図3.9.4　スウェーデン式サウンディング試験[1]

9.2.2 基礎の仕組み

基礎の形式と種類の模式図を図 3.9.5 に示す。基礎は地層の種類によって大きく直接基礎と杭基礎の 2 種類に区分できる。基礎から地盤への力の伝達は図 3.9.6 に示すように，鉛直荷重に対して，直接基礎は建物の重さなどをフーチングやスラブとよばれる構造体を介して直接地盤で支える基礎，杭基礎は地中に打った杭の先端とその杭を包む土の摩擦力を利用して支える基礎である。地震や風などの水平荷重に対して，直接基礎は基礎底面と地盤間の摩擦，杭基礎は杭の前面地盤の土圧で抵抗している。これらの基礎は地盤の硬軟の状況によってその形や大きさを変えている。たとえば鉛直荷重に対しては，地盤の地耐力に応じて基礎の大きさや形を選んでおり，地耐力とは，

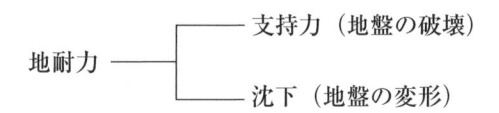

地耐力 ─┬─ 支持力（地盤の破壊）
　　　　└─ 沈下（地盤の変形）

のように地盤自身がもっている建物を支える強度（支持力）と建物の変形（沈下量）から決まる。

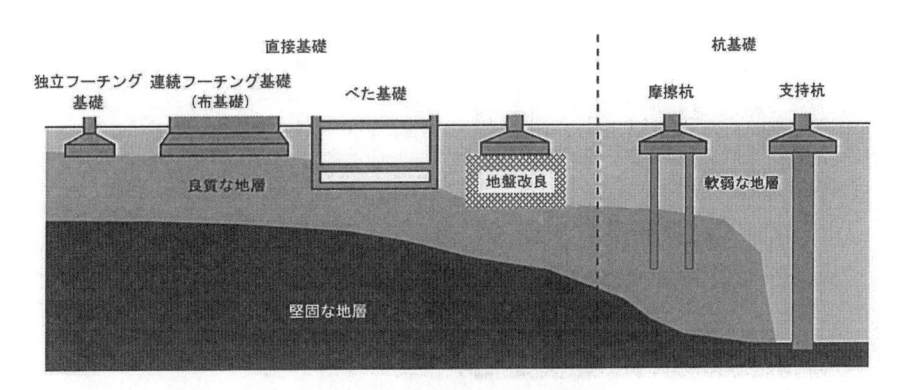

図 3.9.5　基礎の形式と種類

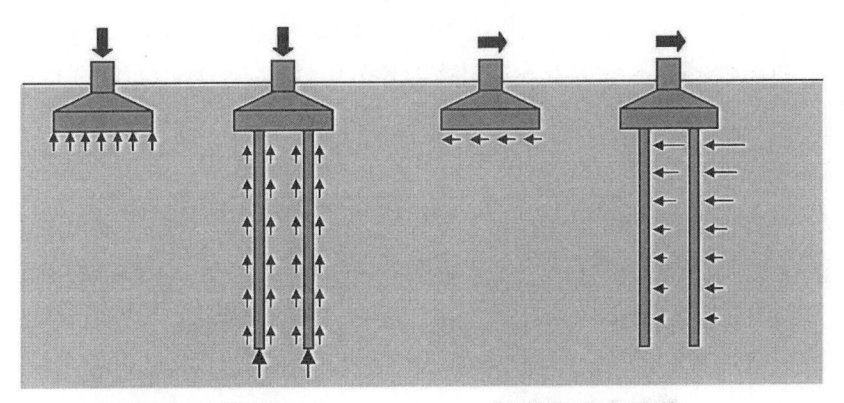

図 3.9.6　鉛直荷重と水平荷重に対する基礎の抵抗の仕組み

9.3 小規模建物基礎の形式

基礎の形式は建物の構造，地形および地盤の特性などを十分に検討し，建物を支持する地層（支持層）の深さ，施工性，経済性および敷地周辺に及ぼす影響などを考慮して最も合理的なものが選定されている。

一般的な戸建住宅程度の小規模建物では直接基礎を採用することが多い。しかし，地盤調査結果から支持力不足や建物の傾斜を起こす不同沈下が懸念される場合には，直接基礎底面下の地盤に地盤補強を施す場合も最近では多くなっている。図 3.9.7 に戸建住宅など小規模建物に採用されている基礎の形式による分類とその役割を示す。

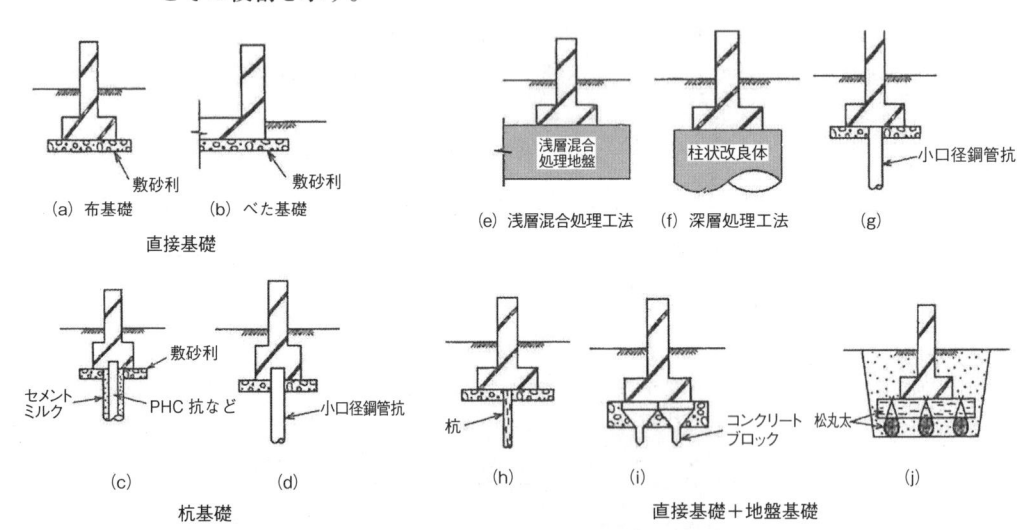

図 3.9.7 小規模建築物における基礎形式

(1) 直接基礎

直接基礎には布基礎（a）およびべた基礎（b）があり，地盤の強度によって選定されている。すなわち，地盤の強度が小さい場合は，基礎スラブ（フーチング）の面積は大きく，強度が大きい場合は小さくすることで経済性を考慮したものになる。人体では体が大きいほど（重いほど）足は大きいことが多く，理にかなっているといえるかもしれない。人が地面に立つと足の裏から地盤に伝わる圧力はおおよそ $20\,\mathrm{kN/m^2}$ である。地中にくらべて地表面が最も軟らかい地層で，人が立った際に地面が沈んだり足跡が付いたりしなければ，$20\,\mathrm{kN/m^2}$ 程度の荷重を支持できるかどうかの目安となる。

(2) 杭基礎

杭基礎は直接基礎では支えきれない地盤に対して杭の先端で支えるのみならず杭周面の面積と杭を包む地盤とに発生する摩擦力を利用して建物を支える形式の基礎である。表層部が非常に軟らかい地盤上に建物を建てる必要性が生じた場合，深いところの硬い地層まで杭を造成することになる。小規模建物では，杭は工場で製造する既製の杭を用いる。現場で地盤を掘削して孔をあけ，その孔にセ

メントスラリー（セメントミルクという）を注入し杭を沈設する方法（c）と杭を直接地盤に圧入する方法（d）がある。

(3) 地盤補強

表層に非常に軟らかい地層があり，ある程度の深さのところに支持層が分布しているような場合は，木造家屋のような小規模建物でも杭基礎を採用する場合があるが，経済的な面から使用頻度は少ない。代わりとして，地盤内部にセメント系固化材を入れて撹拌混合するなどして建物を支えることが可能な程度に地盤を固める方法，いわゆる地盤補強工法を施して直接基礎を設置する場合が多い。おもな地盤補強には，基礎底面下から深さ2m程度を平面的に連続して地盤補強するいわゆる浅層混合処理工法（e）と基礎底面の地盤を杭状に深さ方向に地盤補強する深層混合処理工法（f）がある。これらの形式以外に，支持力の増加と沈下低減効果を期待して小口径鋼管杭（g）や木杭（松杭）（h），コマ型をしたコンクリートブロック（i），丸太（j）を敷き詰めて地盤補強する工法がある。杭基礎は鉛直荷重と水平荷重を杭で負担するのに対し，杭状の地盤補強では鉛直荷重に対する支持力増加や沈下抑止が目的であり，水平荷重に対しては直接基礎底面の摩擦力で抵抗させる。したがって，一般に杭基礎は杭をフーチング内に定着させて接続しているのに対し，地盤補強の杭はフーチングと接続されていない。

9.4 小規模建物における直接基礎

9.4.1 直接基礎の種類

基礎の最大の役目は建物を地盤に支えてもらうために，その重量を完全に地盤に伝えるようにすることである。したがって，地盤の軟らかいとか硬いとかの状況によって基礎の形，大きさが変わる。これらの形，大きさなどは考え方により種々異なるのが一般的であろう。ここでは戸建住宅で採用されることの多い一般的な直接基礎の種類を図3.9.8に示し，地盤とのかかわりについて述べる。すなわち，基礎の種類は，地盤の地耐力に応じて選択されている。このほかに，基礎をつくるにあたって考慮すべき点がいくつかあるので，そのことについても，若干記述しておく。

(1) 独立フーチング基礎（独立基礎）

単一の柱からの荷重を独立した基礎底盤（基礎スラブ）によって地盤に伝える基礎形式をいい，比較的小さい荷重を受ける柱の真下に設けている。基礎どうしの連結程度が弱く，地盤の変形に対する基礎全体の追従性に乏しいので，現在は戸建住宅において，この独立基礎だけで建物を支持することはなく，べた基礎，布基礎と併用されている。

(2) 連続フーチング基礎（布基礎）

長く連続した基礎で外壁や主要な間仕切壁の下に設ける連続一体化した基礎である。これを柱1本に対して切り離すと独立基礎になる。基礎梁と基礎スラブによって構成し，特に基礎梁両側から基礎スラブの幅が同じものを指す。連続基礎

ともいう。基礎スラブの幅は地耐力に応じて求められている。長期許容支持力が 30 kN/m² 以上の場合に多く用いられている。

(3) べた基礎

建物全体または大部分を 1 枚の基礎スラブで受けたもので，すきまなく一面に設けた基礎をいう。通常，柱脚を縦横に連続した基礎の立ち上がり部とそれに囲まれた基礎スラブとからなる。建物が重い場合，地耐力が小さい場合に用いられる。基礎の底面積が大きくなるため，不同沈下を防ぐのに有効である。また，床下の湿気の上昇を防ぐ効果もある。長期許容支持力が 20 kN/m² 以上の場合に多く用いられている。べた基礎は荷重分散効果から布基礎より基礎スラブと地盤の間に作用する圧力，すなわち接地圧が小さくなるが，地盤のなかに生じる応力，すなわち地中応力の影響範囲は基礎幅の 2 倍程度になるので，沈下に関しては布基礎より注意を要する。

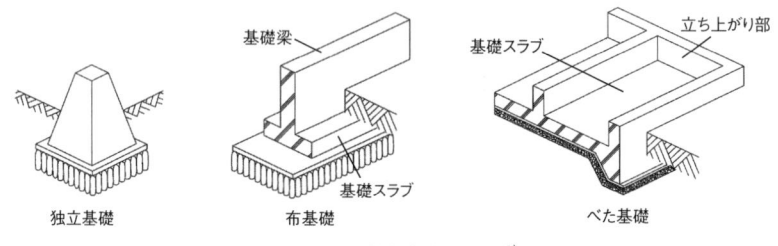

図 3.9.8 直接基礎の種類[1]

9.4.2 直接基礎の構成

図 3.9.9 に布基礎の断面例を示す。基礎の立上がり部分の部位は木造住宅の場合は基礎の一部として考えるが，鉄筋コンクリート構造，鉄骨構造などの場合には最下階の柱とフーチングのつなぎ目に梁を設け，その梁を基礎梁といって基礎構造の概念には入らない。そのため上部構造と基礎構造は

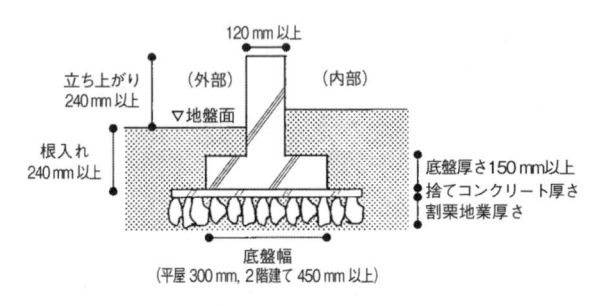

図 3.9.9 布基礎の断面例

どこからが上部構造でどこからが基礎構造なのかはっきりしないが，図 3.9.10 に示したように通常は最下階柱脚部分を境界として，それより上の部分を上部構造，それより下の部分を基礎または基礎構造として区分している。

基礎を人体にたとえると，胴体から分かれた脚は太もも・すね・足くびを通して足の裏で床や地盤に接し，人間の体重を支える。建物は胴体で，脚は基礎の立ち上がりや基礎梁，そして足は基礎底版，すなわちフーチングである。足くびにあるくるぶしは人間が前後・上下・左右に移動するなどの働きのために必要であるが，建物の基礎は移動機能を必要としない。むしろ建物が水平・上下に移動し

ないようにしっかりと地面に設置するようにしなければならない。足骨はさしずめ鉄筋にあたる。基礎は柱，壁，土台および束などを通して建物の荷重を地盤に伝えるために設ける構造部分である。また，基礎構造はコンクリートとして，化粧などはしないのが通例である。また，フーチングより下の捨てコンクリート，敷き砂利または割ぐり，杭などは基礎構造とは区別して地業部という。

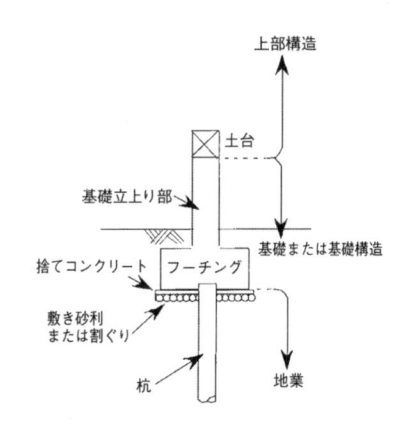

図 3.9.10　建物の上部構造・基礎構造・地業の区別

　捨てコンクリートはフーチングを建造する際に基礎の底面を平らに均したり，基礎の中心をマーク（墨出し）したりするために捨て打ちするコンクリートのことである。割ぐりは玉石より小さく砂利より大きい程度の石の塊を径が 20 〜 30 cm 程度の大きさに割って，基礎を設けるために地盤を掘って平らにした部分（根切り底）にとがったほうを下にして並べ（コバ立），土砂混じりの砂利をすきまに散布（目つぶし）しながら，十分に突き固め，フーチングと地盤の間に設け，両者を密着させて上部構造からの重さ（荷重）を地中に円滑に分散させる役割をもっている。

　図 3.9.11 に基礎の配筋例を示す。基礎の底盤や基礎の立上り部，いわゆる基礎構造は鉄筋を有した鉄筋コンクリート造となっている。これは 1960 年代前の建物の基礎には鉄筋が使われないでコンクリートで十分安全とされていたが，1968（昭和 43）年の十勝沖地震により多くの被害が発生したのを経験として，1981（昭和 52）年新耐震基準の制定により軟弱地盤上の基礎は鉄筋コンクリート造とすることが義務づけられた。

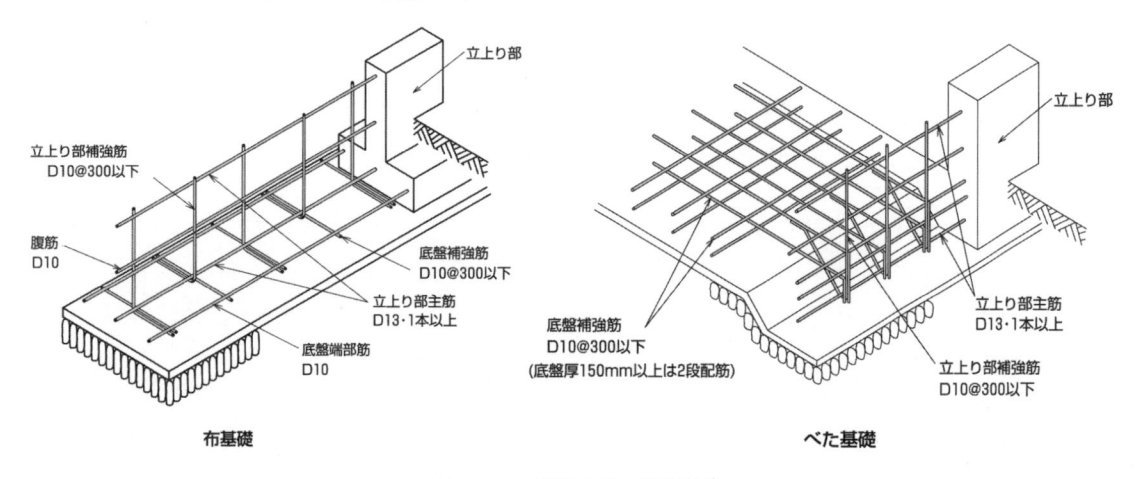

図 3.9.12　配筋基礎の配筋例[1)]

第3部　引用転載文献
1) 鈴木秀三編：図解建築の構造と構法，井上書院
2) 太田博太郎著：図説日本住宅史，彰国社
3) 日本建築学会編：日本建築史図集，彰国社
4) Ching,Francis D.K.：A Visual Dictionary of Architecture, Van Nostrand Reinhold, 1995（邦訳　深尾精一他：建築ヴィジュアル辞典，彰国社）
5) 和風建築社編：村野藤吾のデザイン・エッセンス2 動線の美学，建築資料研究社
6) Casas Houses N.58/59 Kazuo Shinohara, 2G, Editorial Gustavo Gili,S.L
7) 日本建築学会編：小規模建築物基礎設計指針，日本建築学会，
8) 土質工学会土質断面図の読み方と作り方編集委員会：土質断面図の読み方と作り方，土質工学会，1985

参考文献
① 武基雄監修：現代木造住宅のディテール，彰国社
② 吉村順三著：小さな森の家 軽井沢山荘物語，建築資料研究社
③ 吉村順三作品集，新建築社
④ 三沢浩著：A・レーモンドの住宅物語，建築資料研究社
⑤ 日本建築学会編：コンパクト建築設計資料集成，丸善
⑥ 日本建築学会編：構造用教材，丸善

第4部 局所解剖学

建物には局所的に特定の役割をもつ部分がある。これらを解剖してみると，部材の継手・接合，建具，室内設備，材料の組成などがある。これらの建物の構築や建物内部の環境の保全という重要な役割を果たしている。そしてそれぞれの役割を果たすために仕組まれ，その役割に対応した種別がある。

局所の役割の特性と建物全体との関連性について詳細を見みよう。

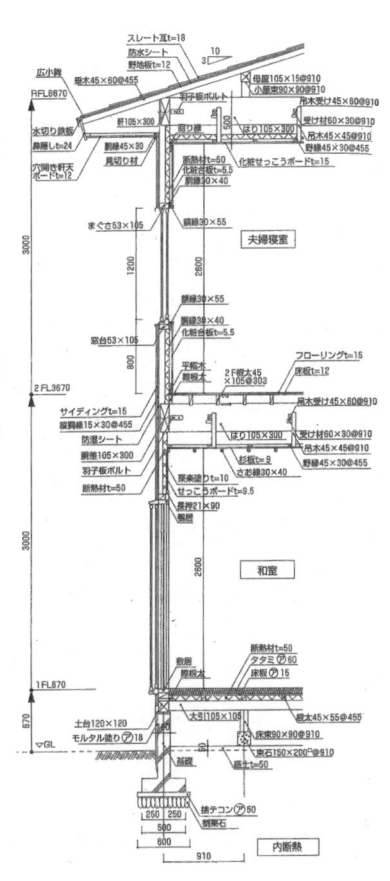

1章　接合部の役割と仕組み

1.1　接合の役割

　建物は，さまざまな部材を継ぎ合わせたり，取り付けたりして構築されている。建物を見えるところから徐々に解体するときに，それぞれを結ぶところが接合部である。在来軸組構法の木造建物は，仕上部材，仕上げの下地を支える比較的細い部材，柱・梁のような比較的太い部材（軸組），さまざまな部材で構成されている。表4.1.1に木造住宅の一般的な構成部位とその接合方法を仕上材，下地材，下地受け材，骨組と区分して示す。

　仕上材は，下地材に，下地材は下地受け材に，下地受け材は軸組にと順に取り付けられている。

　接合の役割は，仕上材で受けた風圧力を下地受け材に伝達すること，仕上材が自重や振動などによって剥落しないこと，張りつけられる仕上材の自重，仕上材で受けた風圧力などを骨組材に伝えることである。つまり，建物の自重・積雪荷重・積載荷重・地震力・風圧力などの外力を骨組となる軸組を介して基礎へ伝達することである。

　また，外壁などの仕上材では，さね（実）などを用いた互いの接合もある。また，軸組，下地受けなどの部材は，木質系材料が主であるが，仕上部材は，木質材料だけでなく無機ボード類，塗料や塗材，タイル，壁紙などさまざまな素材が使われている。このため，建物を構築する際，部材の接合方法や役割は多岐にわたっている。

　仕上材は下地に「張りつける・塗りつける」，下地受け材は骨組材に「取りつける」，骨組材の接合は「継手・仕口」などと使い分けている。

　ここでは，木造建物の接合を中心に記述する。伝統工法（木造仕口・継手），鉄骨造（溶接・ボルト），鉄筋コンクリート造（圧接）の接合部はコラムで記述している。

表 4.1.1　木造住宅の構成部位

部位	仕上材	下地材			下地受け材	骨組
屋根	瓦・スレート（くぎ）	瓦桟（くぎ・金物）	防水紙（ステープル）	野地板（くぎ）	垂木（くぎ・金物）	軸組（継手・仕口）
外壁	サイディング（金具＋くぎ）	胴縁（くぎ）	透湿防水紙（ステープル）	木ずりなど（くぎ）	間柱（くぎ）	
	モルタル塗装	ラス（くぎ）	防水紙（ステープル）			
内壁	壁紙（接着剤）	石膏ボード（くぎ・ビス）		壁下地（くぎ）	間柱（くぎ）	
床	フローリング（くぎ）			下地合板（くぎ）	根太（くぎ）	
	畳			厚物合板		

1.1.1 接合の基礎知識

(1) くぎ・ネジ・ボルトの働き

接合というとくぎ，ネジなどで留めつけるイメージがあるのではないだろうか。くぎ・ネジ・ボルトの接合は，力の伝達方法が異なり，くぎは，図4.1.1 (a) に示すように引き抜く力にはほとんど抵抗せず，ネジは引抜きに抵抗する力が大きい，このため引抜きが発生するところにはネジが用いられる場合が多い。ボルトは図4.1.1 (b) に示すように，ボルトに垂直な力（せん断力）に対して有効に用いられる。

ボルト接合は，部材を留めつけるためのボルト穴，ナット，またはボルトを埋め込む必要があるため，くぎ・ネジに加え加工に一手間必要とする。一方で，強度はネジなどにくらべ非常に高い。このため，軸組にはボルト接合が多用され，その他の接合ではネジ・くぎが用いられる。

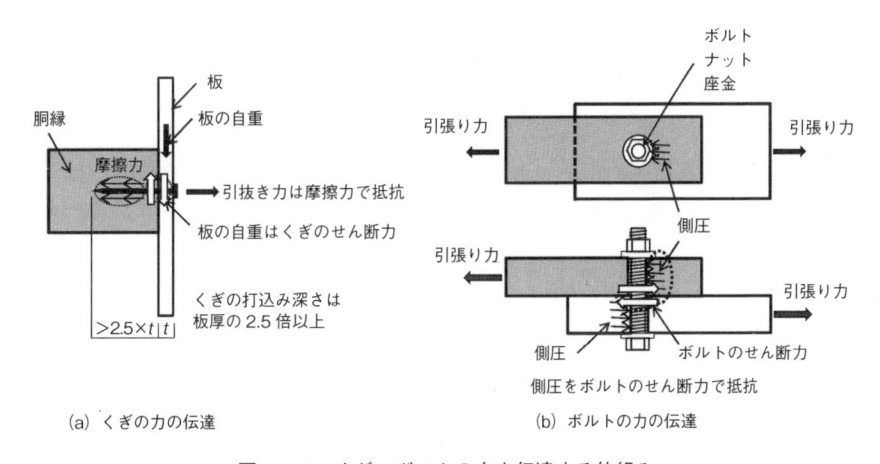

(a) くぎの力の伝達

(b) ボルトの力の伝達

図 4.1.1　くぎ，ボルトの力を伝達する仕組み

(2) 接着剤の働き

内装壁紙やタイルなど貼るとき，接着剤を用いて貼りつけている。接着という機構は複雑で単一的に説明できるものではない。接着による結合は，図4.1.2 に示すように機械的結合，物理的相互作用，化学的相互作用によって接着力を発揮

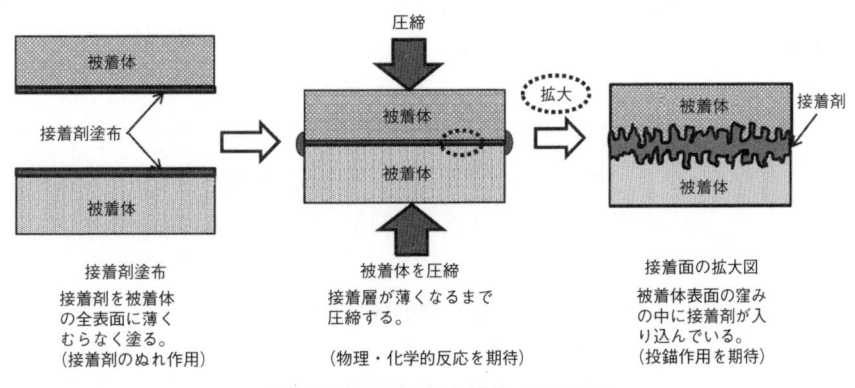

図 4.1.2　接着工程と接着メカニズム

している。機械的接合は被着材表面の窪みに接着剤が入り込んで，投錨作用によっても接着強度を確保している。接着力は，接着材自身の強度と被着材の接着面積と関係する仕組みである。

1.1.2　仕上材の張りつけの仕組み

(1)　屋根材の張りつけ

屋根瓦には，粘土瓦やスレート瓦などがあるが，いずれも図4.1.3 (a) に示すように瓦桟（木下地）にステンレスくぎで留めつけるのが標準的な施工方法である。瓦どうしは，水返しなどを用い，互いに重なり合うことですきまから雨水が浸入しないように工夫がされている。

瓦を留める桟木の上面または下面には，図4.1.3 (b) に示す防水紙，野地板，垂木，母屋が存在し屋根構面が形成される。

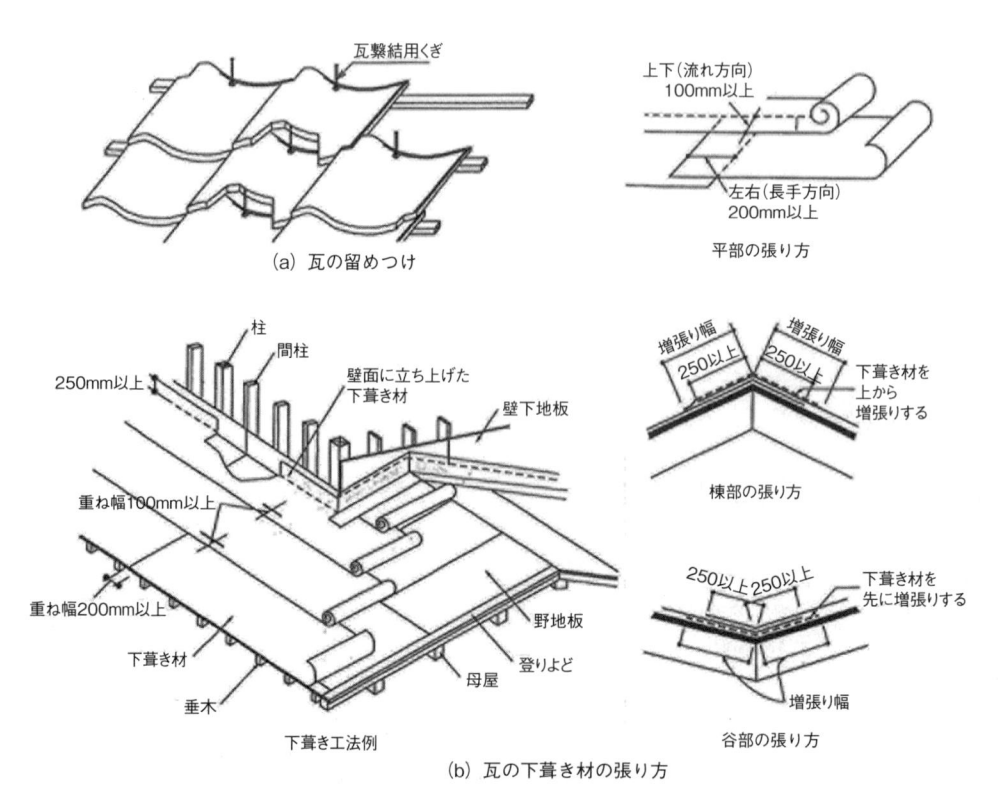

図 4.1.3　瓦の留めつけ

(2)　外壁材の張りつけ

外壁材の仕上げは，いろいろな種類があるがサイディングを用いる乾式工法の場合とモルタル壁に塗装を施す湿式工法の場合の2つについて，その仕組みを述べる。

a　サイディング材の張りつけ

外壁材はサイディング材とよばれ，戸建住宅に広く用いられる。その種類は，窯業系と金属系に大別できる。ここでは，共通の仕様について触れる。

外壁サイディングは，図4.1.4に示すようにステンレスくぎ，または留めつけ金物を用いて留めつけられている。また，長辺方向は実(さね)加工が施してあり，壁内に雨水の浸入がないように留めつけられる。一方，短手方向は，目地とよばれるすきまが設けられ，これを，シーリング材を用いて雨水の浸入防止を目的とし互いに結びつけている。また，この目地は，外壁材の膨張や収縮時の寸法変化を吸収するため弾力性のあるシーリング材が用いられている。

外壁材の内側は，通気層，防水紙が設置されており，外壁が構成される。

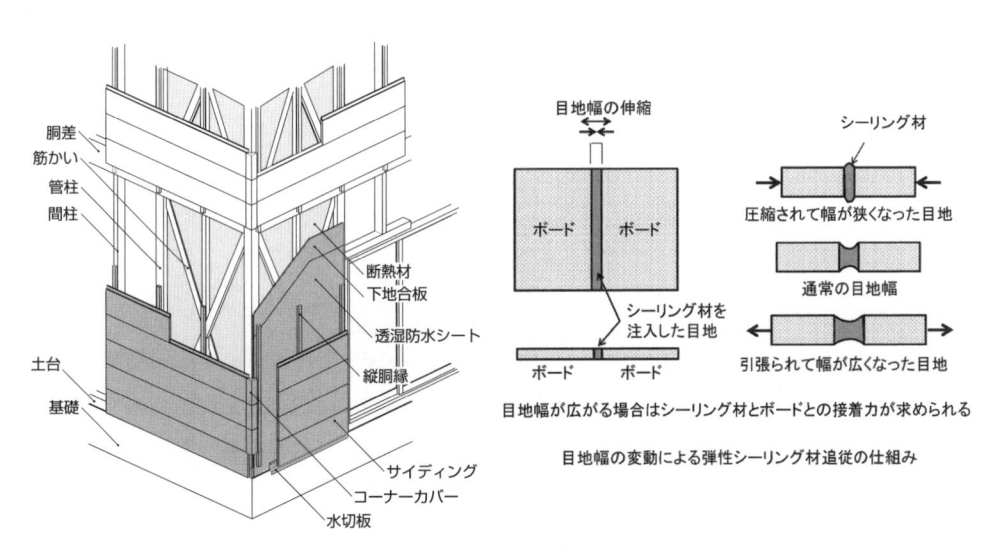

図4.1.4　サイディングの張りつけ

(3) 塗りつけの仕組み

外装モルタル壁の表面は通常塗装などが施される。塗装することにより見かけの向上だけでなく，外壁の防水にもなる。塗りつけ材料のしっくい，モルタル，土壁など左官材料は，水で練り混ぜたものを下地面に塗りつけるもので，左官材料の接着力は，図4.1.5に示すように小舞竹，木ずり，多数の小さな穴をあけたラスボード，メタルラス（金網）など，下地材の穴に食い込ませることで発生する。このように左官材料を留めつけるための穴の開いた材料をラス（lath）とよんでいる。

(4) タイルの貼りつけの仕組み

タイルの貼りつけにはモルタルを用いる場合と接着剤を用いる場合とがある。図4.1.6はモルタルを用いて貼りつけた場合を示す。下地合板にラスを張り，これにモルタルを塗りつけ，モルタルが乾かないうちにタイルを押しつけて貼りつける。タイルの裏面にはタイルの接着力を向上させるため裏足がある。

●第4部　局所解剖学

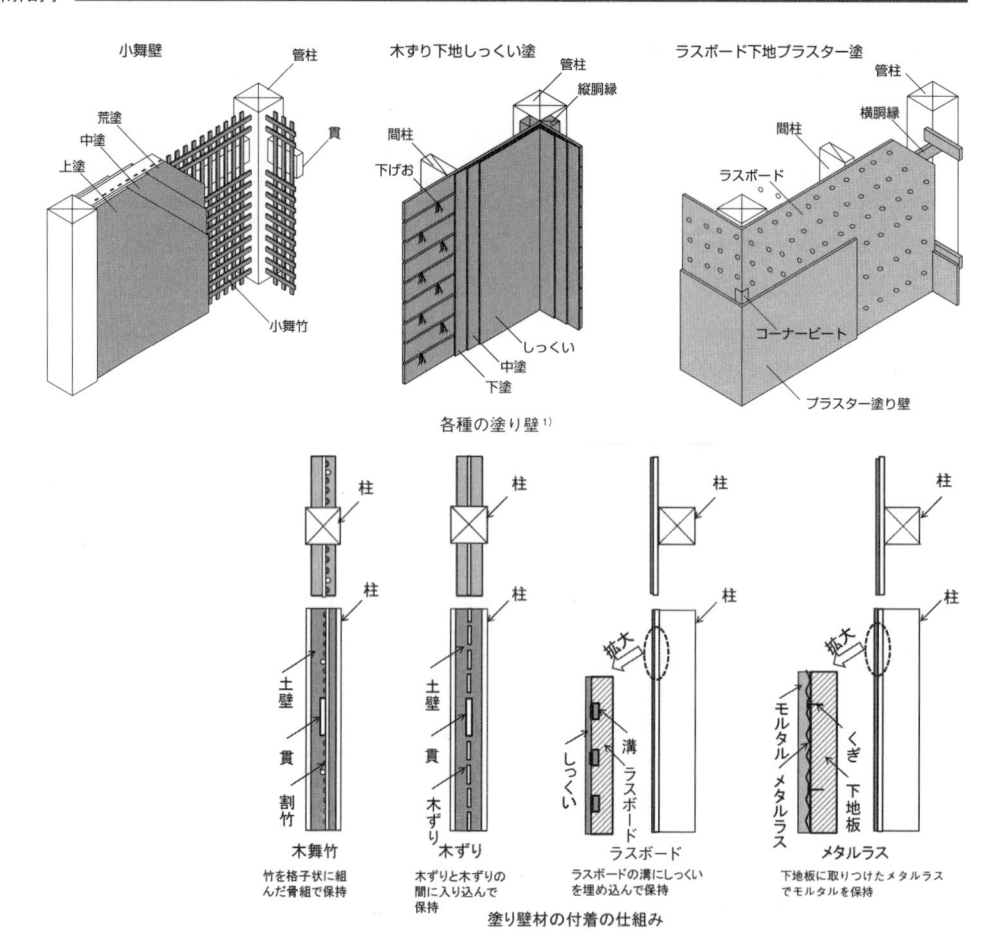

図 4.1.5　各種の塗壁の塗りつけ

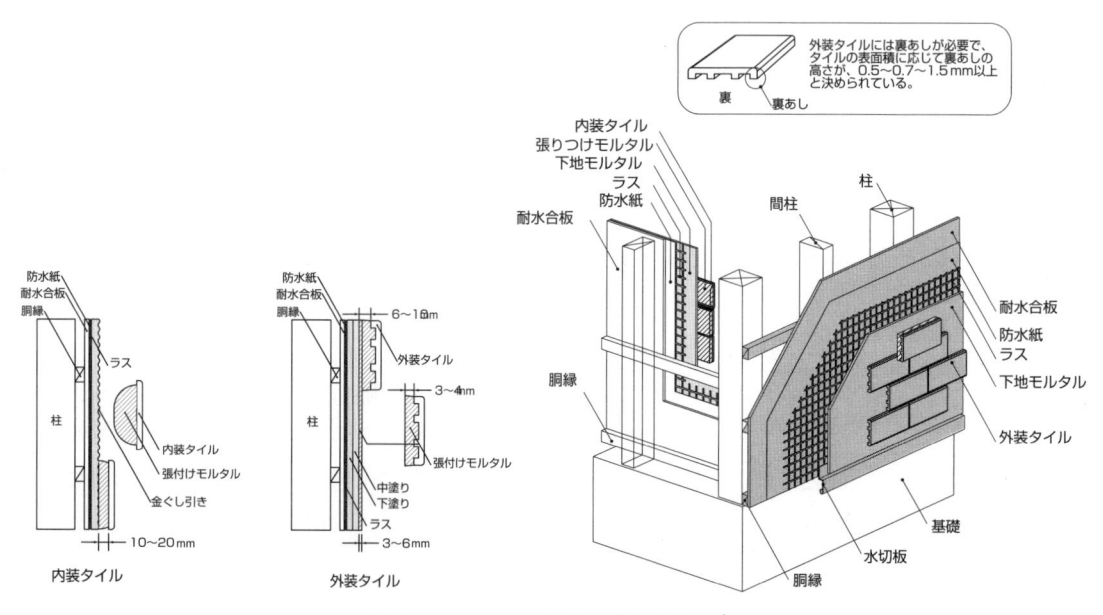

図 4.1.6　タイルの貼りつけの仕組み[1]

1.1.3 その他 外部建具

ここでいう外部建具とは，窓・ドアなど外壁に設置される開口部材である。

外部建具は，その性質上，風雨にさらされるため，接合部に注意を要する。

下地部分から防水テープなどを用い，気密・防水を行う。この際，水の流れを考慮し，下側から順に防水を行うのが基本である。窓枠・ドア枠とのすきま（目地）は，コーキング材などを用いて外壁サイディングの施工と同様に行われる。

1.1.4 内 装

(1) 壁 紙

住宅内装壁の多くは，壁紙仕上げである。壁紙の貼りつけには，でんぷん糊系接着剤が用いられる。内壁下地には，石膏ボード，受け桟で下地を構成する。また，石膏ボードと下地材はくぎまたはネジで接合される。

(2) 床仕上げ

ここで取り上げる床の仕上げは，畳仕上げとフローリング仕上げの2種類ある。

a 畳

畳仕上げの場合，畳は下地板の上に敷き込むだけで接着はしていない。従来，畳下地は，根太と桟木などにより構成されていたが，近年，厚い合板が普及し，畳下地に用いられている。

b フローリング

木質フローリング仕上げの場合，図4.1.7に示すように床板を下地材（根太）にくぎで留めつけ，床板の上に床材をフロア用くぎを用いて留めつける。さらに，接着剤を併用し留めつける場合もある。フロアの継目は，通常，本実(ほんざね)が設けられ施工される。

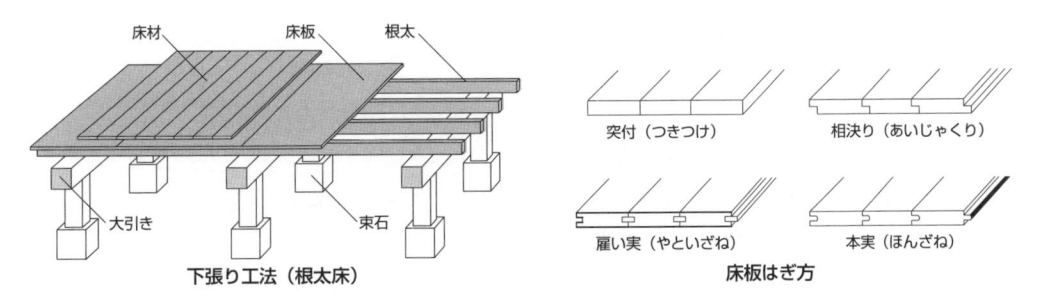

図4.1.7 床材の留めつけ[1]

(3) ドア・引戸

ドアは，ドア枠に対し丁番を用いて取りつけられ，引戸は，上枠・下枠にはめ込まれる。ドアや引戸の組上げにも継手が用いられ，框(かまち)組のドアなどの例があげられる。

1.2 軸組部材の接合

1.2.1 継手の仕組み

継手とは，部材をつないで長い部材として使用するために，同種の部材を縦（軸）方向につなぐことである。継手は，母材に作用している力を伝達することになる。力の種類は，軸方向の引張力と圧縮力，軸に直角方向のせん断力，部材を曲げる力がある。

(1) 梁・土台（横架材）の継手

図 4.1.8 は，梁・土台の継手を例示したものである。横架材の継手部分において，軸方向の引張力や圧縮力が作用しているが，曲げが想定されない場合には，腰掛け蟻継ぎ，腰掛け鎌継ぎを用いることが可能である。腰掛け蟻継ぎ，腰掛け鎌継ぎは，しばしば，土台の継手に用いられる。土台は，基礎に固定してあるので，曲げを考慮する必要がないためである。

一方，引張力，圧縮力および曲げが作用する可能性のある横架材の継手には，追っ掛け大栓継ぎを用いることができる。追っ掛け大栓継ぎは，母屋や桁など曲げが作用する可能性がある部材の継手に用いることができる。この継手は，腰掛け継ぎとくらべて，軸方向につないで，両端と中央の切り欠き断面および2本の栓で曲げ応力を伝えている。また，梁を継ぐときは，できる限り曲げ応力が小さい部分で継いでいる。また，これら接合部では，「かすがい」や「ひら金物」などの緊結金物が用いられる。緊結金物の役割は，建物に地震や風圧力などの水平力に対し，継手部分が緩んで建物の変形が大きくなるのを防ぐことである。

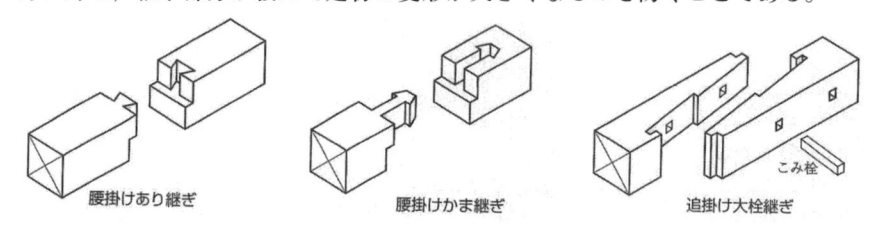

図 4.1.8 梁・土台の継手

(2) 柱の継手

柱は，階の途中で継ぐことをしてはいけない。

1.2.2 仕口の仕組み

仕口（しくちまたはしぐち）とは，2つ以上の部材を直角などのある角度をもって接合される部分のことである。たとえば，柱と梁，柱と土台などの接合部である。また，仕口は地震などで外れないように緊結金物を用い，固定している。

(1) 母屋と垂木の仕口

母屋に垂木を取りつける際，その屋根勾配に応じて，母屋に切り欠きを行い，ひねり金物や垂木金物を用いて止めつける（図 4.1.9）。

(2) 柱と胴縁の仕口

柱に胴縁などの下地を留めつける際は，仕口を設けず，くぎ打ちで止めつける場合が多い。

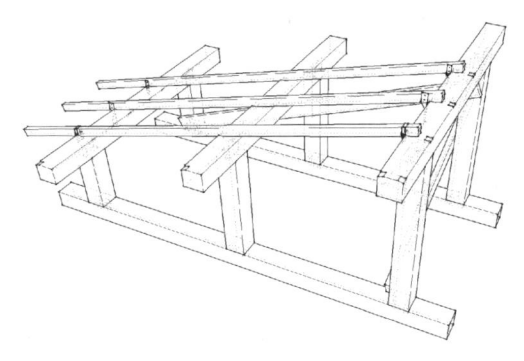

図 4.1.9　母屋・垂木の施工

(3) 大引と根太の仕口

従来, 床下地材を留めつけるために, 根太を用いていた。この根太は, 通常転ばし根太とよばれ, 大引の上に直接くぎ打ちされる場合が多かった。しかし, 近年, 火打梁の減少の理由にも書いたように厚い合板の普及により根太が省略される場合が多い。

(4) 柱と梁・胴差の仕口

柱と梁・胴差の仕口を図 4.1.10 に示す。通常, 在来木造住宅の柱は, 階の途中で継ぐことはなく, また, 各階ごとの管柱と土台から 2 階桁までの通し柱の 2 種類がある。柱と胴差の接合は, 柱の上に桁梁が載る, または柱を欠き込み柱と胴差・梁を接合する 2 種類の仕口タイプが想定される。つまり, 通し柱の場合は, 傾き大入れほぞ差し, 大入れほぞ差しであり, 梁と桁を柱に留めつける場合が大入れ蟻掛けである。いずれの場合も柱材の断面欠損に注意し, 緊結金物として, かね折り金物, 短冊金物, 引き寄せ金物などを用いる。

傾ぎ大入れ短ほぞ差し　　大入れ短ほぞ差し　　大入れ蟻掛け（T字取合い）

かね折り金物　　引寄せ金物

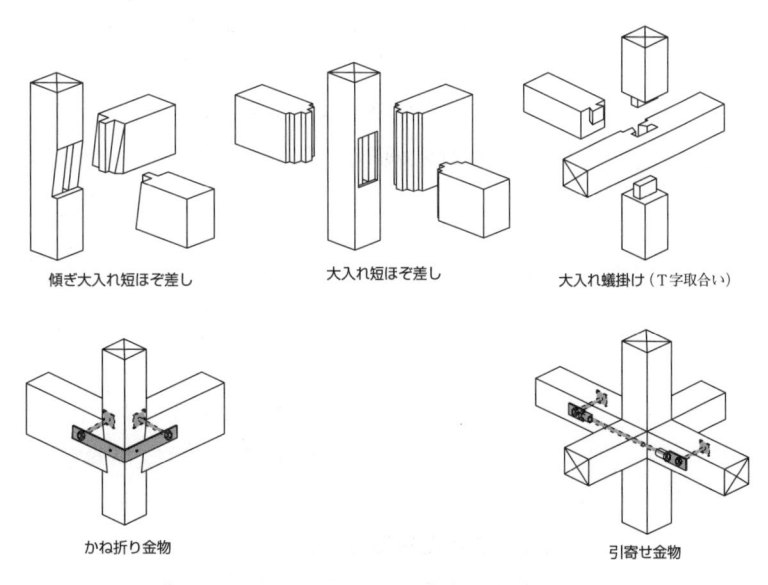

図 4.1.10　柱と梁・胴差しの仕口

（5） 柱と土台の仕口

図 4.1.11 に示すような柱と土台の接合は，おもにほぞ接合が用いられる。ただし，耐力壁が取りつけられた柱の下端部は，水平力（地震力や風圧力）が発生した際に大きな引抜き力が発生する。このため，ホールダウン金物やかど金物などを用い，土台や基礎と緊結する必要がある。

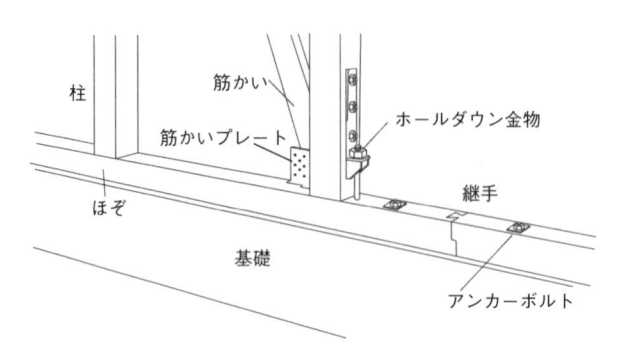

図 4.1.11　柱と土台・基礎の接合

（6） 筋かい・火打梁の仕口

建物に作用する地震力などの水平力は，剛性が確保された水平（床）構面によって，筋かいなどの耐力壁に伝えられる。つまり，木造建物の多くは，耐力壁によって地震力などに耐えるのである。従来，筋かいはくぎなどにより打ちつけられるのみであったが，阪神淡路大震災時，筋かいの取付けが適切でない建物の被害が大きかった。そこで，現在では，筋かいの留めつけに関して建設省告示によって明記されている。

従来，水平剛性の確保には火打材が用いられていた。火打梁は通常 90 mm 角材または火打金物が用いられ，桁にボルトを用いて接合される。火打の役目は，水平構面の剛性の確保であるが，近年その役割は厚い合板（24 mm 以上）に変わられ，火打梁が設けられない住宅もある（図 4.1.12）。

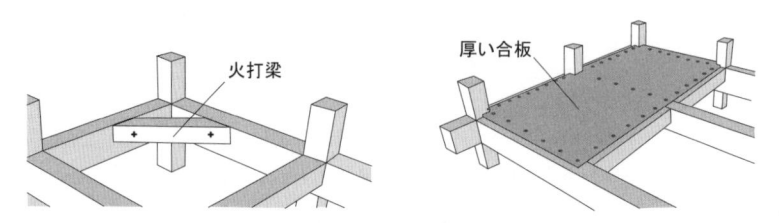

図 4.1.12　火打ち・厚物合板の施工

1.2.3　土台と基礎の接合

柱が支持している自重・積載荷重などの下向きの力は，土台から基礎へ，そして地盤へと伝わる。また，地震力・風圧力などの水平力は，耐力壁よって鉛直力へ変換され柱の引抜き力などになって現れる。

柱・土台が浮き上がるのを防ぐために，図 4.1.11 に示す柱や土台と基礎を一体化するアンカーボルトや柱の引抜き力を直接基礎に伝えるホールダウンボルトが使われている。この浮き上がる力は，基礎に伝えられ，基礎のせん断力で抵抗している。

コラム　伝統構法の継手・仕口

　在来軸組住宅は，日本古来の建築様式である伝統工法を起源とする住宅様式である。木造軸組という形式は，世界的に見ても独自性の高い工法であり，その特徴は，軸材料継手・仕口に現れる。このコラムにおいては，現代の住宅にも用いられる伝統工法の継手・仕口を紹介する。

　まず，小屋組の仕口で腮（あご）と掛け（かけ）がある。腮は横掛材の両側面での組合せ，掛けは片側のみの仕口となる。

　柱と横架材の仕口は，ほぞ（枘）が用いられる。ほぞも長さや形が多種にわたる。

　胴差に対し，長ほぞ＋込み栓が最も一般的であるが，その他，地獄ほぞや重（じゅう）ほぞとよばれるほぞ上面より，くさびを打ち込み留めつけるほぞ組などもある。

　丸太などが用いられる小屋組の継手では，一般的には台持ち継ぎが用いられる。また，この継手上部には，小屋束を置き，押さえ固める。

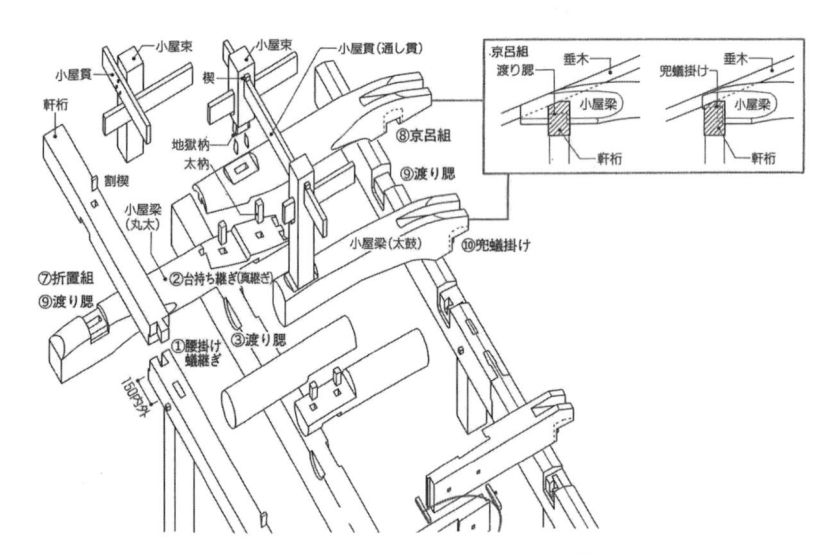

図1　小屋組の継手・仕口の納まり[2]

　次に柱に対して横架材が取りつく場合は，柱の断面欠損が大きくなるため，注意が必要である（三方差し，四方差し，傾ぎ大入れ）。

　継手は，梁・胴差の継手として，追掛け大栓継ぎ，台持ち継ぎなどがあげられる。

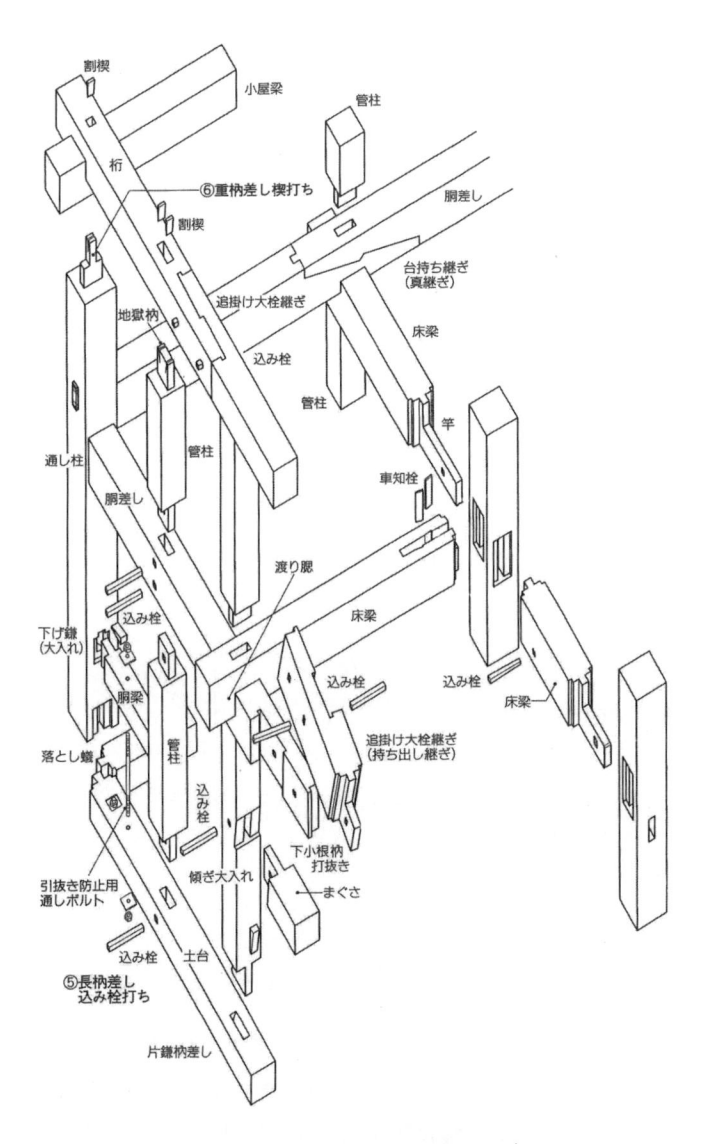

図2 柱と横架材の仕口の納まり[2]

　土台の継手としては，腰掛蟻継ぎや腰掛け鎌継ぎが一般的である。
　そのほかに追掛け大栓継ぎや金輪継ぎがあるが，近代ではほとんど使用されない。
　土台と土台の仕口は，大入れ蟻掛けなどが一般的である。
　土台と柱の継手には，単純な短ほぞが一般的であるが，扇ほぞ差し，落とし蟻などもある。

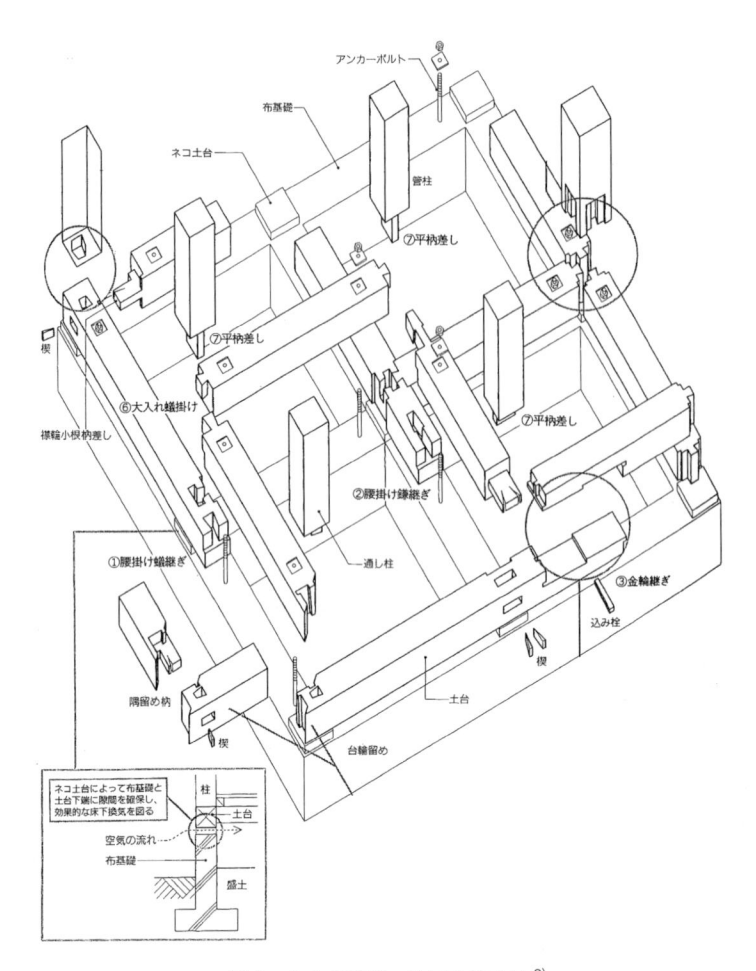

図3 土台の継手・仕口の納まり[2]

　最後に,ここにあげた継手,仕口はごく一例であるが,近代の住宅建築では,ほとんど用いられない。近年,木造住宅のプレカット率は約9割であることが発表されている(全国木造住宅機械プレカット協会発表)。とはいえ,プレカット仕口でも,ほぞ差し,蟻掛け,鎌掛けなどは多く用いられている。

　また,忘れてならないこととしては,プレカットでつくられる仕口も元は,伝統工法の仕口に由来し発展した形状であることである。技術はつねに進化し,淘汰されることをふまえながら木造住宅に親しみを感じてもらいたい。

コラム　接合の種類

1　接合の種類について

　建物の骨組はさまざまな部材を接合部でつなぎ合わせることにより骨組の形がつくられている。この接合されている場所，すなわち接合部は建物にとって非常に重要な部位である。接合部が壊れると構造的には建物が崩壊に至る場合もある。骨組を支持し地盤と

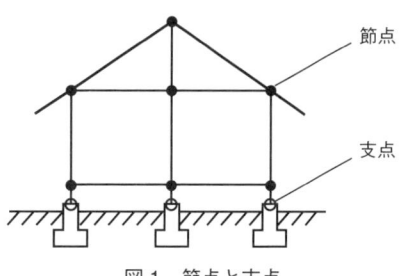

図1　節点と支点

つなぐ接合部を「支点」といい，部材と部材をつなげる接合部を「節点」という（図1）。接合部は一方の部材から他方の部材へ力を伝達する役割を果たす。

2　節　点

　節点は部材どうしの接合部で，その接合の種類は一般的に2種類に分けられる。一つは剛節点で，もう一つはピン節点である。剛節点は接合される部材どうしを一体化して強固に接合されるもので，力と曲げモーメントを伝達することができる。これに対してピン節点では，扉に取り付けられている蝶番と同等の役目を持つ接合で，力は伝達できるが曲げモーメントは伝達できない。たとえば剛節点では，梁が曲げモーメントにより曲げられれば，柱もこれに追従して曲げられるが，ピン節点では，梁が曲げモーメントにより曲げられても，柱にはこの曲げは伝達されない。これを図で説明すると表1のようになる。

表1　支点の種類

支点	固定支点	ピン支点	ローラー支点
伝達力	・鉛直力 ・水平力 ・曲げモーメント	・鉛直力・水平力	・鉛直力
支点の形		・回転自由	・回転自由 ・水平移動自由
記号			

3 支点

　支点は建物を構成する骨組と地盤の接合部で，その接合の種類は一般的に固定支点，ピン支点，ローラー支点の3種類に分けられる。支点は地盤によって支持されていることから固定支持，ピン支持，ローラー支持ともよばれることがある。骨組と地盤との間で伝達される力は，ここでは2種類に分け上下方向への力を鉛直力，左右方向への力を水平力とよぶ。支点は建物が移動や回転をしないように地盤に接合するものであるため，鉛直力によって地中に沈み込まないように，水平力によって左右に移動しないようにしなければいけない。

　固定支点は剛節点と同様な働きをし，鉛直力，水平力および曲げモーメントに対して抵抗し，いかなる移動も回転も起こさない。ピン支点はピン節点と同様な働

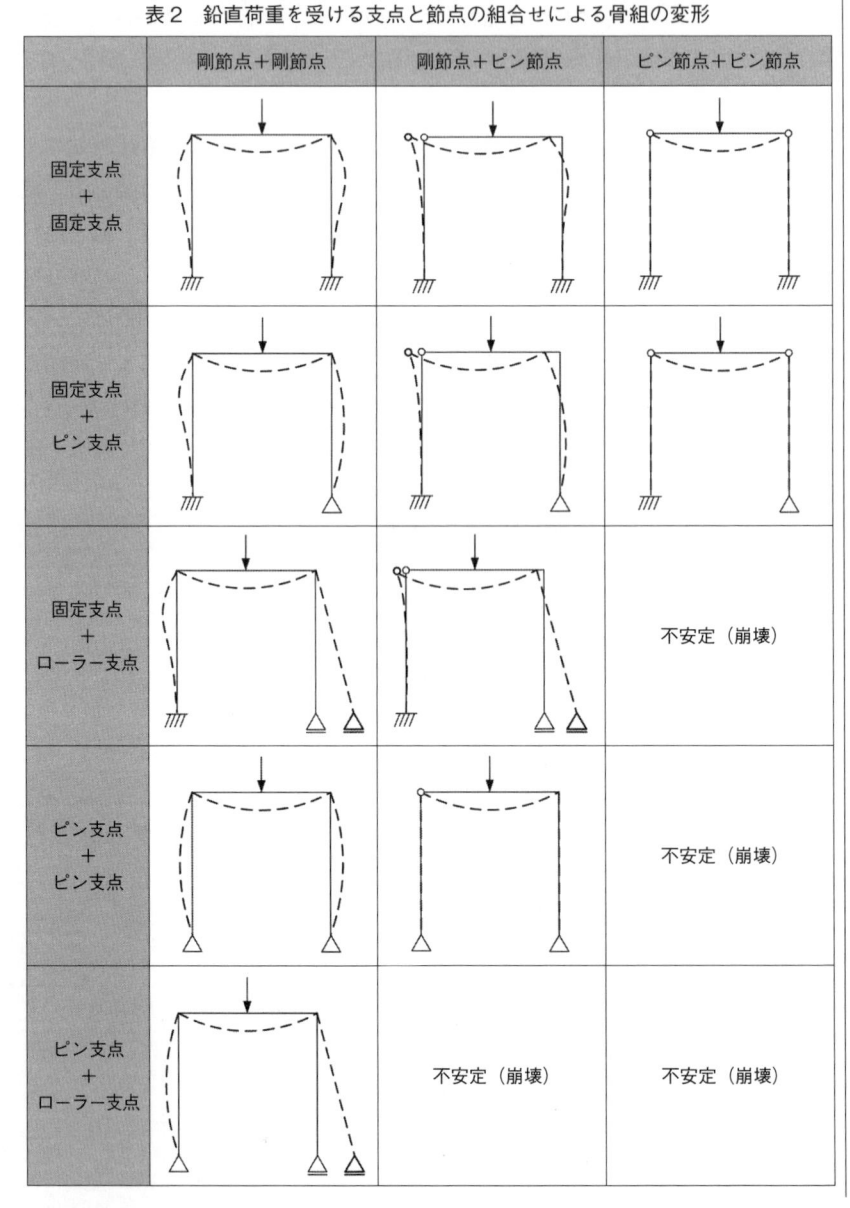

表2　鉛直荷重を受ける支点と節点の組合せによる骨組の変形

	剛節点＋剛節点	剛節点＋ピン節点	ピン節点＋ピン節点
固定支点＋固定支点			
固定支点＋ピン支点			
固定支点＋ローラー支点			不安定（崩壊）
ピン支点＋ピン支点			不安定（崩壊）
ピン支点＋ローラー支点		不安定（崩壊）	不安定（崩壊）

きで，鉛直力と水平力に抵抗して移動をすることはないが，回転に対しては抵抗できない。ローラー支点はピン支点に対して，鉛直力のみに抵抗し水平方向への移動と回転に対しては抵抗できない。これらの各支点が組み合わされて建物が支持されている。これらの各支点を図で説明すると表2のようになる。

4 節点と支点の組合せによる各部材の変形

ここでは荷重として鉛直方向と水平方向の荷重をそれぞれ作用させた場合の，各部材の変形を表2・表3に示す。支点は固定支点，ピン支点，ローラー支点の組合せにより，節点は剛節点とピン節点の組合せにより，構造物として安定した状態が保てる組合せについて示している。

表3 水平荷重を受ける支点と節点の組合せによる骨組の変形

	剛節点＋剛節点	剛節点＋ピン節点	ピン節点＋ピン節点
固定支点＋固定支点			
固定支点＋ピン支点			
固定支点＋ローラー支点			不安定（崩壊）
ピン支点＋ピン支点			不安定（崩壊）
ピン支点＋ローラー支点		不安定（崩壊）	不安定（崩壊）

コラム　鉄骨造の接合

1　鉄骨造の骨組

　鉄骨造は，木造の骨組とよく似た構造をしている。この構造は木造の在来工法とよばれる柱と梁を用いた軸組工法である。しかし，柱や梁などの構造部材は，木造ではその断面が正方形あるいは長方形であるのに対して，鉄骨造では形鋼とよばれる図1に示すような薄い板により構成された断面をもっている。近年の一般的な鉄骨造では柱に角形鋼管を，梁にH形鋼を使用して骨組を構成している。ここで鉄骨という表現を使っているが，実際には鉄（Fe）を主成分として炭素（C）・マンガン（Mn）・クロム（Cr）などの元素を加えた合金である鋼でできた鋼材による構造で，鋼構造ともよばれている。

　簡単に鉄骨造の特徴を示しておく。長所として①木材にくらべて強度が高く，鉄筋コンクリートにくらべて単位自重が軽い，②ねばり強い，③大空間の架構や超高層建築の架構に適する，④施工性がよく，工期の短縮が可能であるなどである。また短所としては①火熱に弱い，②腐食しやすい，③振動を伝えやすいなどがあげられる。これらの長所を生かし，短所を技術により補って鉄骨造の建物は建てられている。

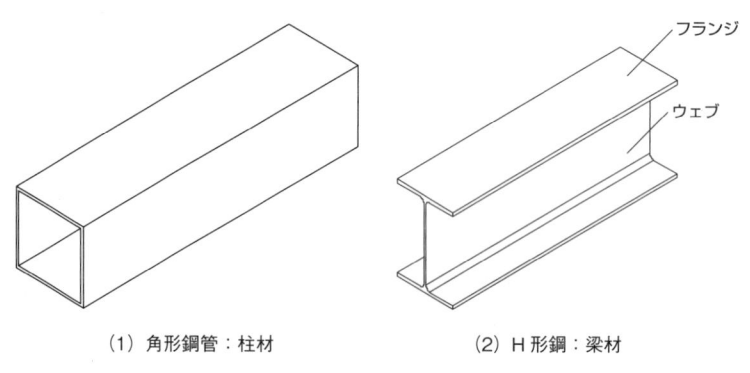

(1) 角形鋼管：柱材　　(2) H形鋼：梁材

図1　形鋼の例[1)]

2　接合の方法

　鉄骨造は木造と同様に形鋼の組合せにより骨組が構成されるため，部材と部材を接合する接合部は存在する。形鋼などの構造部材を接合するためには，高力ボルトあるいは溶接により接合を行うことが一般的である。

(1) 高力ボルト接合

　高力ボルトによる接合は摩擦接合・支圧接合・引張接合などがあるが，このうち図2に示す摩擦接合がよく用いられている。摩擦接合は接合される板と板を高力ボルトの張力により圧着し，板と板の接触面に摩擦力を生じさせることにより力の伝達を行う。

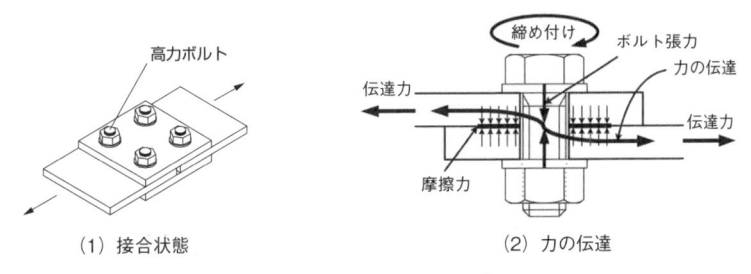

図2　高力ボルト接合[1]

(1) 接合状態　　(2) 力の伝達

(2) 溶接接合

溶接とは，金属を熱や圧力によって溶融状態すなわち，ドロドロに溶けた状態にして一体化させる接合方法である．図3は接合したい板と板を溶接により接合した状態である．

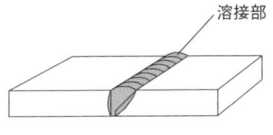

図3　溶接接合[1]

3　部材の接合

鉄骨造における部材と部材を接合する接合部の種類は，木造と同様に継手と仕口がある．同一の部材を接合するものを継手，異なる部材を接合するものを仕口という．

(1)　継　手

継手には，柱と柱を接合する柱継手，あるいは梁と梁を接合する梁継手があり，応力の伝達は軸方向の引張力と圧縮力，せん断力，曲げ応力である．このため剛接合とする必要があり，梁継手と柱継手では使用される形鋼により接

表1　節点の種類

節点	剛節点	ピン節点
伝達力	・鉛直力 ・水平力 ・曲げモーメント	・鉛直力 ・水平力 ・曲げモーメント
節点の形	剛節点／伝達力	ピン節点／伝達力
部材の変形		
記号		

合方法が異なっている。梁継手は H 形鋼どうしを図 4 のように高力ボルトと継手板によって接合している。柱継手は角形鋼管が使われた場合には図 5 のように溶接によって接合されるが，H 形鋼が柱に使用された場合には梁継手と同様に高力ボルト接合とする場合と溶接による場合とその両者併用となる場合がある。

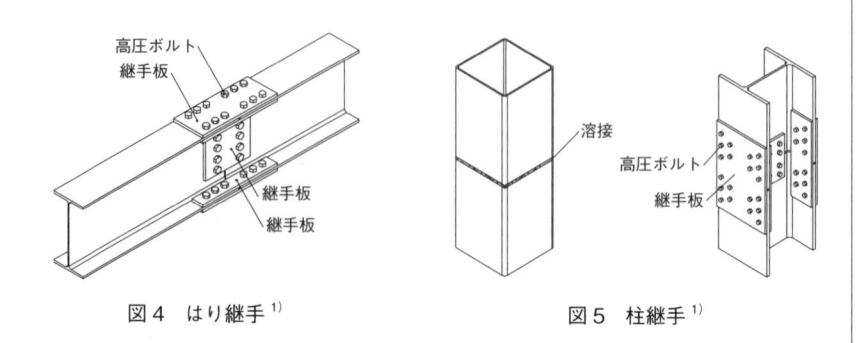

図 4 はり継手[1]

図 5 柱継手[1]

(2) 仕 口

鉄骨造の仕口には，柱と梁の接合部と大梁と小梁の接合部がある。各仕口はその応力伝達の種類によって接合形式が異なり，軸方向の引張力と圧縮力とせん断力のみを伝える場合はピン接合，これに曲げ応力の伝達が加わる場合は剛接合となる。仕口にはいろいろな種類があるため，ここでは代表的な例のみを紹介する。

柱と梁の仕口の剛接合の一例を図 6 に示す。柱を角形鋼管，梁を H 形鋼としたもので，柱の角形鋼管が梁からの応力により変形しないようにダイヤフラムが設けられ，これに溶接により H 形鋼の短い梁を接合して仕口を形成している。この短い梁の先端に梁継手を設け，その先に大梁が架かる。

大梁と小梁の仕口のピン接合の一例を図 7 に示す。大梁に溶接で取り付けられたスチフナに，高力ボルトで小梁が接合されている。ここで H 形鋼の上下の水平の板をフランジといい，フランジをつなぐ垂直の板をウエブというが，このように H 形鋼のウエブのみを接合した仕口はピン接合となる。

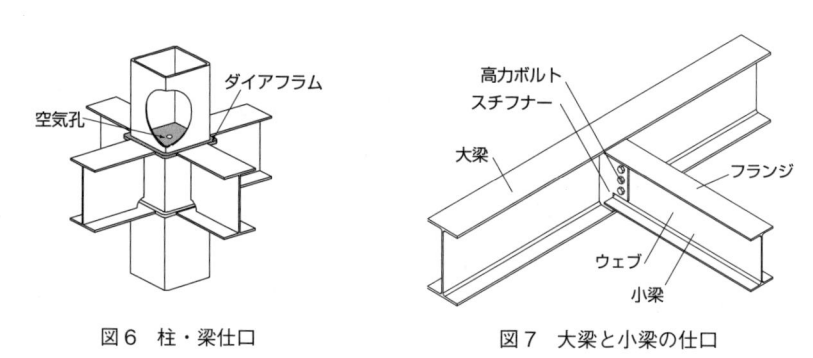

図 6 柱・梁仕口

図 7 大梁と小梁の仕口

4 柱と基礎の接合

鉄骨造における基礎は，鉄筋コンクリート構造でつくられる。この基礎と柱を接合する部分を柱脚という。柱脚には図8の露出型，図9の根巻き型，図10の埋込み型があり，露出型の一部はピン接合となり，その他の柱脚は剛接合である。柱脚は図8のようにベースプレートとリブプレートにより構成され，基礎に埋め込まれているアンカーボルトで接合され，露出型はこの状態のままであるが，根巻き型と埋込み型は柱の下部が，鉄筋コンクリート内に埋め込まれる。

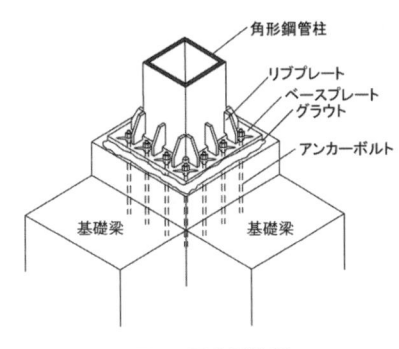

図8　露出型柱脚

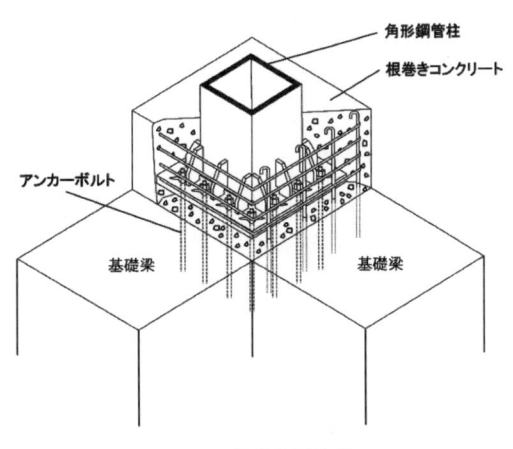

図9　根巻き型柱脚

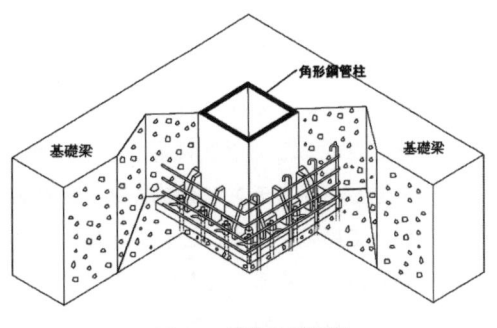

図10　埋込み型柱脚

2章　建具の役割と仕組み

2.1　建具の役割

建具とは人体でいうなら，肺に空気を入れるときは開き，食べたり飲んだりしたときはものが入らないよう閉じる口や食道などの弁のようなものである。その仕切り方の1つに，可動の建具によって時と場合によって調整すると便利なことがある。その調整するものも人の行き来を調整したり，視線を調整したり，光や風や音や虫，はたまた泥棒の侵入を防ぐなどさまざまである。したがって，建具にもさまざまな種類がある。大きくは，不透明なものか，透明であったり光の透けるものか，耐火性があるかなどの建具自体の"材質・つくり方の種類"と，引戸か開き戸かなどの"開閉の種類"との組合せとなる。また，大きな建物では防火区画に防火戸としてつくられる建具もある。

2.2　建具の仕組み

2.2.1　建具の構成

建具のつくり方にはさまざまなものがある。基本は框戸といわれる四方に枠をつくり，なかに板やガラスなどを入れたものと，フラッシュ戸といわれる合板で細い骨組を挟んで圧着したもの，障子や襖といった木枠に和紙を貼った建具などがあげられる。

(1) 框戸

建具の四方が比較的幅の広い木材で枠に組んである建具。この枠で建具の強度を確保し重量感のある建具になる。

① **鏡板戸**：框戸において一枚板（または何枚かの板を継ぎ合わしたもの）を入れたもの。
② **唐戸**：鏡板戸において内部に骨太な縦横の格子状の部材を入れたもの。
③ **ガラス戸**：光を採り入れることのできる建具には，ガラスを用いた建具がある。内部建具としては框戸として木製の枠に板ガラスをはめ込んだものが一般的である。フラッシュドアの一部にガラスを用いた通称「額入り」や，ガラスを大きくとった格子ドアなど，ガラスの分量とデザインによっていろいろな形がつくれる。ガラス部分の大きな建具は，明るさが確保でき，空間の連続性を感じさせる。ガラスにも，くもりガラス，透明ガラス，乳白などのフィルムを貼ったりステンドグラス風などがある。店舗の入り口のように強化ガラスを使って枠をなくすこともできる。家具など小さなものでは，ガラスだけで引違いの戸をつくることができる。
④ **ガラリ戸**：風を入れながら，雨や日照を防ぐ戸。これに網を張れば網戸の代りにもなる。
⑤ **雨戸・板戸**：日照や飛来物を防ぎ防犯も目的とした戸である。最近ではシャッ

ターに替えることも多い。

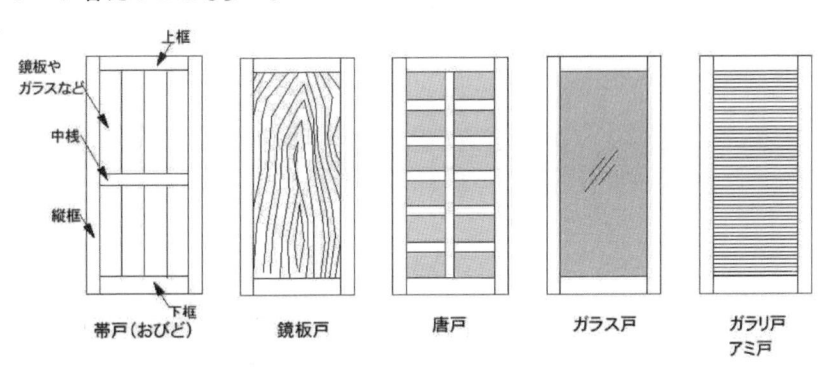

図 4.2.1　框戸の種類

(2) フラッシュ戸

木材などの心材に両面から合板などを張り付けてつくる建具。シンプルなデザインの建具になるが量産には向いている。フラッシュ戸をくり抜いてガラスを入れたりもできる。スチールドアもこの部類になり，耐火性能を求められる部分に使われる。

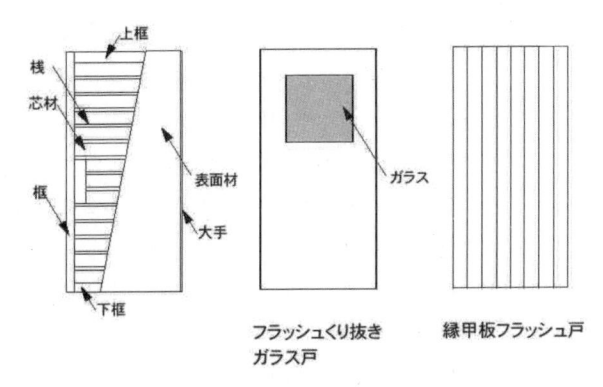

図 4.2.2　フラッシュ戸の種類

(3) 和風の建具

a　桟　戸

① **障　子**：組子に障子紙を貼ったもので，紙を通したやさしい光が広がる。下半分の障子を上下の可動式にし，ガラスをはめ込んだ猫間（雪見）障子のようにガラス戸と障子のふたつの機能をもつ欲ばりな建具もある。
② **無双窓**：板とすきまが等間隔につくられたものを2枚合わせたもので，格子戸のように半分空けたり，全面をふさいだり調節できる建具。
③ **簾障子**：戸和紙の代わりに「葦」「萩」「竹」をはめこんだ障子の総称で夏場に紙張り障子や襖と入れ替えて使ったりすることから，夏障子ともよばれる。風と日照を適度に通し，外からの視線を防ぐこともできる。
④ **格子戸**：ガラスを入れない本来の格子戸。風と日照を適度に通し，外からの視線を防ぐので，通りに面した出入口などに使われる。

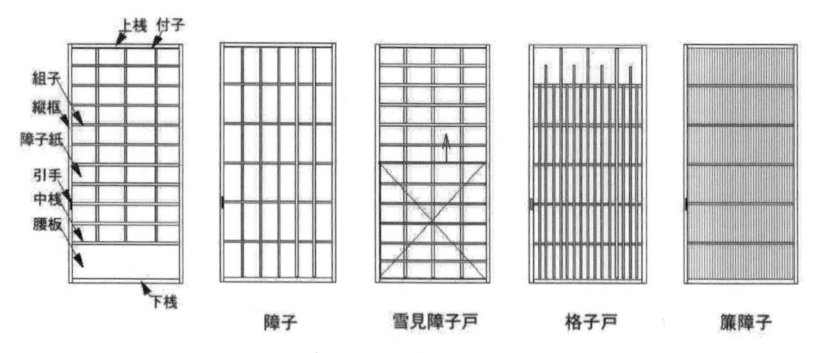

図 4.2.3　桟戸の種類

⑤ **格子戸**：いろいろな細さの角材を縦に並べた縦格子と，横に並べた横格子とがある。風や適度な視線を通しながら，防犯とプライバシーを守る目的で使う建具である。縦横の角材の間隔や細さに変化をつけることでさまざまなデザインがつくられている。

⑥ **網　戸**：風を入れながら虫を防ぐ戸。引違いのサッシではいつも半分は網戸が見えることになるが，最近ではプリーツ網戸やロール網戸もある。

⑦ **襖**：和室の仕切りに使う建具のひとつ。木製の枠組みの両面に紙または布を貼ったもの。「襖障子」または「唐紙障子」とよばれる。単に「唐紙」とよばれることもある。木口に漆塗りの縁をつけたり大手（5 mm 程度の木の縁）を張ったものと，縁をとらずに紙または布を巻き込んだ太鼓張りがある。

⑧ **戸　襖**：襖の和紙を破れ難くしたり，襖の外側が洋室で和紙にしたくない場合，ベニヤ製の下地に仕上材を張った戸襖がある。襖にくらべ多少重くなるのか欠点である。

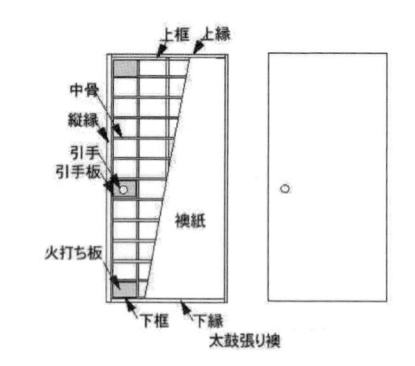

図 4.2.4　襖の構成

2.3　建具の種類

2.3.1　開閉方法の種類

(1)　引戸

① **片引戸**：1枚で右か左の片側に引く戸。下レールに乗せた戸車によってスムーズに動くものと，上にレールを付けた吊りレールによって動くものと，襖などの軽い建具は木枠の溝を滑らせるだけのものがある。サッシなどでは半分以上をガラスのはめ殺しにして，残りを空ける場合にはガラスに重ねて引く片引きのものある。

② **引込み戸**：開けた扉が壁や戸袋のなかに引き込まれ，見えなくなるのが引込み戸である。広さに余裕のない場所に設けた収納スペースには，これらの戸が

便利である。あるいは，戸がまったく見えなくなるので，ふだん開け放しておくことが多いところに向いている。2枚の場合，2本レールで片側に引き込むことと，1本レールで両側に引き込むこととがある。

③ **引違い戸**：2枚で2本のレールがあり，2枚分の幅のなかですれ違う戸。アルミサッシでは最も多い建具の開き勝手である。しかし，開けたときでも開口部の半分しか開かないことになる。また，レールを増やせば何枚もの建具を連ねることができ，開けると1枚分の幅に納めることができる。

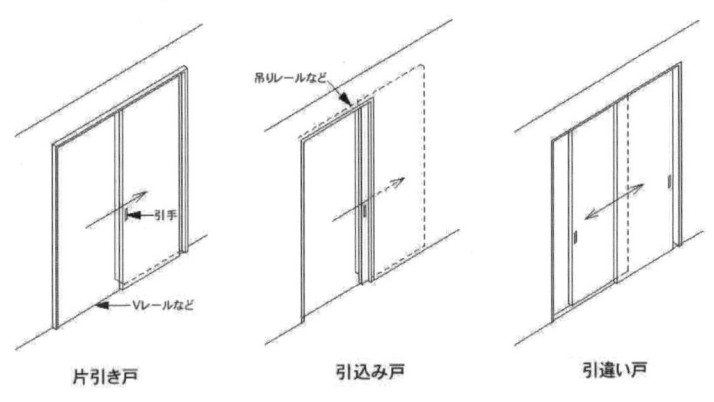

図 4.2.5　引戸の種類

(2) 開き戸

① **片開き戸**：1枚で丁番などにより片側に開く戸。防犯性も気密性ももたせやすいが，強風にあおられやすい。動く範囲は大きく，そこにものは置けない。玄関などでは日本は気密性や防水性を保つために外開きにすることが多いが，欧米では内開きが多い。トイレの開き戸は外開きにし，錠を非常開付きにしておけば，なかで人が倒れたときなどの緊急時にも安心である。

② **両開き戸**：2枚で大きく空けることができるので，人が多勢出入りしたり，大きな家具を入れる必要がある場所に向いている。鍵を付ける場合は，片方は普段，フランス落としによって固定する必要がある。

③ **両開き親子戸**：大小2枚の戸によって構成される両開き戸。大きな家具を入

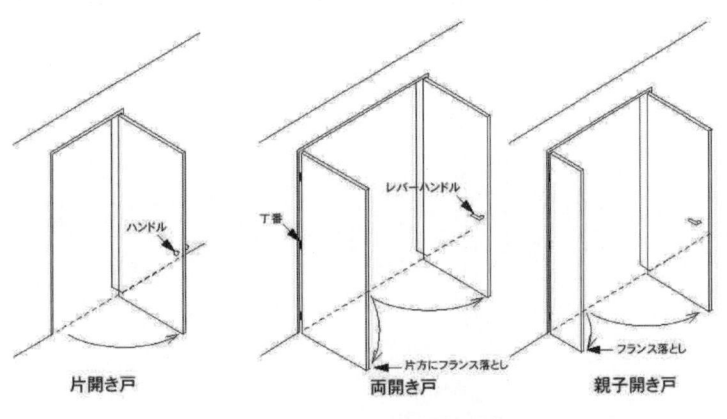

図 4.2.6　開き戸の種類

れる必要のある部屋で，両開き戸ほどは必要はないが，片開き戸より大きな開口部が必要なところに向いている。小さいほうの戸をフランス落としなどで普段は固定している。

(3) 折れ戸

開口部を目いっぱいオープンにできる可動間仕切建具のひとつが，折れ戸である。普段は仕切っておきたいが，ときにはワンフロアとして使用したい，2つの部屋を仕切るのに便利である。開き戸ほど戸の動く範囲が大きくないので，廊下など狭い場所に面してつくる物入れや，最近では洗濯機置き場の目隠し戸として使われることも多い。

(4) 上げ下げ戸

滑車とワイヤーやロープによって2枚の戸の重さをバランスさせて，上下させる戸。最近では開きの框戸のなかに上げ下げ戸を組み合わせた勝手口用のサッシが普及している。

(5) はね上げ戸

開き戸の丁番を上枠に付けた形で，外の上のほうに大きく跳ね上げる戸である。日本の古い建物では，板戸がはね上げてひさしのようになる"蔀戸（しとみど）"がある。

(6) 巻き上げ

駐車場などで見かける，シャッターのように巻き取るものと，オーバースライダーのように天井にスライドするものとがある。同様の仕組みで水平に巻き取ったりスライドするものも横引きシャッターなどという。駅のキオスクなどで目にするものである。

(7) 潜り戸（くぐりど）

大きな板戸のなかに入れ子のように設けられた人が出入りするためだけの小さな戸である。

(8) 組合せ

簾障子や格子戸に網戸を組み合わせたり，引き戸や開き戸のなかに上げ下げ戸を組み合わせて勝手口サッシや雪見障子が生まれるように，これらの組み合わせることでもさまざまな形ができる。また，開き戸の上下半分に分けて別々に動

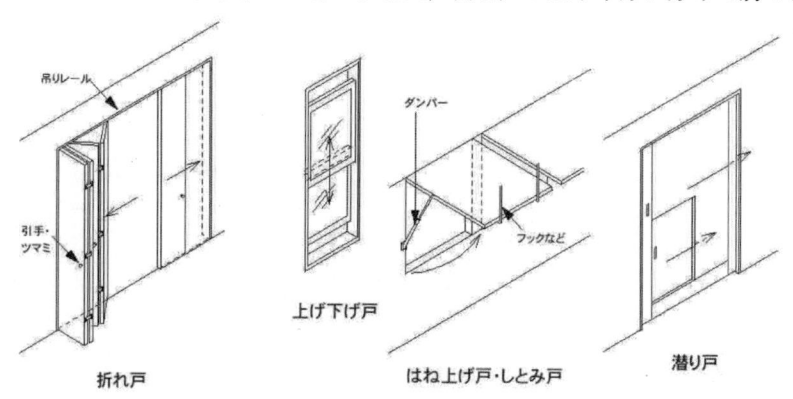

図4.2.7　折れ戸・上げ下げ戸・はね上げ戸・潜り戸

くとペットの行き来や防犯を調節できるなどの組合せも考えられる。

　洗面室のドアの一部をガラリ付きにすれば，通風も確保できる。同じく空気の入れ換えに便利なのが欄間付きのドアで，ドアは閉まっていても，欄間部分をオープンにしておけば，上方の空気は自然に循環する。

2.4　建具の部品

① **丁　番**：開きドアなどにおいて，ドア枠のたて枠に取り付け，ドアの開閉の軸となる金物であり，さまざまな種類がある。ギボシ丁番・フランス丁番・旗丁番などの建具用丁番のほか，スライド丁番・ガラス丁番などの家具用丁番がある。英語名のヒンジともいう。

② **ピボットヒンジ**：扉の上端と下端に取り付け，上下軸を支点に開閉する金具。
　丁番と違い金物の見えがかりが小さくスマートに見える。重量ドアに使用しても吊り下がりが少ないのが特徴。また，「軸吊り丁番」ともいわれている。

③ **フロアヒンジ**：ドアの軸下の床に埋め込んでドアの重量を受け，その開閉スピードを制御し，ドアが急に開いたり閉じたりしないように，開閉スピードを調整することが可能である。また，ドアを定位置でストップさせる機能のものもある。

④ **ラバトリーヒンジ**：パーティションによるトイレの扉によく使われている，丁番の軸を斜めにすることで重力により自動的に閉まるヒンジである。開けると扉が持ち上がることを利用して内開き扉に使われることもある。

⑤ **スライドヒンジ**：家具に使われるヒンジで，枠を見せずに扉が被さる納まりにできる。力がかからなければ閉じておくストッパーの役目もあるのでラッチやキャッチが要らない。

⑥ **ドアクローザー・ドアチェック**：自動的に閉まる機能や，勢いよく扉が閉まるのを防ぐ金物。開いた状態で止まるストッパー付きのものもあるが，防火設備であればストッパーは付けることはできない。

⑦ **フランス落とし**：両開きや親子扉の片方を普段は固定しておくために棒を上下させて床にささり固定する金物。

鍵の種類

　建具には表と裏があり，そこに鍵を付ける場合にも両側の鍵の種類を選ぶことができる。

① **本締まり**：いわゆる抜き差しできる鍵で開け閉めするもの。外出するときに最後に戸締りする建具に付ける。最近ではカードキーや数字のボタンを押すテンキーなどさまざまなものがある。

② **サムターン**：つまみを操作して開け閉めし，鍵の要らないもの。通常の玄関扉は表が本締まりで内はサムターンである。

③ **空　鍵**：鍵のない状態。倉庫などでは外に本締まりを付け，なかに人が残ることがないような建具の内側は空錠となる。
④ **非常開装置付き**：トイレなどに付けるもので，内側にサムターンがあり鍵をかけられるが，表からも万が一の場合にコインなどで開けることができる。
⑤ **ホテル錠**：閉めると自動的に鍵の掛かるもの。
⑥ **電気錠**：電気的に鍵を掛けたり開けたりできるもので，離れた場所のスイッチで操作することができる。最近では集合住宅に多く使われ，各住戸のスイッチで共用玄関の鍵を開けるのに使われている。
⑦ **マスターキー**：マンションや施設で，異なる鍵のかけられる箇所が複数あるが，管理用にすべての鍵が開閉できる鍵もつくれるシステム。
⑧ **逆マスターキー**：マンションなどで異なる鍵のかけられる箇所が複数あるが，共同玄関の鍵のように，すべての鍵でも開閉できる扉もつくれるシステム。

3章 音

3.1 音（振動）の伝搬

　建物のなかにいるとさまざまな音が聞こえてくる。これらの音を大きく分けると2つに分かれる。ひとつは空気伝搬音（略して空気音），もうひとつは固体伝搬音（略して固体音）である。前者は，空気を伝搬してきた音をいい，後者はおもに建物の躯体，壁，床を振動して伝わってきて，部屋に放射される音をいう。

　上下階の部屋を考えると，上の階で寝ている人のいびきが下の階で聞こえるのが，空気音であり，上階の床を子供が走ったり，跳びはねたりするときに発生する音が下の階で聞こえるのが，床衝撃音という固体音である。

　この2つの音は，対策方法がまったく異なるので，まず，騒音問題が発生した場合，原因となる音が両者うちのどちらか突き止める必要がある。

3.2 音の発生源

　建物内外の代表的な騒音源，振動源を図4.3.1および表4.3.1に示す。建物の外から入ってくる音には，航空機，鉄道車両，自動車，工場などを発生源とする空気伝搬音や地盤から伝わる固体伝搬音がある。建物内では楽器演奏，オーディオ装置，飛び跳ね，歩行などを発生源とする空気伝搬音や躯体，壁，床から伝わる固体伝搬音がある。

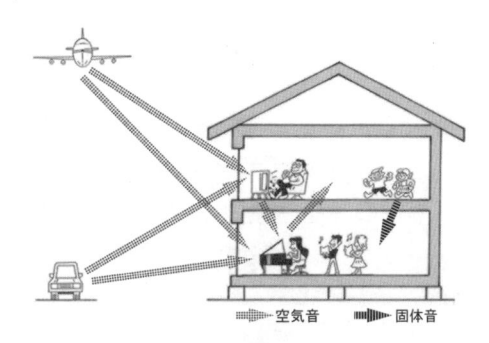

図 4.3.1　建物内外の騒音源

表 4.3.1　建物内外の代表的な騒音源，震動源

	騒音・震動源	空気伝搬音	固体伝搬音		騒音・震動源	空気伝搬音	固体伝搬音
室外	航空機	◎		室内	楽器演奏	◎	
	鉄道車両	◎	○		AV，オーディオ装置	◎	○
					ラジオ・テレビ	○	
	大型トラック，工事用車両	◎	◎		空調・換気設備	○	○
	自動車，オートバイ	○			会話・電話	○	
	建設工事	◎	◎		子供の遊び	○	○
	工場	◎	◎		扉の開閉		○
	幼稚園，小学校	○			歩行		○

◎は特にエネルギーが大きく対策が困難なものを示す。

3.3 建物内の騒音

戸建住宅の場合,基本的に一家族が住んでいるので,集合住宅にくらべて,建物内で発生する音が騒音問題に発展することは少ない。しかしながら,トイレ,浴室,台所,そして,リビング,子供部屋などと寝室との関係には間取りに音の配慮が必要である。特に,二世代あるいは三世代が同じ住宅内で住んでいる場合では,生活時間帯が異なるので,配慮が必要である。また,室内での楽器演奏,オーディオ鑑賞では,音が建物の外に漏れない対策が必要である。ここでは床衝撃音,給排水音,楽器演奏室の騒音対策について述べる。

3.3.1 建物内の騒音の発生源および対策

(1) 床衝撃音

床衝撃音は,一般的に軽量衝撃音と重量衝撃音の2つに分けられる。軽量衝撃音は,ハイヒールで上階の硬い表面の床を歩いたときに生じるコツコツという音が下階に聞こえてしまう衝撃音である。重量衝撃音は,上階で子供がドスドスと走り回ったり,ドンっと飛び跳ねたりしたときに生じる音が下階に聞こえてしまう衝撃音である。軽量衝撃音は,日本の住宅では靴を脱ぐのであまり問題にならないが,これを防ぐには,カーペットやクッション性のある床材を用いると有効である。

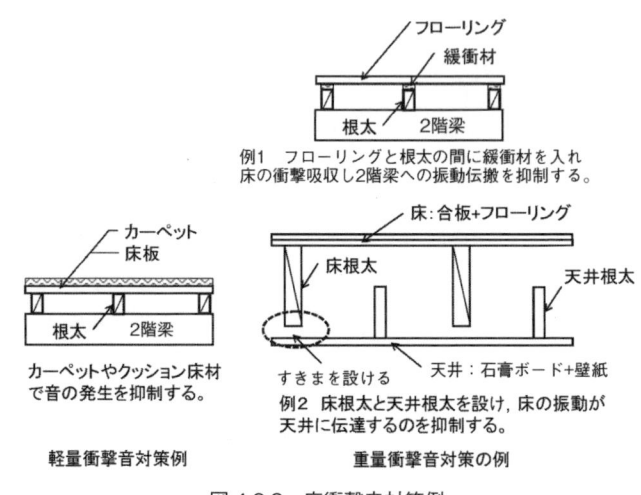

例1 フローリングと根太の間に緩衝材を入れ床の衝撃吸収し2階梁への振動伝搬を抑制する。

例2 床根太と天井根太を設け,床の振動が天井に伝達するのを抑制する。

軽量衝撃音対策例　　重量衝撃音対策の例

図4.3.2 床衝撃音対策例

重量衝撃音は固体伝搬音なので,図4.3.2の例1に示す上階の床のフローリングの下に緩衝材を入れたり,または上階の床材の剛性を増せば,かなり解決するが,ひどい場合は,図4.3.2の例2に示す下階の天井を上階の床や梁から吊るのではなく,上階床と下階の天井との間に独立した梁を設けて,そこから天井を吊るし,振動の直接の伝搬を抑える対策が講じられている。

(2) 給排水音

戸建住宅で2階にトイレ,浴室または台所をつくる場合,基本的にその排水管は1階の壁のなかに通すので,給排水音が騒音にならないように設計段階から間

取りに十分な音の配慮が必要となる。一般的には，個別住宅では水回りはだいたい居室と離して，まとめて設計するので，それほど問題にはならないが，どうしても，排水管を1階の居室の壁に通さなければならない場合は，排水管などは振動が伝わらないように防振ゴムなどで，壁から独立させて支える必要がある。

(3) その他の生活騒音

住まい手が，楽器を演奏したり，オーディオで音楽を聴いたりするとき，隣家の人にとっては騒音になることがある。対策としては，これらはだいたい空気伝搬音であるから，室内の音が外に漏れないように，間仕切壁や床，そして天井の遮音性能を上げることが重要である。遮音性能を上げるためのいちばんの方法はすきまをつくらないことである。また，なるべく音が伝わらないように，できれば，それぞれの壁などの部位を独立させることが有効である。間仕切壁の場合は，間柱を互い違いにして，両側から張り付けるボードを独立させて，その間にグラスウールなどの吸音材（断熱材にもなる）を入れることが有効である。上下階の場合は，ダウンライトのような照明は，天井に穴をあけることによりすきまとなり，遮音性能を下げることになるので，避けたほうが無難である。また，居室の押入れの天井板などは天井裏に入るため，取り外しが可能となっている場合が多く，ここがすきまとなって，上下2室間の遮音性能が悪くなっている場合が多いので，注意が必要である。上階のいびきが聞こえるという苦情は，押入れのすきまから伝達している場合が多い。

3.4 建物外からの騒音

建物の外からくる騒音に対しては，戸建住宅の対策としては，これらはほとんど空気伝搬音であるから，外壁や屋根の遮音性能を上げて建物内への音の侵入を抑制する。外壁の遮音性能を上げるためには，すきまをつくらないことである。

最近の住宅は，冷暖房の効率を良くするために，高気密・高断熱住宅が普及している。すきまが少なく，遮音性能も良くなっているが，シックハウスが社会問題となってから，換気システムの義務づけから換気口を設けなくてはならなくなった。これは，外壁の遮音性能を低下させることになるので，外部騒音が大きい場合は，途中に消音器を付けるなどの対策が必要である。外部騒音が大きいときは，外壁の両面に張るボードを厚くし，密度の大きい材料（鉛シートなど）を使用すること，窓は二重サッシにすることで遮音性能をあげることにつながる。壁体内に断熱材として入れるグラスウールなどの密度を上げることも有効である。

4章　熱

4.1　熱の伝わり方

熱は目に見えないことから，熱が移動していく様子をとらえるのは難しいように感じるが，熱の伝わり方には「伝導」「対流」「放射（輻射）」の3つがある。

① **伝　導**：直接接することで物体のなかを高温側から低温側へ熱が移動する現象である。たとえば，木材の壁面に触ったときに，手から木壁に伝導で熱が伝わる。また，木壁のなかを熱が伝わるのも伝導である。

② **対　流**：気体の動きで熱が移動する現象である。たとえば，ストーブなどによって暖められた空気は軽くなって上昇，循環し，部屋全体に熱が行きわたる。

③ **放射（輻射）**：電磁波（赤外線）によって高温の物体から低温の物体へ熱が移動する現象である。たとえば，ストーブは目に見えない電磁波の形で熱エネルギーを放射し，人間はそのエネルギーを吸収して暖かく感じている。

4.2　熱貫流

伝導，対流，放射の3要素により熱は物から物へと移動しているが，この3要素が組み合わさって起こる熱移動がある。それが「熱貫流」である。冬の暖房時には，室内の空気の熱は対流と放射により外壁の内側表面に伝わり，その熱は壁体内を伝導で伝わって，外壁の外側表面から対流と放射により外気に逃げている。このとき，空気から壁表面へまたは壁表面から空気へ熱が伝わることを「熱伝達（対流と放射）」，壁体内の熱の移動を「伝導」，これらをまとめた熱伝達→伝導→熱伝達の全過程を「熱貫流」という（図 4.4.1）。夏の冷房時は，熱貫流の方向が冬とは逆になり，熱は屋外側から室内側へ移動する。壁や屋根からの熱貫流量が多い場合は，室内の温度は外気の温度の影響を受けやすくなるので，断熱材や空気層を入れるなどして，熱貫流量を少なくする必要がある。

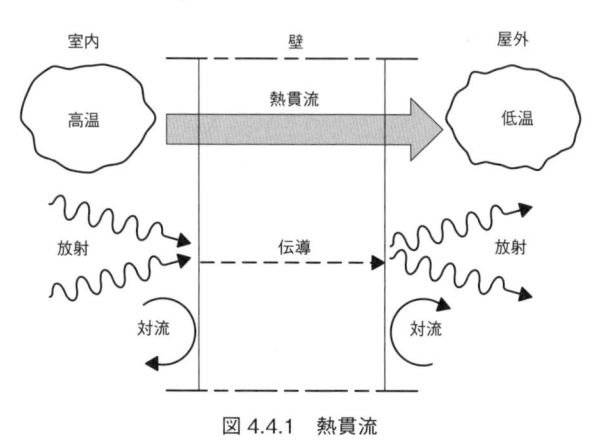

図 4.4.1　熱貫流

4.3 開口部からの日射侵入

　冬に開口部のガラスを透過して室内へ侵入する日射熱（放射熱）は，部屋を暖めてくれる恵みのものであるが，夏はできるだけ室内へ入れないように工夫する必要がある。夏の強い日差しが室内へ入ってしまうと，床などが暖められ，その放射熱により過ごしにくい環境になってしまう。日射熱の侵入を防ぐ方法はいくつかあり，軒を出す，ブラインドシャッターをつける（図 4.4.2），庇・ルーバーなどをつける（図 4.4.3），日射が透過しにくいガラスを使う，障子をつける，すだれをつける，植栽をする（図 4.4.4）などがあげられる。

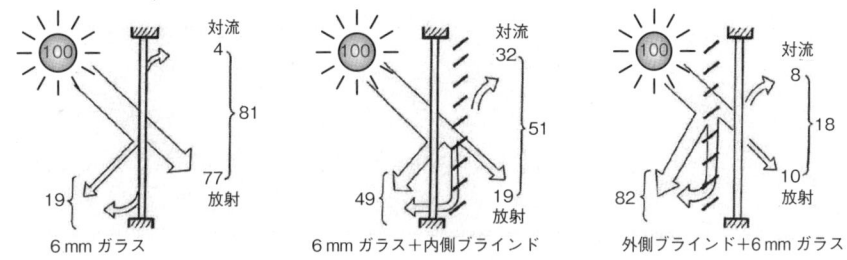

図 4.4.2　ブラインドの位置による日射遮蔽効果

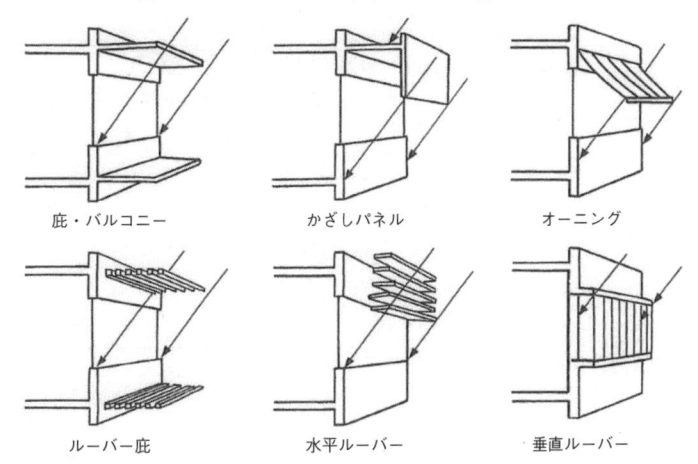

図 4.4.3　窓の外側に付ける日除けの例

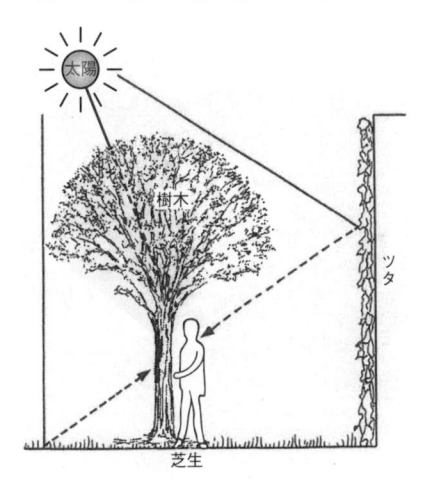

図 4.4.4　植栽の利用

4.4 冷暖房負荷

特に居室では，伝導，対流，放射，熱貫流によって頻繁に熱の移動が起こっている（図4.4.5）。夏は外気温度が上昇し，日射の影響と重なって屋根や外壁から室内へ侵入する熱が多くなり，それらとともに人体や照明などの室内での発生熱も取り除くことが必要となる。室内の温度を一定に保つために取り除くべき熱量を冷房負荷という（表4.4.1）。冬は外気温度が低いために室内の熱が屋外へ放散されるので，熱を供給しなければならない。室内の温度を一定に保つために加えるべき熱量を暖房負荷という（表4.4.1）。冷暖房負荷が大きい住宅は，ルームエアコンやストーブなどの冷暖房機器の消費エネルギー量が大きくなってしまうので，それを削減するためには建物外皮（外壁，屋根，床，窓）の断熱性能を高める，夏に開口部からの日射侵入を防ぐ，熱交換型換気扇を使用する，LEDなどの発熱量が小さい光源を使用するなどの対策が必要である。

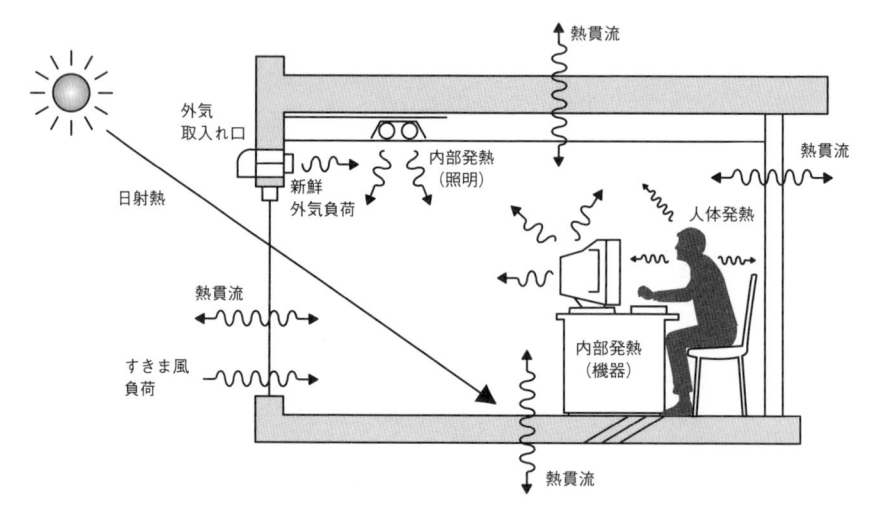

図4.4.5　居室の熱移動

表4.4.1　冷暖房負荷の内訳

冷 房 負 荷		
項　目	内　容	
侵入熱量	①屋根および天井から入る熱量 ②外壁から入る熱量 ③窓から入る太陽の放射熱 ④窓から入る温度差による熱量 ⑤すきま風による熱量 ⑥床・間仕切から入る熱量	
内部発生熱	⑦人体の発熱量 ⑧照明その他機器の発熱量	
外気負荷	⑨換気のための外気負	

暖 房 負 荷	
項　目	内　容
損失熱量	①屋根または天井からの損失熱量 ②窓からの損失熱量 ③壁からの損失熱量 ④床からの損失熱量 ⑤すきま風による負荷
外気負荷	⑥換気のための外気負荷

5章　室内空気

5.1　空気を汚すもの

　人は室内で酸素を含んだ空気を吸い込み，二酸化炭素を吐き出している。調理や暖房などで火を使うと，もっと大量に酸素が消費され，二酸化炭素が発生する。二酸化炭素を汚いものととらえることは必ずしも適切ではないこともあるが，室内における空気を汚す物質のパラメータ（ものさし）になっているのがこのガスである。

　いまからさかのぼること約 150 年前に近代的な衛生学がヨーロッパで始まったが，当時は，換気の悪い部屋にいると体調が悪くなるのは，二酸化炭素が有毒だからであると考えられていた。その後，二酸化炭素は後から発見されたさまざまな空気を汚す物質にくらべるとずっと毒性が低いことがわかった。

　室内にたくさんの人がいると息が詰まるような感じになるのは，人から放出される体臭や舞い上がる粉じん（ほこり）などのためであるが，これらは室内にいる人の数と活動量に比例するとともに，人から吐き出される二酸化炭素の量にも比例する。タバコを吸うとさまざまな有害物質が放出されるが，同時に二酸化炭素も出ている。調理の際に台所で火を使うと，やはりさまざまな臭い，煙，水蒸気，一酸化炭素などとともに大量の二酸化炭素が出ている。このように二酸化炭素は，人の活動によって発生したさまざまな空気を汚す物質とよく関連していることがわかり，そして比較的容易に測定できることがパラメータとして優れている点である。二酸化炭素は室内の空気の状態を判断する便利な基準として，さまざまな規格や法律で用いられている。

　二酸化炭素を含め，室内の空気を汚す物質をまとめたものを図 4.5.1 に示す。室内にはさまざまな汚染物質の発生源があるため，人の生活に伴い室内の空気が汚れるのは自然の現象である。もちろん，汚れた空気は人の健康に悪影響を及ぼすため，換気によりつねに新鮮な外気と入れ換えて，健康的で快適な空気環境を維持する必要がある。表 4.5.1 は「建築基準法」「ビル管理法」で規定している室内環境の基準値である。これらは空気調和された室内の環境基準として，わが国でほとんど唯一といってもよいものである。おもに延べ床面積が 3 000 m^2 以上の特定建築物（百貨店，美術館，図書館，事務所など）に適用されるが，一般的な戸建住宅や集合住宅の環境基準としてもよく用いられている。この基準のなかには，空気汚染と関連する物質として，一酸化炭素，二酸化炭素，浮遊粉じん，ホルムアルデヒドが取り上げられているが，ホルムアルデヒドは 2003 年に新たな項目として加えられたものである。これは，1990 年代にシックハウスが深刻な社会問題に発展したためである。2003 年 7 月以降着工の住宅には 24 時間換気システムの設置が義務づけられており，このような事態からも室内空気の重要性が理解できる。

図 4.5.1 室内で発生するさまざまな汚染物質

表 4.5.1 室内環境基準（ビル管理法施行令）

室　内	環境基準
①浮遊粉じんの量	0.15 mg/m³ 以下
②一酸化炭素の含有量	10/1 000 000（10 ppm）以下
③炭酸ガスの含有量	1 000/1 000 000（1 000 ppm）以下
④温度	17 ℃以上，28 ℃以下　居室における温度を外気温度より低くする場合は，その差を著しくしないこと。
⑤相対湿度	40 ％以上，70 ％以下
⑥気流	0.5 m/s 以下
⑦ホルムアルデヒドの量	0.1 mmg/m³

5.2　気密性とは

　気密性とは「住宅にあるすきまの程度」のことである。気密性が高い住宅はすきまが少なく，逆に気密性が低い住宅はすきまが多いことになる。当然のことながら気密性が低い（すきまが多い）住宅は，冬場に暖房により暖められた空気が外に漏れ出してしまい，また夏場にも冷房により冷やされた空気が外に漏れ出してしまうため，冷暖房の効率は非常に悪くなる。こうした熱の移動を防ぐために開発されたものが「高気密・高断熱住宅」である。

　高気密・高断熱住宅は，室内と外との熱の出入りを限りなく少なくするような工夫が施されているため，冷暖房の効率は格段に向上した。しかし，プラス面ばかりではなく，「室内空気の汚れ」という問題を生み出した。高気密・高断熱住宅が普及する以前の住宅では，すきまを通して自然換気が起こり，室内で発生したさまざまな空気を汚す物質は，すきまから外に出ていた。しかし，住宅の高気密化はこの自然な空気の入れ換えを起こりにくくしてしまい，そのために室内に汚れた空気が滞留し，人の健康に悪影響がでる事態が発生した。その最たるものがシックハウスである。

　1980 年代から 90 年代にかけて高気密・高断熱住宅の入居者のなかから，頭痛，

目の痛み，吐き気，肩こりなどの症状（これらをシックハウス症候群とよぶ）を訴える人が急激に増加した。詳しく調査をしてみると，建材や家具，日用品などから発散するホルムアルデヒドやVOC（トルエン，キシレンほか）などの揮発性有機化合物が，換気量不足のために室内に滞留し，人の健康に悪影響を及ぼしていることが明らかになった。シックハウスは深刻な社会問題にまで発展したことから，その対策の一つとして前節で述べたように，2003年7月以降着工の住宅には，24時間換気システムの設置が義務づけられた。

　最近はだいぶ少なくなったが，ひところ多かった暖房器具の不完全燃焼による一酸化炭素中毒事故も，住宅の高気密化と無縁ではない。石油ストーブやガスコンロなど，燃焼に必要な酸素を室内から供給し，燃焼後の排気（二酸化炭素など）を同じく室内に放出するタイプの暖房器具を開放型燃焼器具という。開放型燃焼器具を換気量不足の状態で使い続けると，室内の酸素不足による燃料の不完全燃焼が起こり，急激に一酸化炭素の発生量が増加する。一酸化炭素は無色無臭の気体で，人体にとっては一酸化炭素中毒の原因となる有害ガスである。一酸化炭素は，人体の血液中の酸素の運搬体であるヘモグロビンとの結合力がきわめて強い性質をもっている。そのため，少量を吸い込んでもヘモグロビンと一酸化炭素が結合し，血液の酸素運搬能力が著しく損なわれ，酸素欠乏に陥るのが一酸化炭素中毒である。気密性の高い住宅で開放型燃焼器具を使用する場合は，特に換気に注意する必要がある。

　以上のように，気密性というものは熱的な快適性のことだけではなく，空気の汚れに関係し，さらに換気のことに深くかかわる話である。住宅に用いられる3種類の換気方式を図4.5.2に示す。換気扇はファンあるいは送風機ともよばれ，人間にたとえると肺などの呼吸器に相当する。

① **第1種換気**：給気と排気の両方をファンで行う。室内と室外の圧力差を自由につけられるだけでなく，しっかり換気できる。地下室などに向いている。
② **第2種換気**：給気をファンで行い，排気は自然排気とする。室内の気圧のほうが高いので，室外の汚れ（粉じん，微生物，危険ガスなど）が入ってこない。清潔さが大切な部屋に向いている。
③ **第3種換気**：給気を自然給気とし，排気はファンで行う。室内の気圧のほうが低いので，室内の汚れ（悪臭，微生物など）が外に漏れ出すことはない。トイレなどに向いている。

　1日中ファンを運転させることにより，つねに新鮮な外気を室内に取り込むことは，冷暖房によって適温になった室内空気を外に捨て，取り込んだ外気を新たに冷暖房し直すことになる。これでは熱のロスが大きく，冷暖房機器への負担が大きくなってしまう。そこで，この熱のロスを解消するために開発されたものが，図4.5.3に示す仕組みと構造をもつ熱交換型換気扇である。室内から外に排出される空気と，外から取り込む外気を接触させることで熱交換（熱回収）を行い，エネルギー効率よく換気を行うことができる。熱交換型換気扇は事務所など

でよく使用されているが，最近は住宅用のものが販売されている。

● 第1種換気

・主寝室
・オーディオルーム
・機械室　など

● 第2種換気

・ボイラー室
・クリーンルーム　など

清潔さが必要な空間に浄化した空気を給気し，正圧とすることで汚染空気の流入を防ぐ

● 第3種換気

・トイレ
・台所
・浴室
・屋内駐車場　など

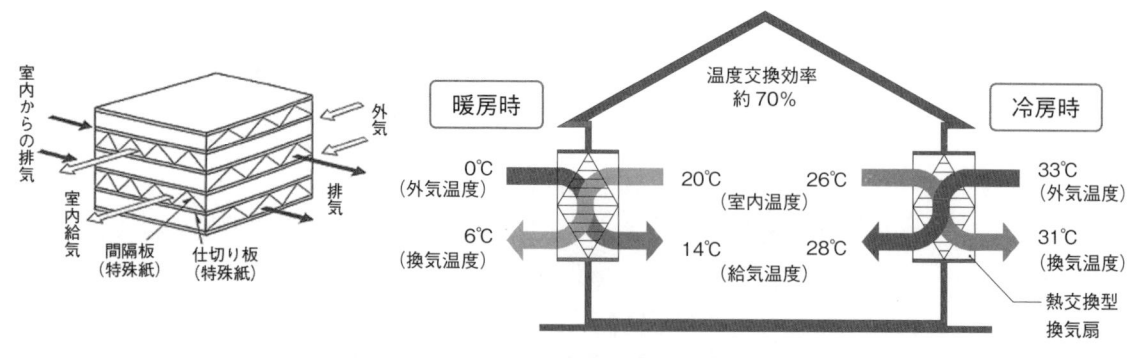

最も一般的な換気方法

図 4.5.2　住宅の換気方式

図 4.5.3　熱交換型換気扇の仕組みと構造

4.3　風の通り道

住宅を建てる際，窓などの開口部の位置，家具の置き方，内扉の位置を工夫することにより「風の通り道」を設けると，窓を開けたときに住宅のなかを自然と風が通り抜ける。この現象を「通風」という。たくさんの通風を得るためには，住宅を建てる土地の風向きを風配図（風向きを統計的に調査した資料）などで事

前に調べ，風上側と風下側に開口部を設ける必要がある。

　換気と通風は同じような言葉であるが，すこし意味が異なる。換気は室内の汚れた空気を新鮮な外気と入れ換えるのが目的であるが，通風にはそれに加えて，図4.5.4に示すように比較的速い風の流れによって涼しさも手に入れようとするニュアンスがある。つまり，換気は空気の清浄度に，通風は涼しさに関係するものである。また，通風には室内の湿気（水分）を取り除くという意味合いもあり，床下通風などはこれにあたる。

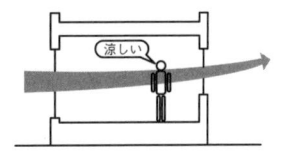

図4.5.4　通風の効果

　夏の住宅にとって，涼しさの源である通風は欠かせないものである。しかし，最近はルームエアコンなどの冷房機器の普及により，通風の重要性は忘れがちである。都心部において，狭い土地に一軒でも多くの住宅を建てようとする計画は，ほとんど通風のことは考慮していない。しかし，住宅にとって一日を通して冷房機器を使用することは，エネルギー消費の面でも，経済的な面でも，さらには住む人の健康面でも問題がある。戸建住宅であれ，集合住宅であれ，人と地球環境に優しい住宅であるためには，通風を生み出す「風の通り道」は不可欠なものである。

6章　明かり

6.1　明かりの役割

　人の生活において明かりは不可欠なものであり，電気を利用した照明器具や太陽の光による明かり（光線）で，その場に適切な明るさを確保する必要がある。

　光で照らして，明るくすることを照明という。照明の考え方には2通りあり，一つは作業のしやすさや安全性の確保など機能性に重点を置いた照明（明視照明），もう一つは建物内外を美しく演出することに重点を置いた照明（雰囲気照明）である。どちらの照明に重点を置くかが，空間の光環境の計画において最初に考えることである。

　光の明るさを表す代表的な言葉として，光束，光度，照度，輝度の4つがある。それぞれの数値を確認することで，光源の特徴をつかむことができる。わが国では，住宅内の各部屋における明るさの基準として，表4.6.1に示すJIS照度基準が用いられている。この基準を理解するためには，光束，照度の意味を知る必要がある。光束とは，光源から放たれる光の量のことであり，単位はlm（ルーメン）で表す。数値が大きいほど明るいことを示す。消費電力が同じ40Wでも，白熱電球が485 lm，白色蛍光灯が3 000 lmで，その差は6倍以上にもなる。照度は，光源から放たれた光がある面にどの程度降り注いでいるかを表すもので，単位面積当たりに入射する光束と定義されている。単位はlx（ルクス）で表す。つまり，1 lxとは，面積1 m^{2}の面上に1 lmの光束が平均的に照らす場合の照度のことである。

　改めて表4.6.1を見ると，たとえばリビングに必要な照度は30〜75 lxとされ

表4.6.1　照度の目安（照明基準）

照度(lx)	1	2	5	10	20	30	50	75	100	150	200	300	500	750	1000	1500
リビング							全般照明			団らん	娯楽		読書			
子供室　勉強室									全般照明		遊び			勉強	読書	
和室									全般照明		座卓　床の間					
ダイニング						全般照明						食卓				
キッチン									全般照明		流し台					
寝室			深夜			全般照明							読書　化粧			
浴室　洗面所									全般照明		ひげそり　化粧　洗面					
トイレ							全般照明									
階段　廊下			深夜				全般照明									
玄関(内側)									全般照明	靴脱ぎ　飾り棚		鏡				
門・玄関(外側)			通路		表札・門標　新聞受け	押しボタン										

ており，もしリビングで読書をする場合は 300 ～ 750 lx の照度が必要となっている。これは，居間でくつろぐだけなら 30 ～ 75 lx で十分であるが，もし読書をするのであればその 10 倍の 300 lx が必要であることを意味している。つまり，このことはそこで何をするかによって，必要な照度基準が異なることを示している。住宅の照明を計画する際は，部屋の用途（部屋内での行動）に応じた適切な照度を知っておく必要がある。光束と照度以外の照明の基本用語を表 4.6.2 に示す。

表 4.6.2 照明の基本用語[3]

用語（記号）	解　説
①照度（E）	照明の質を照度（単位をルクス（lx））という尺度で評価する。室内照度は作業面の明るさで評価されてきた。しかし，近年国際規格化により照明は，照度だけでなくグレア，均斉度，演色性など質的に高度なものが要求されるようになった。
②照度基準	JIS Z 9110「照度基準」は，室内，室外の施設の平均照度を定めている。
③照明基準	（社）照明学会は JIES-0081（1999）「屋内照明基準」を定めている。
④光束（F）	光源から発光する光の量をいう。単位はルーメン（lm）。
⑤効率	光束を消費電力で除した値。単位は（lm/W），大きいほど省エネルギー的である。
⑥演色評価数（R_a）	物に人工照明を与えたとき，その物の色の見え具合を評価した値。白熱電灯を 100 点満点としたときの相対評価数。
⑦色温度	光源は波長をもっている。温度が高いほど波長が短く青色である。単位はケルビン（K）。
⑧寿命	ランプにより異なるが，光束が初期のおおよそ 80 % 程度に低減するまでの点灯時間。単位は時間（h）。
⑨グレア	光源が視界に入ると不快になる。眩しさ，輝度などをいう。OA 化対応の照明に不可欠。
⑩OA 化対応照明	グレアを防止したルーバー付きコンフォート形照明器具がある。
⑪タスクアンドアンビエント照明	下左図は天井全般照明 600 lx，右図は天井照明 300 lx と作業空間照明の組合せ。
⑫VDT	ビジュアルディスプレーターミナルの略。パソコン作業の照明に⑩，⑪の検討が必要。
⑬室指数（R）	照度計画に用いる室内の空間係数。
⑭反射率	天井，壁，床の仕上材および色合いによる照明の反射率。白色 70 ～ 黒色 10 % の中から選ぶ。
⑮照明率（U）	照明器具の形状ごとに⑬，⑭の値によって数値が異なる。70 ～ 30 % が多い。
⑯保守率（M）	照明器具，ランプの清掃欠如は照度低下に関係する。清掃の頻度により 70 ～ 40 % の中から選ぶ。

6.2 明るくする仕組み

室内を明るくする照明には，図 4.6.1 のように昼光照明と人工照明がある。昼光照明とは太陽と空から降りそそぐ自然光による照明のことである。一方，人工照明とは人工的につくられた光源（蛍光灯など）による照明のことである。これらを組み合わせることや，いずれかを選択することによって効果的な照明を行うことができる。

図 4.6.1　昼光照明と人工照明

6.2.1　全般照明と局部照明

図 4.6.2 のように照明器具を用いて目的とする範囲全体をほぼ均一に照らす方法として全般照明が，作業や目的に応じて限定された狭い範囲を照らす方法として局部照明がある。全般照明は部屋のどこにいても同じ光環境が求められるオフィスや学校などで採用されることが多く，局部照明は読書室や製図室など集中作業などを行う空間に適している。

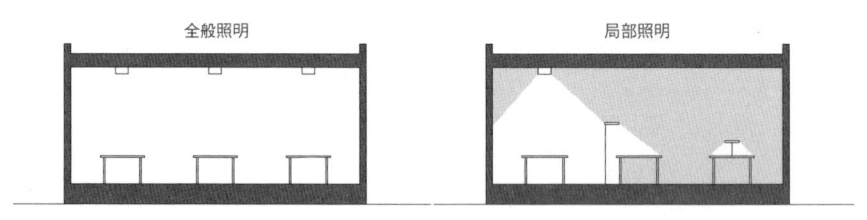

図 4.6.2　全般照明と局部照明

6.2.2　直接照明と間接照明

照明器具を用いて空間の使用目的に応じた明るさや空間の雰囲気をつくり出す方法として，図 4.6.3 に示す直接照明と間接照明がある。直接照明は光源からの直接光の 90 % 以上が作業面を照らす照明方法で，食卓や勉強机を照らすのに適している。一方，間接照明は光源から出る光の 90 % 以上を上に向け，天井，壁の反射光によって作業面を照らす照明方法で，リビングやホテルの客室など，作業性よりインテリアとしての効果を重視する空間に適している。

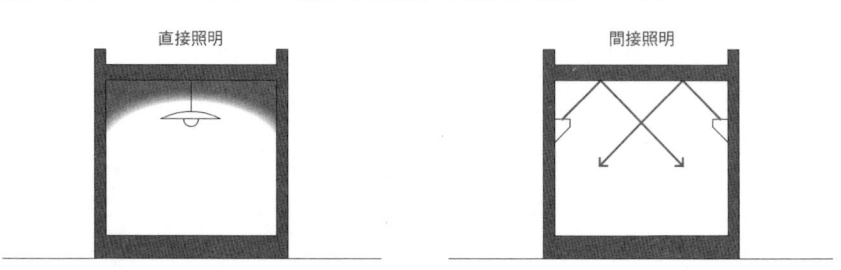

図 4.6.3　直接照明と間接照明

6.2.3　照明器具

照明器具は設置する部屋の用途を踏まえ，図 4.6.4 のような種類のなかから選別する。

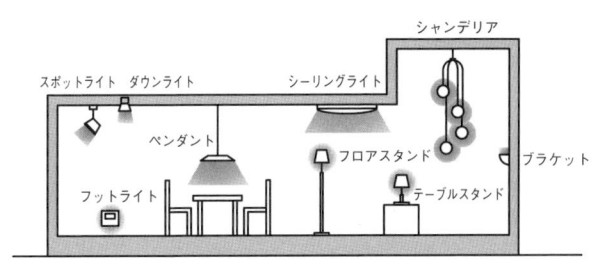

図 4.6.4　照明器具の種類

6.4.4　昼光照明

　昼光照明は，自然界に豊富にある昼光（太陽光）を利用して室内を明るくするので，省エネルギーに貢献する照明技術である。住宅において効果的に昼光を取り入れるためには，窓の形状や設置位置が重要である。図 4.6.5 に昼光照明時の明るさを高める方法を示す。

◎窓は位置が高いほうが効果的

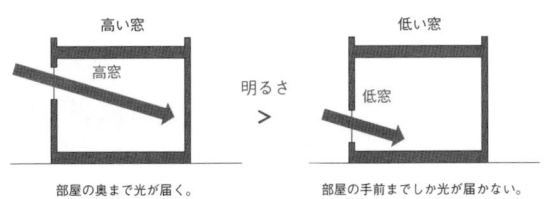

高い窓（高窓）：部屋の奥まで光が届く。
低い窓（低窓）：部屋の手前までしか光が届かない。
明るさ：高い窓 > 低い窓

◎窓の形状は横長のほうが効果的

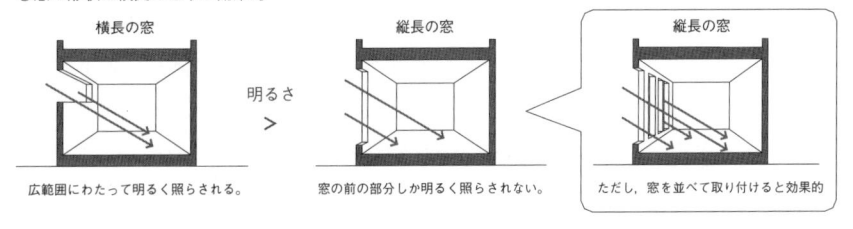

横長の窓：広範囲にわたって明るく照らされる。
縦長の窓：窓の前の部分しか明るく照らされない。
ただし，窓を並べて取り付けると効果的
明るさ：横長の窓 > 縦長の窓

◎側窓よりも天窓のほうが効果的

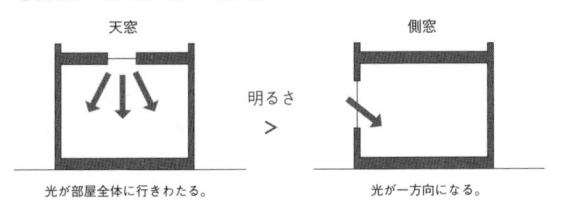

天窓：光が部屋全体に行きわたる。
側窓：光が一方向になる。
明るさ：天窓 > 側窓

◎水平ルーバーなどを取り付ける。
　部屋の奥まで光りが届く。

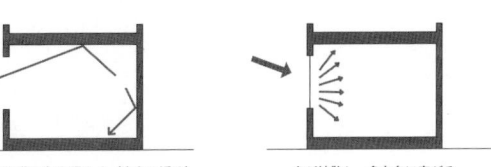

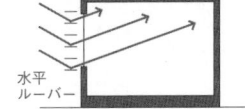

◎室内の壁や天井の反射率を高める。
　壁や天井の色を明るく（白色に近く）するほど反射率は高くなる。

◎拡散性の高いガラスを用いる。
　光が拡散し，多方向に広がる。

図 4.6.5　昼光照明時の明るさを高める方法

6.3 電気の通り道

電気は配線を通って，必要なところへ供給される。配線は人間にたとえると神経に相当する。電気の引込み方式には，契約容量が50 kVA未満の低圧引込みと50 kVA以上の高圧引込みがあり，一般の住宅では基本的に低圧引込みである。低圧引込みの仕組みを図4.6.6に示す。低圧引込みは，電柱の上にある変圧器（トランス）で電圧を下げてから敷地内に引き込み，電力量計（メーター）を介して住宅内に導く。

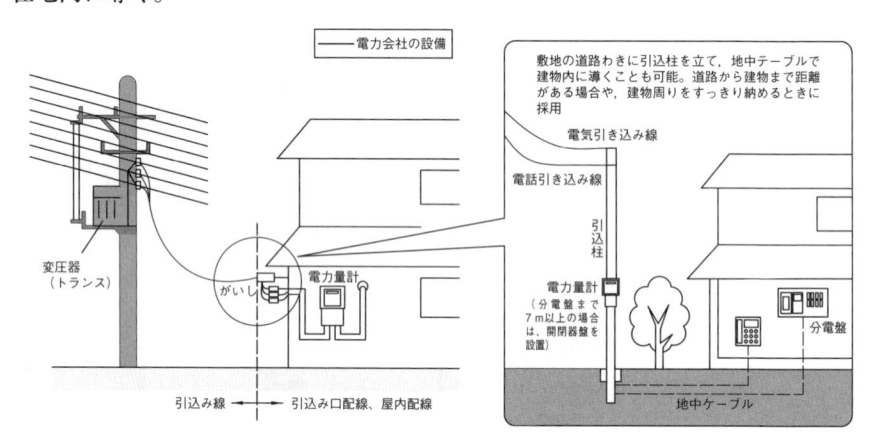

図4.6.6　低圧引込みの仕組み

住宅内に引き込まれた電気は，図4.6.7に示す単相3線式という配電方式により，各電気製品へ供給される。単相3線式は，2本の電圧線と1本の中性線を使い分けることで，100Vと200Vの両方の電圧を利用できる。100Vは照明やコンセントなど，200Vはエアコンや電磁調理器，食器洗浄機などに使用される。単相3線式は，将来的に契約アンペアを大きくすることも可能である。

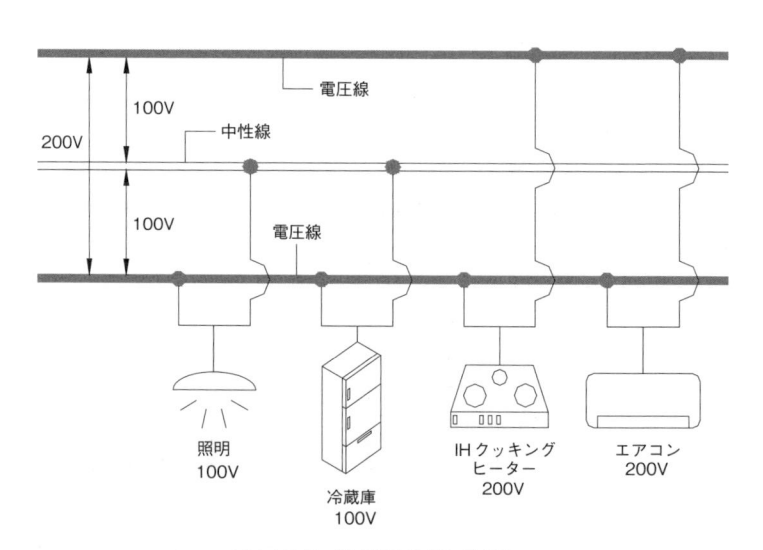

図4.6.7　単相3線式の仕組み

7章　水回り

7.1　使う水と使った水

　住宅内および敷地内において，配管，継手類，弁類を用いて，用途に適した水質の水（使う水）を衛生器具などへ供給する設備を給水設備という。配管とは水の通り道である円形断面の管，継手とは配管どうしを接続するために用いられる部材，弁とは配管内を流れる水を停止あるいは流量調整させるために，配管の要所に取り付けられる器具のことを指している。給水設備は血液を心臓から送り出す動脈によくたとえられる。

　使う水には上水と中水の2種類がある。上水とは飲用に適した衛生的に安全な水のことをいい，公共の上水道設備により供給される。一方，中水とは水洗便所の洗浄水，掃除用水や屋外用散水など，飲料水以外の用途に使う水のことをいい，雑用水ともいう。中水は洗面器，流し，浴槽などからの排水および雨水を住宅敷地内に設置した浄化装置などによりきれいにし，再生利用したものであるが，便器からの排水は衛生上の問題から再生利用することはできない。公共施設などでは省資源という点で中水利用がよく行われているが，一般的な住宅においては浄化装置のイニシャルコストが高い，あるいは装置の設置スペースが大きいなどの難点から，中水利用があまり普及していないのが現状である。

　戸建住宅の給水の仕組みを図4.7.1に示す。上水は道路下に埋設されている上水道本管から，13 mmあるいは20 mmの太さの給水引込管を通って敷地内に供給される。上水の供給を停止させるために閉める弁を止水栓といい，敷地境界線の内側と外側に2か所設置するのが一般的である。敷地内の止水栓の側にある水道メーターにより水の使用量を計り，水道料金が決まる。

　住宅内および敷地内で使った水（排水）は汚れているので，当然のことながら住宅外，そして敷地外へ出さなければならない。台所，浴室やトイレなどで使用後の汚れた水を公共下水道あるいは浄化槽へ排出するための設備を排水設備という。排水設備は一般的に配管，継手，排水ますなどにより構成されている。排水設備は人間にたとえると，静脈や体内の排出物を外に出すための腸，尿管に相当する。

　住宅からの排水は含まれる内容物によって，汚水，雑排水，雨水の3種類に分けられる。汚水は水洗便器からの汚物と紙を含んだ排水，雑排水は洗面所，浴室，台所などからの排水である。雨水は読んで字のごとく，空から降ってくる雨である。住宅から捨てられる汚水，雑排水および雨水を総称して下水ともいう。

　戸建住宅の排水の仕組みを図4.7.1, 4.7.2に示す。住宅における排水計画は，建物内では汚水と雑排水を分けて排水し，建物外の排水ますで合流させる「屋内分流・屋外合流」の考え方が基本となる。排水が配管内でスムーズに流れるためには，配管内への自由な空気の出入りが必要となる。そのために，排水管には末端

が屋外に開放した通気管を接続する必要がある。排水ますは，おもに屋外の排水管の点検や掃除のために使用するものであり，排水管の合流箇所および方向変換箇所に設置される。

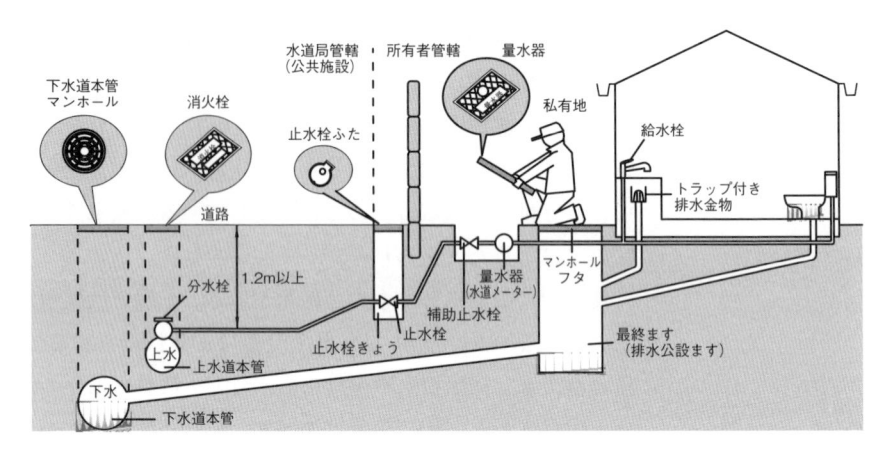

図 4.7.1 戸建住宅の給排水の仕組

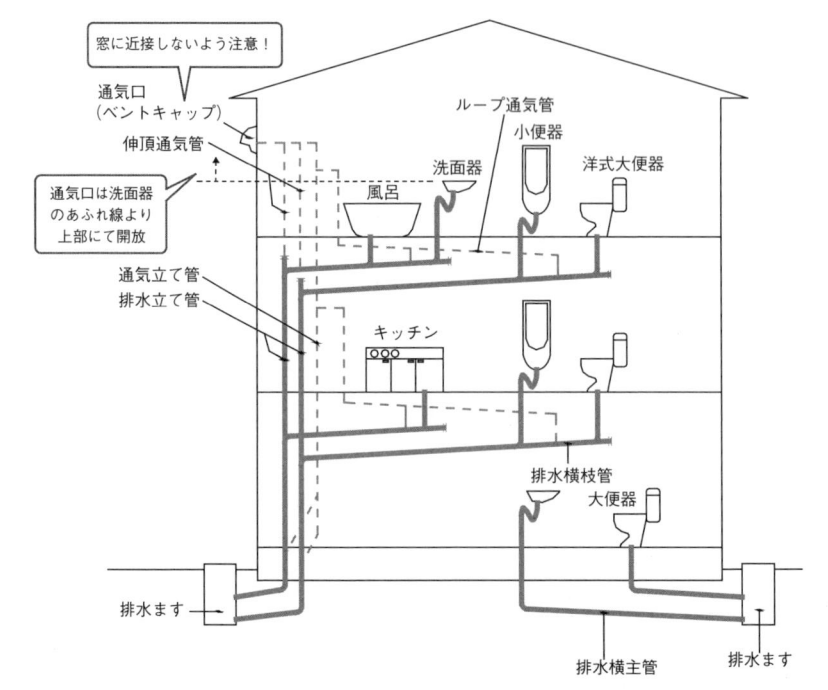

図 4.7.2 戸建住宅の排水管の経路

屋外の排水ますで合流した排水は，道路下に埋設されている公共の下水道本管に流し込まれる。しかし，公共下水道が整備されていない地域では，汚水と雑排水を図 4.7.3 に示す浄化槽で衛生上支障のない程度に処理して，公共用水域に放流する。

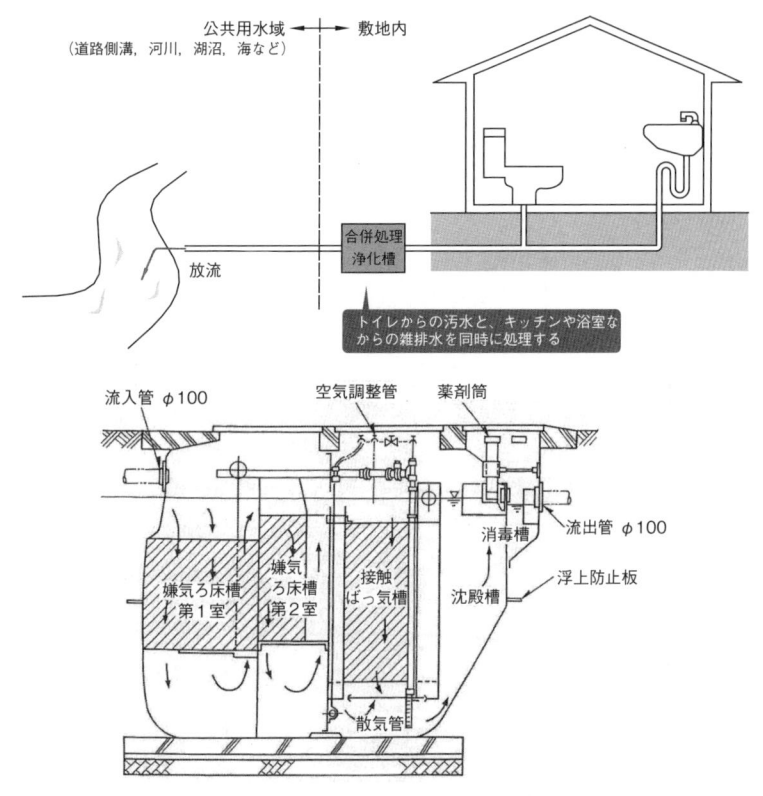

図 4.7.3　合併処理浄化槽の例 [4]

7.2　水回りの設備機器

　人間が体の中と表面とをつねに清潔に保つために，毎日使用しているものが水回りの設備機器である。水回りの設備機器は，給水・給湯および排水などに必要な器具および付属品のことであり，これらは衛生器具ともよばれている。

　衛生器具は，水受け容器（大便器，小便器，洗面器，手洗器，台所流し，掃除流し，浴槽など），給水器具（給水栓，洗浄弁，ボールタップなど），排水器具（排水金具，トラップ，床排水口など），付属品（化粧棚，石けん入れ，紙巻き器など）に分類される。衛生器具が満たさなければならない一般的な条件は，次のとおりある。

① 吸水性，腐食性がなく，耐久性のある容易に破損しない材料であること。
② 衛生器具は建築仕上材料として室内に取り付けられるので，仕上がりの外観が美しく，また衛生的であること。
③ 器具の製作が容易であり，また取付けが手軽に確実に行えること。
④ 汚染防止を考慮した器具であること。

　住宅で使用されるおもな衛生器具を以下に示す。

7.2.1 大便器

大便器は洗浄方式により，図 4.7.4 のように分類される。

a サイホンボルテックス式　　b サイホンゼット式　　c サイホン式

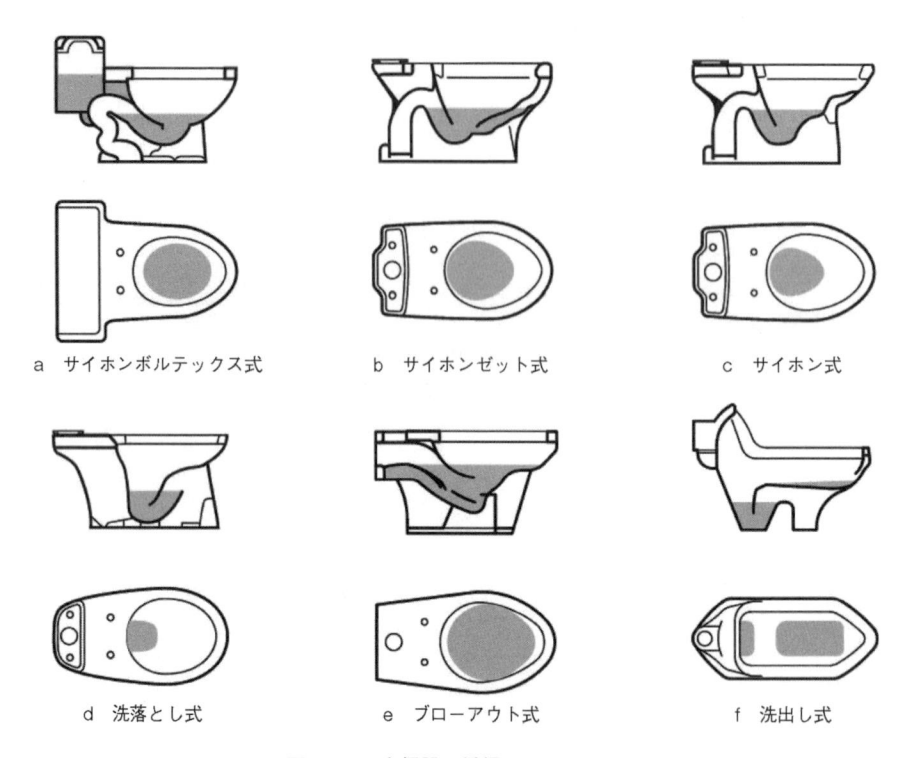

d 洗落とし式　　e ブローアウト式　　f 洗出し式

図 4.7.4　大便器の種類（提供：TOTO）

（1） サイホンボルテックス式

サイホン作用（便器の水を吸引する作用）に回転運動を与える渦巻き作用を加え，吸引・洗浄力を強力にしたもので，洗浄音が小さい。水たまり面が広く，汚物が水中に沈みやすいので臭気の放散が少ない。また，汚物が付着しにくい。

（2） サイホンゼット式

サイホン作用を早くさせるためにトラップ内に噴射口を設けたもので，サイホン作用が強い。水たまり面が広く，汚物が水中に沈みやすいので臭気の放散が少ない。また，汚物が付着しにくい。

（3） サイホン式

サイホン作用を利用して汚物を器外に排出する。水たまり面はサイホンボルテックス式，サイホンゼット式より狭いため，ボール内乾燥面に汚物が付着することがある。

（4） 洗落とし式

水の落差を利用して汚物を器外に排出する。水たまり面が狭く，ボール内乾燥面に汚物が付着しやすい。また，洗浄時に水はねが発生することがある。

（5） ブローアウト式

噴射口から洗浄水を強く噴出させて，汚物を吹き飛ばして器外へ排出する。洗

浄力は強いが，洗浄音が大きい。
(6) 洗出し式
水の落差を利用して汚物を器外に排出するもので，和風便器で使用されている。便ばち（皿状の水たまり部）に汚物を一時ためて，洗浄時にトラップ側へ押し出す。汚物が便ばちに盛り上がるので，臭気が放散する。

7.2.2 洗面化粧台
住宅では，図4.7.5に示すような洗面化粧台が使用されることが多い。洗面化粧台とは洗面用の洗面器にキャビネット（収納棚，保管庫など）や鏡，照明器具，コンセントなどがユニット化されたものである。洗面化粧台に使用されている水栓には後述する「サーモスタット式」「シングルレバー式」などがあるが，最近は図4.7.6に示すシャンプー機能のついた水栓も使用されている。

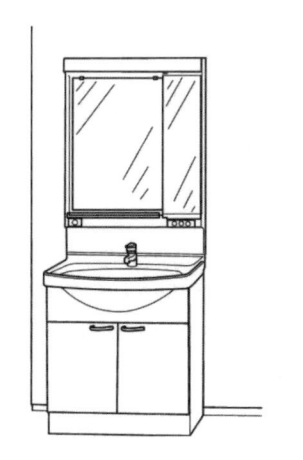

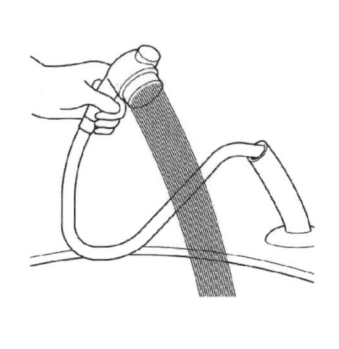

図4.7.5　洗面化粧台（提供：TOTO）　　4.7.6　シャンプー機能付水栓（提供：TOTO）

7.2.3 水栓器具
最近は給水，給湯の水栓が一体化されたものが，広く使用されている。
(1) サーモスタット式
温度調節ハンドルの目盛りを合わせ，希望の温度で給湯・給水することができる。給湯・給水の圧力が変化しても自動で温度調節機能が働く仕組みになっている。図4.7.7に一例を示す。
(2) シングルレバー式
レバーハンドルを上下することで吐水と止水，左右に回すことで温度調節を行うことができる。図4.7.8に一例を示す。
(3) 2ハンドル式
2つのハンドル（湯・水）により湯水の混合，吐水，止水を行う。湯水混合水栓のなかで最も基本的な構造である。図4.7.9に一例を示す。

(4) 単水栓

給湯管と給水管のおのおのに接続し，湯または水を単独で吐水，止水する。図 4.7.10 に一例を示す。

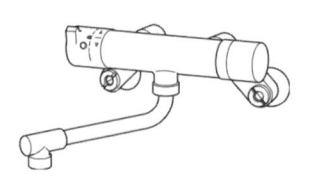

図 4.7.7　サーモスタット式給水（提供：TOTO） 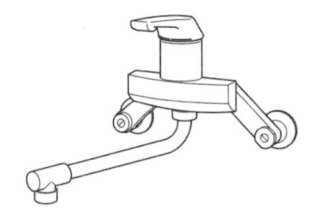　図 4.7.8　シングルレバー式給水（提供：TOTO）

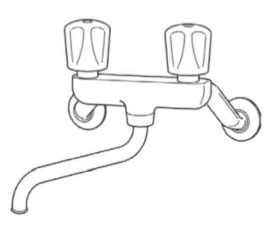

図 4.7.9　2 ハンドル式給水栓（提供：TOTO） 　　　図 4.7.10　単水栓（提供：TOTO）

7.2.4　浴　　槽

浴槽は入浴形態および設置方式により，図 4.7.11 のように分類される。据置き型は床に置くタイプでメンテナンスがしやすい。埋込み型は浴槽に入りやすく，また浴室が広く見える効果がある。

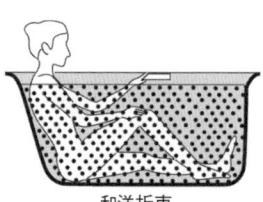

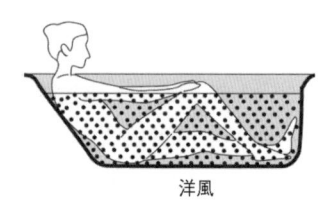

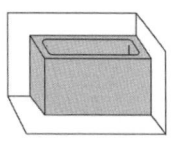

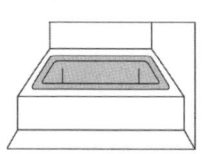

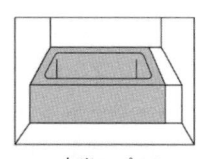

和風　　　和洋折衷　　　洋風

一方全エプロン　二方全エプロン　エプロンなし　一方半エプロン　二方半エプロン
据置き型　　　　　　　　　　　　　　　　　埋込み型

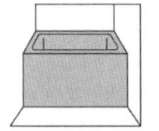

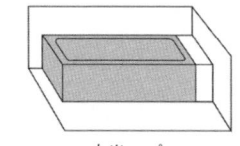

図 4.7.11　浴槽の種類（提供：TOTO）

7.2.5 トラップ

トラップは，排水管内や下水道本管内に発生した有害ガス，悪臭や害虫などが排水管内を逆流して，衛生器具などの排水口から室内に侵入することを防ぐ目的で，各衛生器具の排水口付近に設置されている。トラップは図 4.7.12 に示すように，封水とよばれる水をためる構造になっており，封水の深さは 50 mm 以上 100 mm 以下になっている。トラップの種類と特徴を表 4.7.1 に示す。

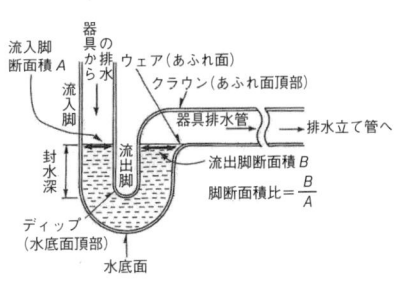

図 4.7.12 トラップの構造[5]

表 4.7.1 トラップの種類と特徴[6]

トラップの種類・形状	特　徴
管トラップ（Sトラップ，Pトラップ，Uトラップ）	小型で自浄作用を有するが，比較的封水が破れやすい。一般にPトラップが使用され，Sトラップは機構的に床に排水管のある場合に限定され，自己サイホン作用による破封を起こしやすい。Uトラップは，排水横管の途中に設けるもので，雨水管と敷地排水管の間に設けられる。
ドラムトラップ	排水部がドラム状になっており，破封しにくい構造をしている。排水中の混入物を内部に堆積させ，掃除できる構造をなっており，実験流しなどに利用される。
わんトラップ	流し，床排水などに使用される。容易に取り外せるわんでトラップを形成しているため，清掃時にわんを取り外したまま放置されるおそれがあり，その際にはトラップ機能がなくなり非衛生的になりやすいため，必ず正常にわんを装着することを忘れてはならない。
ボトルトラップ	ヨーロッパでは器具のトラップとして使用されているが，わが国での使用は少ない。
作り付けトラップ	器具とトラップが一体になったものを作り付けトラップといい，大便器，小便器などに使用される。

7.2.6 ガス設備

　ガス設備は台所など水を使うところに設置されており、水や料理を加熱するのに使われることが多いので、広い意味での水回りの設備機器とされている。
　ガスの供給方法には、都市ガスと液化石油ガス（LPガス）の2種類がある。都市ガスは、道路下に埋設されている都市ガス本管から、ガス引込管を通って敷地内に供給される。LPガスは、天然ガスを常温で加圧、液化したもので、一般にボンベにつめて供給される。貯蔵や取扱いが容易で、おもに都市ガス供給がない地域で使われている。都市ガスとLPガスの供給の仕組みを図4.7.13に示す。

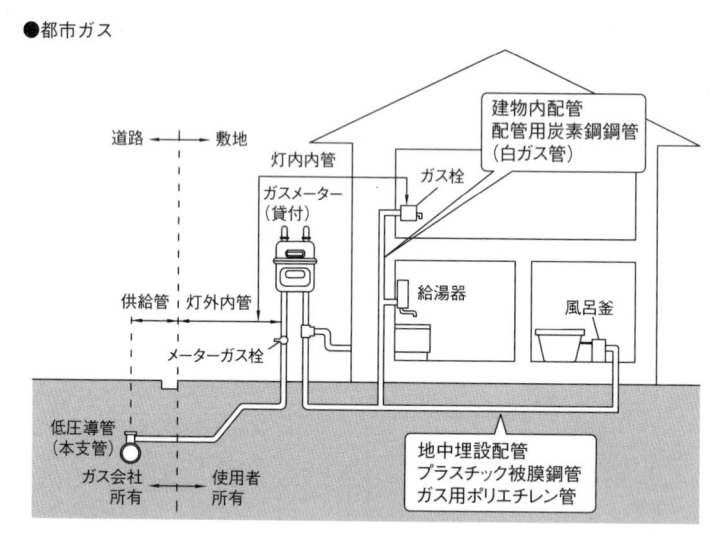

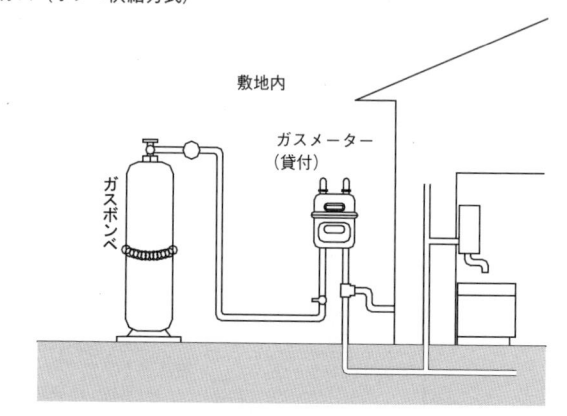

図4.7.13　都市ガスとLPガスの供給の仕組み

7.3　水の通り道

　住宅内および敷地内で使う水（お湯も含む）、使った水は、すべて配管とよばれる円形断面の管のなかを流れている。配管にも適材適所があり、使用する場所によって管の種類は異なる。住宅で使用されている給水管および排水管の種類を図4.7.14、表4.7.2に示す。

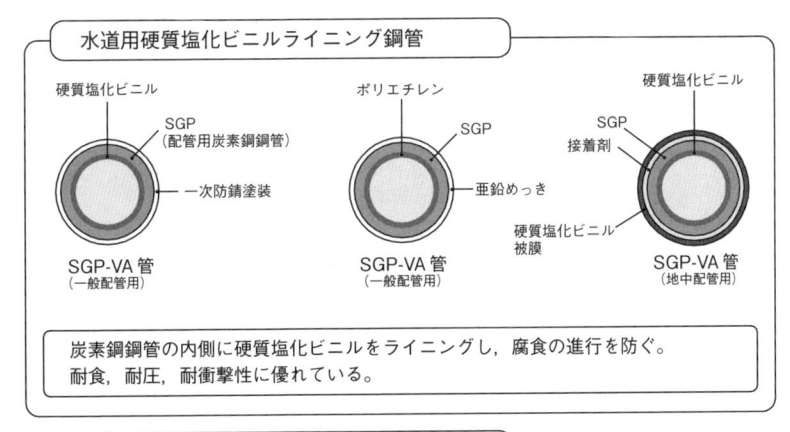

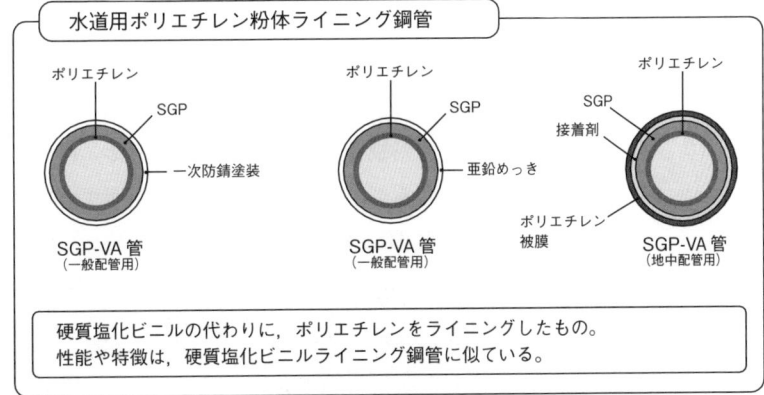

図 4.7.14　給水管の種類

水道用硬質塩化ビニルライニング鋼管

SGP-VA管（一般配管用）：硬質塩化ビニル／SGP（配管用炭素鋼鋼管）／一次防錆塗装
SGP-VA管（一般配管用）：ポリエチレン／SGP／亜鉛めっき
SGP-VA管（地中配管用）：硬質塩化ビニル／SGP／接着剤／硬質塩化ビニル被膜

炭素鋼鋼管の内側に硬質塩化ビニルをライニングし、腐食の進行を防ぐ。耐食、耐圧、耐衝撃性に優れている。

水道用ポリエチレン粉体ライニング鋼管

SGP-VA管（一般配管用）：ポリエチレン／SGP／一次防錆塗装
SGP-VA管（一般配管用）：ポリエチレン／SGP／亜鉛めっき
SGP-VA管（地中配管用）：ポリエチレン／SGP／接着剤／ポリエチレン被膜

硬質塩化ビニルの代わりに、ポリエチレンをライニングしたもの。性能や特徴は、硬質塩化ビニルライニング鋼管に似ている。

表 4.7.2　排水管の種類

	硬質塩化ビニル管	排水用硬質塩化ビニルライニング鋼管	配管用炭素鋼鋼管	排水用鋳鉄管
管の断面形状	硬質塩化ビニル管	硬質塩化ビニル管／防錆塗装／鋼管（黒ガス管）	亜鉛めっき／鋼管［白ガス管］／［黒ガス管］	防錆塗装／鋳鉄管
特徴	プラスチック管の中で最もよく使われる管。軽量で耐食性に優れている。熱や衝撃には弱い	硬質塩化ビニル管の耐食性、鋼管の耐熱性を兼ね備えたもの。85℃までの温度に使用できる。	耐熱性には優れているが、酸性の排水に弱く、腐食が起こりやすい。	鋼管にくらべると耐食性に優れており、腐食が起こりにくい。

8章　材料の組成と特性

8.1　基本材料
8.1.1　木　材
(1)　木材の組成
　建築で使用される木材は，筋が束ねられたものといえる。この筋の方向が，収縮・強度の異方性をもたらしている。また，木材は，細胞腔内，細胞間に大量の空隙を含む。これにより断熱性能など熱的性質が生まれ，その含水状態により収縮・強度などの品質が決定づけられる。

(2)　木の生態と成長
　木の成長は，春から夏にかけて盛んで，この時期に形成された細胞は比較的大きく，細胞壁も薄く，色は淡い。早材とよぶ。夏から秋にかけて成長は緩やかになり，形成された細胞は小さくて壁厚が厚く，濃い色をしており晩材とよぶ。冬は成長が停止する。早材と晩材が1年に1回ずつ繰り返し形成され，年輪を構成している（写真4.8.1参照）。

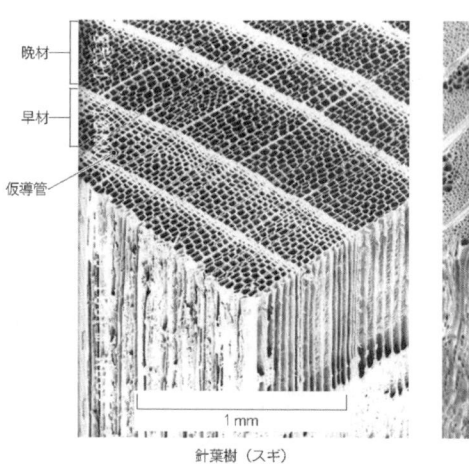

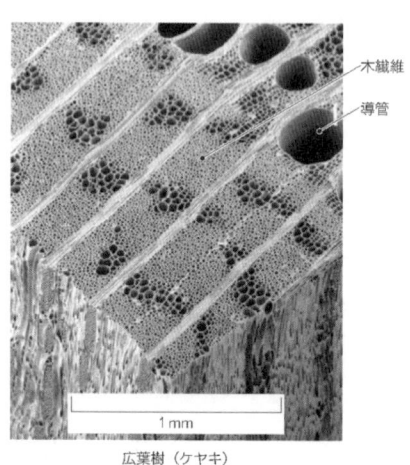

写真4.8.1　樹木の断面（提供：森林総合研究所）

　樹幹の断面は，図4.8.1に示すように，その外周部は色が淡く，その内側は色が濃い。前者を辺材，後者を心材とよぶ。辺材は生活機能をもつ細胞からなり，樹液の流通と栄養分の貯蔵を行っている。吸水率が大きく，腐りやすい部分である。心材は，細胞に生活機能をもたないが，樹幹に強固性を与える。吸水率が小さく，耐久性がある。

(3)　木材の組織と機能
a　木材の木取りと性質
　図4.8.2は，木材の木取りを模式図で表したも

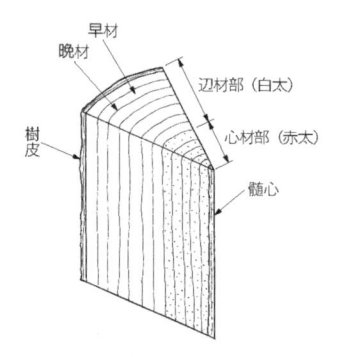

図4.8.1　樹幹の断面

のである。木材の髄心を通る方向（半径方向）の切断面をまさ（柾）目といい，材面の木目模様（木理）は平行であり，収縮変形は小さい。また，接線方向の切断面を板目といい，山形の木理となり，収縮変形は大きい。

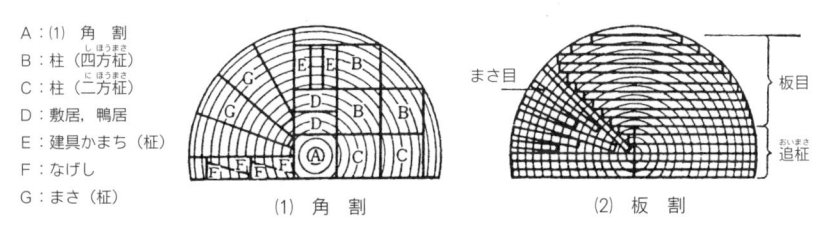

A：(1) 角割
B：柱（四方柾）
C：柱（二方柾）
D：敷居，鴨居
E：建具かまち（柾）
F：なげし
G：まさ（柾）

(1) 角割　　(2) 板割

図 4.8.2　木材の木取り

b　繊維方向と収縮率，強度

木材は，典型的な異方性材料である。図 4.8.3 は，木材の含水率と収縮率の関係を示している。繊維方向の収縮はきわめて小さいが，切片方向の収縮はきわめて大きいことがわかる。

図 4.8.4 は，強度的性能に及ぼす荷重角度の影響を示している。荷重角度0とは，繊維と同じ方向に荷重を加えた場合を示し，各強度ともこの状態の強度を1として示したものである。

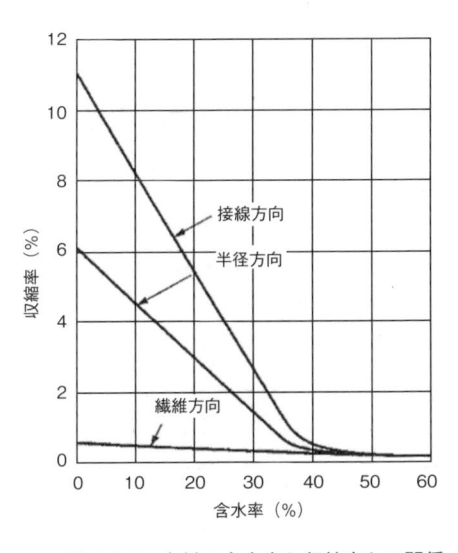

図 4.8.3　木材の含水率と収縮率との関係 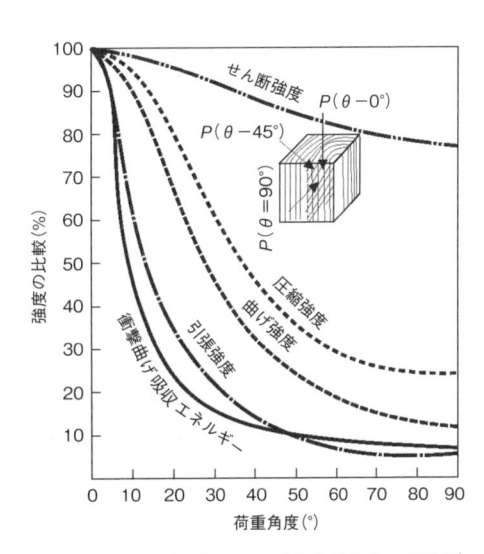　　図 4.8.4　強度的性能に及ぼす荷重角度の関係[7]

c　木質材料の製造と性質

木質材料とは，木材を原料として人工的につくる材料であり，図 4.8.5 のような方法で製造される。①天然材よりも長大な材を製造できる。②天然材の節・腐れ・虫食いなどの欠点を除去して安定した材料を製造できる。③繊維方向を揃える，直行させるなどの操作により品質を改善できる。④廃材・端材などを有効に利用できる，などの特徴をつくり出せる。

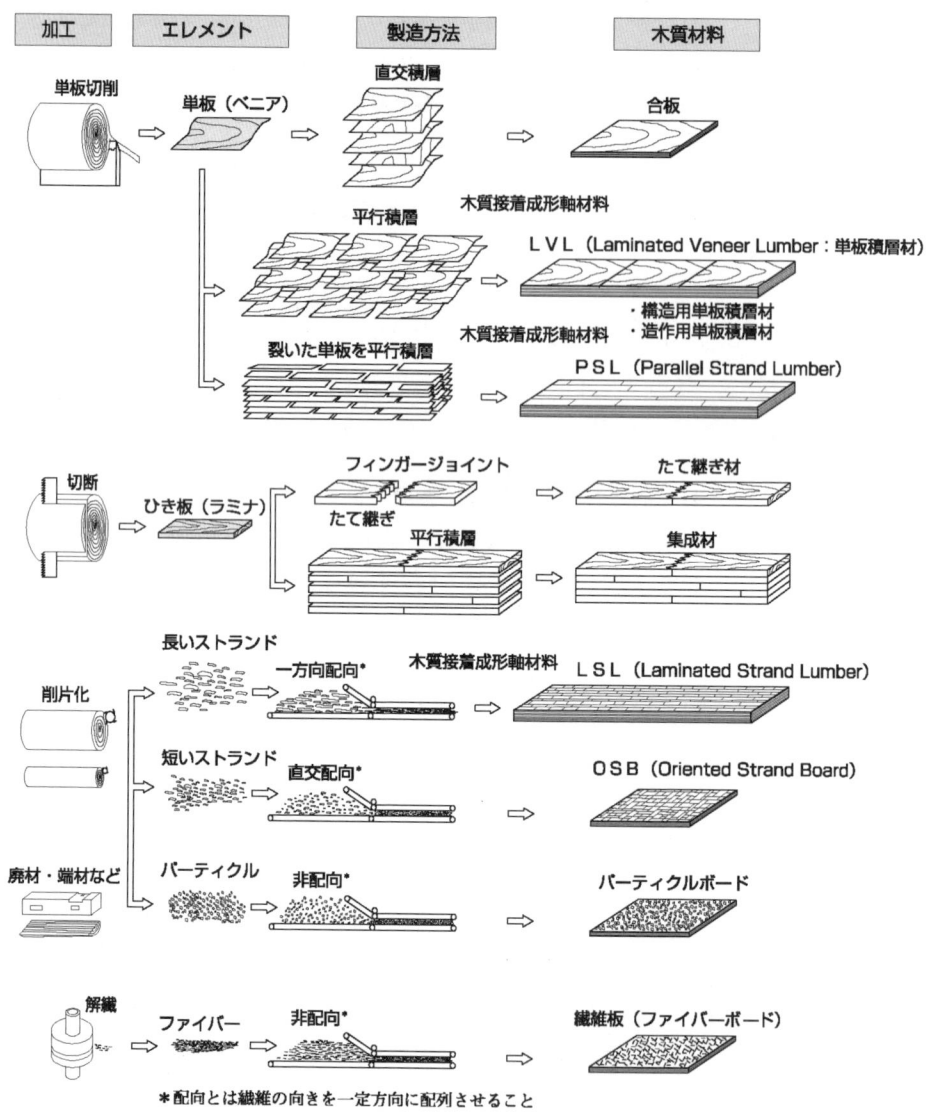

図 4.8.5　木質材料の製造方法[1]

d　含水状態と収縮率，強度

図 4.8.6 は，木材の含水状態を模式的に表したものである。細胞膜に最大限の水分が吸着されたときの含水率を繊維飽和点（約 28 %）とよぶが，木材の強度は乾燥しているほど大きく，含水率が大きくなるに従い小さくなるが，繊維飽和

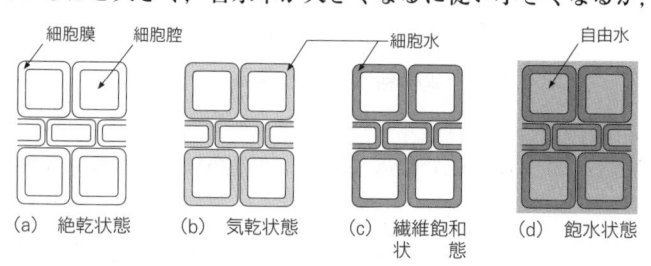

図 4.8.6　木材の含水状態

点を超えると一定となる（図 4.8.7 参照）。収縮も含水率が低いほど大きいが，繊維飽和点以上の含水率では，伸び縮みしない。

e 組織と熱的性質

木材は，細胞腔内，細胞間に大量の空隙（対流のない空気の熱伝導率は小さい）を含むため熱伝導率は小さい。また，木材の吸放湿性は高く，調湿性を有し，結露防止につながる。

木材の着火温度は，250〜290℃であり，木材の耐火性は小さい。ただし，大断面の木材は，燃焼によって表面に緻密な炭化層が生じ，熱の伝導を遅らし，酸素の供給を防ぐため，小断面の部材より燃えにくい。

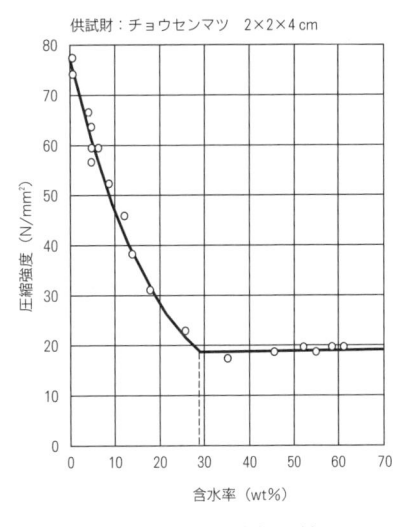

図4.8.7 木材の含水率と圧縮強度の関係（渡辺治人）

(4) 木材の病気

木材は，使用されている環境条件に応じて，風化，磨耗，腐朽，虫害などによって次第に劣化する。

木材が腐朽するのは，木材腐朽菌が木材成分を分解し，養分として摂取し，生育するためである。木材腐朽菌の生育条件は，①適度な温度，②水分，③空気，養分であり，どの一つが欠けても腐朽しない。

木材の天敵の虫には，「やまとしろあり」「いえしろあり」のしろあり，「ひらたきくい虫」があり，食害を受ける。

8.1.2 コンクリート

(1) 鉄筋コンクリート造

鉄筋コンクリート造は，図 4.8.8 に示すように，コンクリートと鉄筋からなる構造物である。身体でいえば解剖学的には，コンクリートは皮膚と肉，鉄筋は骨にあたる。

(2) コンクリートと鉄筋の機能

a 構造上の機能

鉄筋コンクリート造では，コンクリートは圧縮荷重，鉄筋は引張荷重を負担

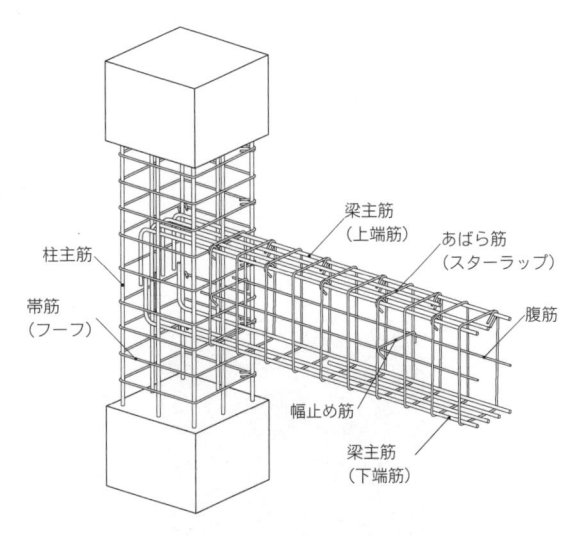

図 4.8.8 鉄筋コンクリート造の柱と梁の配筋[1]

する。そして，コンクリートと鉄筋を組み合わせ，柱・梁・壁・スラブを構成す

ることにより，圧縮力，引張力のほか，曲げ力，せん断力にも抵抗している。

b 耐火上の機能

鉄筋は火災に弱く，引張強度は500℃で1/2，1,000℃で0となり，鉄骨造では，耐火被覆で鉄骨を守らなければならない。鉄筋コンクリート造では，コンクリートがこの耐火被覆の役目を果たす。建築基準法ならびにJASS 5に，コンクリート表面から鉄筋表面までの厚さ（かぶり厚）の規定がある理由の一つである。

c 耐久性上の機能

（4）で後述するように，鉄筋コンクリート造は，経年により劣化することがある。そのうち，鉄筋が腐食する劣化現象は，外的劣化因子（CO_2・塩化物イオン）がかぶりコンクリートを通り，鉄筋の位置まで達することによる。かぶりコンクリートの外的劣化因子遮蔽機能は重要であり，そのためにJASS 5などでは，コンクリートの品質およびかぶり厚の規定が設けられている。

(3) コンクリート組織と成長

コンクリートは，複合材料であり，図4.8.9に示すように，水，セメント，細骨材，粗骨材を混合させたものである。骨材間のすきまはセメントペーストで充填されており，水とセメント部分（セメントペースト）が水和により硬化することにより，一体化する。

一応の一体化が見られた後も，水和は材齢とともにゆっくりと進み（図4.8.10，写真4.8.2参照），図4.8.11に示すように，当初は水和生成物に粗大な孔が見られるが，材齢経過とともに緻密化する。コンクリートは典型的な多孔材料である。

材齢経過に伴う組織の緻密化は，図4.8.12に示すように，圧縮強度の増加につながる。

コンクリートは，一つの塊として均質と思われがちであるが，水和途中で脱型を行うことになるため，図4.8.13のように，不均質性をもつ。強度が低い（＝水和が進まず粗大な孔が多い）表層が，外的劣化因子遮蔽に重要な意味をもつかぶりコンクリートと対応することは留意したい点である。

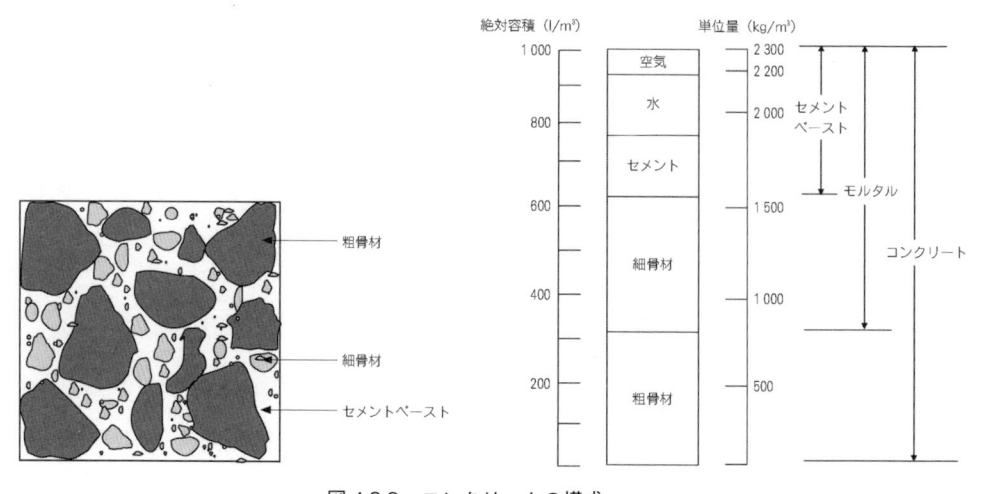

図4.8.9 コンクリートの構成

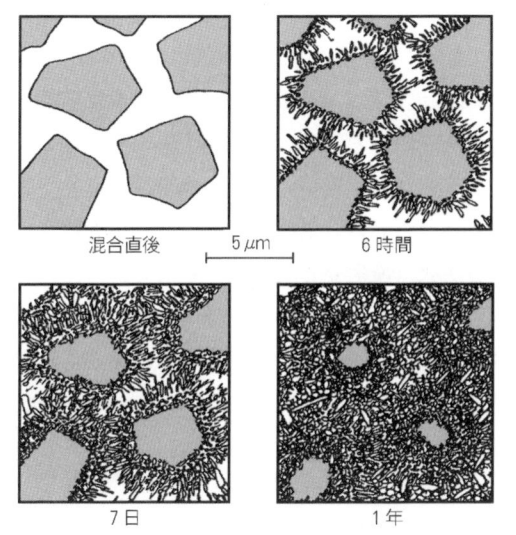

図 4.8.10 セメントの凝結，硬化の模式図[8]

写真 4.8.2 普通ポルトランドセメントの水和物
（水セメント比 50％，材齢 1 日）

（長さ 1～4 μm 程度の柱状の結晶はエトリンガイト，基盤をなす微細な繊維状の物質は C-S-H）［提供：三菱マテリアル］

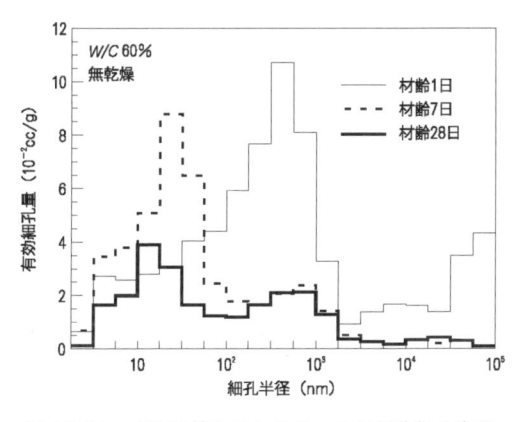

図 4.8.11 水和に伴うコンクリートの細孔径分布の変化

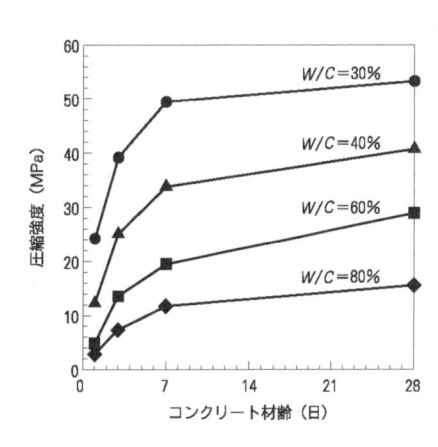

図 4.8.12 材齢と圧縮強度の関係

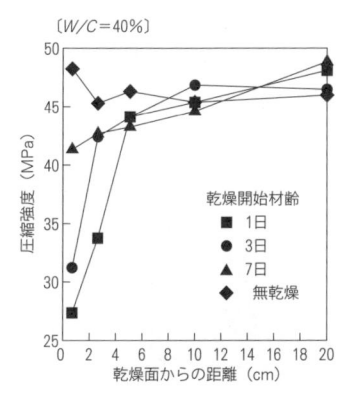

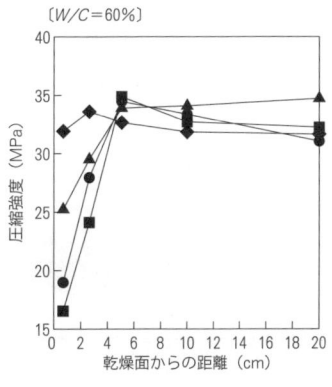

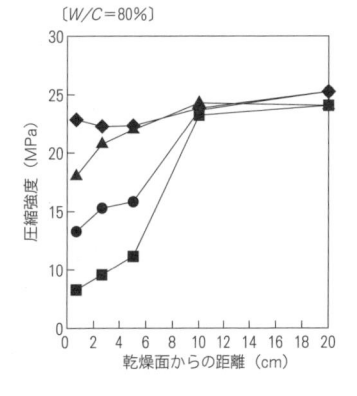

図 4.8.13 圧縮強度分布（材齢 28 日）

(4) コンクリートに絡んだ鉄筋コンクリート造の病気（劣化）

皮膚であるかぶりコンクリートの組織が粗大であると，CO_2，塩化物イオンを容易に鉄筋まで到達させ，酸素・水が存在すれば鉄筋は腐食する。CO_2が関与する劣化現象を中性化による劣化，塩化物イオンが関与する劣化現象を塩害とよんでいる。

コンクリートが高含水状態であるときに，凍結・融解を繰り返すと，皮膚であるコンクリート表面がスケーリングという表面剥離が生じたり，コンクリートが塊（肉）で剥落する現象が見られる。これはコンクリートの膨張によるものであり，凍結融解作用による劣化（凍害）とよんでいる。

セメントのアルカリに反応してしまう骨材を使うと，反応生成物が生成・吸水することで，コンクリートの膨張を起こし，剥落する現象がある。コンクリートの癌といわれ，問題となる劣化現象である。アルカリ骨材反応による劣化とよぶ。

8.2 機能材料

機能材料とは，防火材料，防水材料，断熱材料，音響材料，接着材料など，使用目的に対応した機能を有する材料をいう。機能材料の種類は多いが，本章では，防火材料，防水材料，断熱材料，音響材料を取り上げ，その役割と仕組みについて記述している。

8.2.1 防火材料の役割と仕組み

(1) 防火材料の役割

建物は，生命，健康および財産を保護するため，火災に対しては，隣家の火災に対して燃え移らないこと，自家の火災に対して火災初期における燃焼を遅らせ，居住者が避難するまでの時間を確保することである。防火材料は，建物を不燃化もしくは難燃化することが役割である。隣家の火災に対しては，建物の外周部である屋根や外壁など延焼のおそれのある部位を防火材料で覆っている。自家の火災に対しては，居住者が安全に避難する時間まで燃え広がることなく，また有害な煙や燃焼ガスが発生しにくい材料で天井や内壁を覆っている（図4.8.14）。

防火材料は，建築基準法第2条第九号および同施行令第108条第二号に規定されている防火試験によって，通常の火災による火熱を加えた場合，材料の不燃性，着炎性，発煙性，防火上有害な変形，溶融，亀裂などの損傷を生じないことが確認されている。

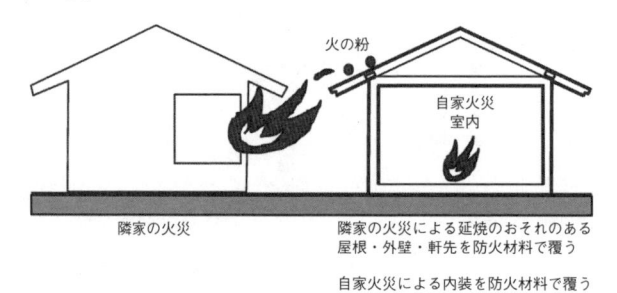

図4.8.14　建物防火の仕組み（太線：防火材料）

(2) 防火材料の仕組み

耐火材料は，煙突，高炉など，常時高温にさらされるものの表面に用いられる耐火れんがなどの無機質系の材料で，防火材料と区別している。

防火材料は，表4.8.1のように防火試験によって所定の防火性能が保証されている材料で，不燃材料，準不燃材料，難燃材料に区分されている。

不燃材料は，建築基準法第2条第九号に規定する，石，ガラス，コンクリートなどの無機質材料で，通常の火災による火熱が加えられた場合，加熱開始後20分間は，燃焼しないことおよび防火上有害な変形，溶融，亀裂そのたの損傷を生じないこと。建物内部仕上げにおいては，これらに加えて，避難上有害な煙またはガスを発生しないことが保証されている。

準不燃材料は，建築基準法施行令第1条第五号に規定する，木毛セメント板（写真4.8.3），石膏ボード，セルロースファイバー，化粧金属板など，無機質系または金属系の材料を主体とし，これに少量の木，紙，プラスチックなどの有機質系材料を一定限度以下混入したものである。通常の火災による火熱が加えられた場合に，加熱開始後10分間は燃焼しないことおよび防火上有害な変形，溶融，亀裂その他損傷を生じないことを保証されている。

難燃材料は，建築基準法施行令第1条第六号に規定する，難燃合板，難燃繊維板，難燃プラスチック板（写真4.8.4）など，有機質系材料を難燃処理したもので，出火低減を期待できる。通常の火災による火熱が加えられた場合に，加熱開始後5分間，防火性能を保証されている。

写真4.8.3 木毛セメント板
有機質の木毛を無機質の
セメントで固めたもの
（提供：三菱マテリアル株式会社）

写真4.8.4 難燃プラスチック板
有機材料のプラスチックに難燃効
果のある化合物を添加したもの

表 4.8.1 防火材料の種類

区分	性能	おもな材料
不燃材料	加熱開始後 20 分間 第 108 条の 2 各号（建築物の外部の仕上げに用いるものにあっては，同条第一号及び第二号）に掲げる要件を満たしているもの	コンクリート，れんが，かわら，繊維強化セメント板，鉄鋼，アルミニウム，ガラス，モルタル，しっくい
準不燃材料	加熱開始後 10 分間 第 108 条の 2 各号（建築物の外部の仕上げに用いるものにあっては，同条第一号及び第二号）に掲げる要件を満たしているもの	木毛セメント板（厚さ 9 mm 以上），石こうボード（厚さ 15 mm 以上）
難燃材料	加熱開始後 5 分間 第 108 条の 2 各号（建築物の外部の仕上げに用いるものにあっては，同条第一号及び第二号）に掲げる要件を満たしているもの	難燃合板，難燃繊維板，難燃プラスチック板

コラム　鉄骨を火熱から守る

　鉄骨造は一定基準の耐火被覆をすることで耐火構造となる。これは，鉄骨の溶融温度は 1 300 ℃であるが，一般的な木造住宅の火災の燃焼温度も 1 200 〜 1 300 ℃といわれている。そのため，内装で木材などが多く使用されていると火災時に鉄骨が溶融してしまう。

　鉄骨造である鉄骨の表面に耐火被覆を使用することで構造材を保護することができる。耐火被覆材料は塗料やロックウールなどがあげられる。図 1 に鉄骨の表面に塗布した耐火塗料の例を示す。一定の温度がかかると表面の塗料が発泡し，これが断熱となって下地に温度が伝わらないようにしている。このような仕上材料が建物の構造を火から守っている。

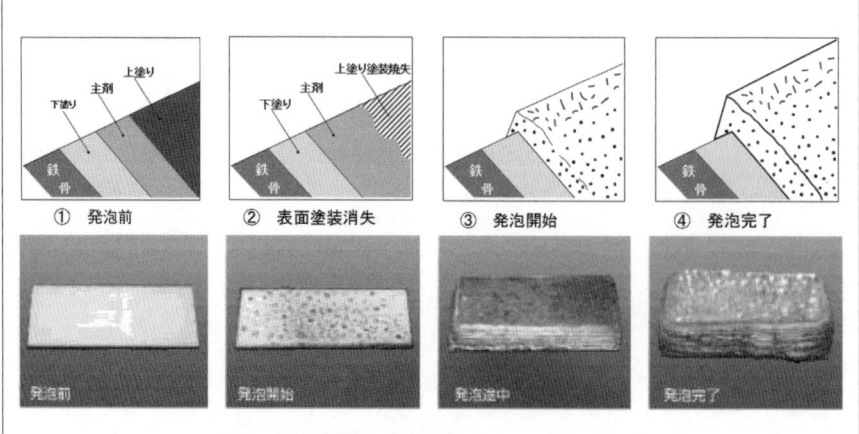

① 発泡前　② 表面塗装消失　③ 発泡開始　④ 発泡完了

発泡前　発泡開始　発泡途中　発泡完了

図 1　耐火塗料の発泡過程（提供：エスケー化研）

8.2.2 防水材料の役割と仕組み

(1) 防水材料の役割

防水材料の役割は，雨水の室内への侵入を防ぐために，建物外周部の屋根や外壁，ベランダ，地下水に対して地下壁，浴室など水を使用する部屋の床や壁，水槽，プールなど，雨水や水の漏水を防ぐために，これら部材の水と接する表面を不透水性材料で覆って，防水性を確保することである（図4.8.15）。

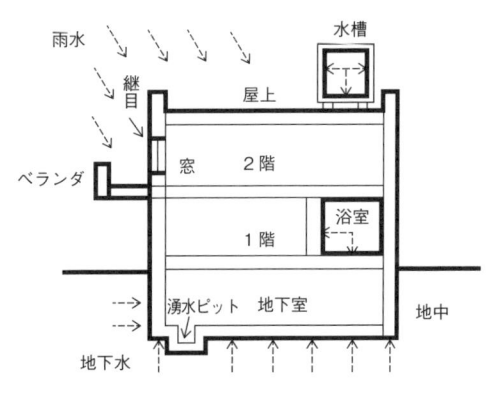

図4.8.15 防水の必要な箇所（太線で表示）

地下室の場合，二重壁，湧水ピットを設けるのが一般的である。

(2) 防水材料の仕組み

防水材料は，それ自体が水を透過しない材料で，アスファルト，合成高分子樹脂，合成ゴム，金属などが用いられている。

建物の防水の仕組みは，アスファルトや合成高分子塗料などの不透水性材料を何層にも塗布して，厚い塗膜防水層を形成したものと金属板を全面に張り付けたものとがある。いずれも，材料自体は水を透さないが，屋上に設置してあるパラペット，設備など立上り部分，防水シートの継目などが防水上の不具合が生じやすい箇所である。

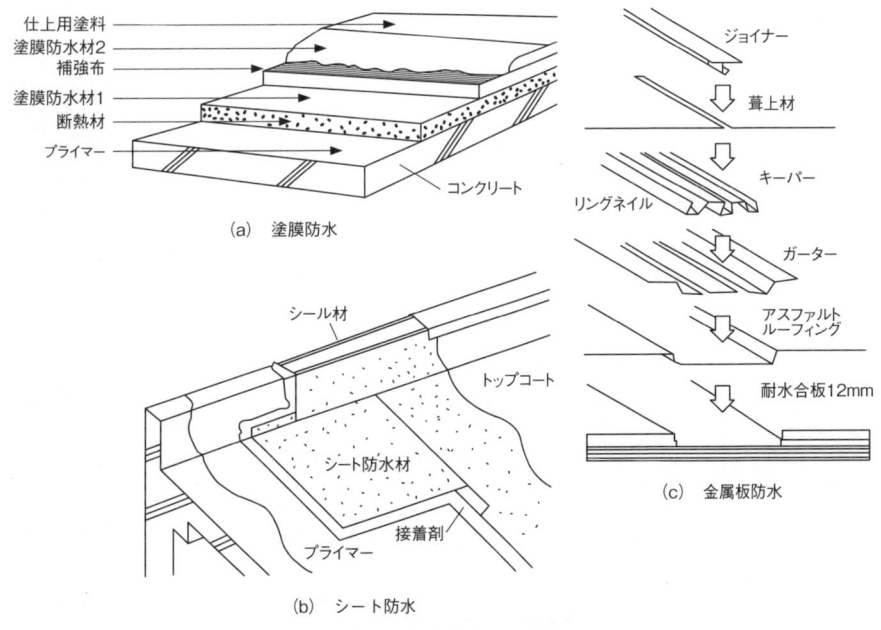

図4.8.16 屋上防水の仕組み

(a) 塗膜防水
(b) シート防水
(c) 金属板防水

(3) 防水材料の種類

防水方法はアスファルト防水，シート防水，塗膜防水，ステンレス防水の4種類に分けることができる。これらの材料の種類を表4.8.2に示す。そのなかでも塗膜防水は全体の50%近くを占めており，現在最もよく使用されている。

表4.8.2 防水材料の種類

防水工法	防水材料	材料施工状況
アスファルト防水	天然アスファルト 石油アスファルト	
シート防水	加硫ゴム， 非加硫ゴム， 塩化ビニル樹脂， エチレン酢酸ビニル樹脂	
塗膜防水	ウレタンゴム系， アクリルゴム系， クロロプレンゴム系， ゴムアスファルト系	
金属防水	ステンレス	

8.2.3 断熱材料の役割と仕組み

(1) 断熱材料の役割

断熱材料の役割は，室内の暖房・冷房効率を高めるため，外気と接する外壁，屋根，床下など，室内への熱の流出入を抑制することである（図4.8.17）。また，結露防止のためにもなっている。

(2) 断熱材料の仕組み

断熱材料は，熱を通しにくい材料

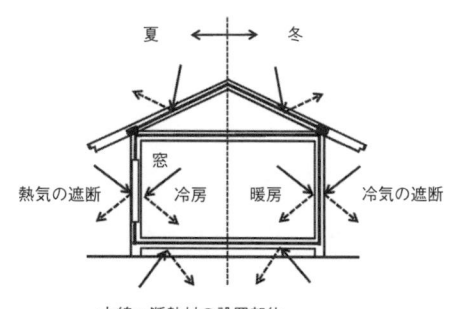

図4.8.17 建物の断熱の役割

で，一般に熱伝導率が小さい材料である。熱を通しにくくするために，表4.8.3および図4.8.18に示すように，多量の気泡を取り込んだ材料，マットや布団のように繊維を集めて空気を取り込んだ材料，真空層を設けた材料，熱を反射する材料など，断熱材の仕組みは多岐にわたっている。

気泡を取り入れたものは，隣り合わせの気泡がつながって連続しているものと，発泡ガラスや発泡プラスチック系断熱材のように気泡が独立しているものがある。独立した気泡群のほうが熱の移動は抑制される。断熱材は板状の定形材料と吹き付けて断熱層を形成する不定形材料がある。

表4.8.3 断熱材の種類

区分	種類	形状・仕組み	材料例
繊維集合組織	グラスウール（無機系） ロックウール（無機系） セルロースファイバー（木質繊維系）	ブランケット状 吹付け成層 フェルト状， マット状	
多孔組織	押出法ポリスチレンフォーム 硬質ウレタンフォーム ポリエチレンフォーム フェノールフォーム インシュレーションボード（木質繊維系）	個体 現場発泡品 スポンジ状	
細粒組織	ビーズ法ポリスチレンフォーム（EPS）	粉末充填	
層状組織	多分割真空断熱材（グラスウール＋ラミネートフィルム） （写真提供：NEDO）	反射材と空気層を交互に設けた層状 反射鏡と真空層	

(3) 断熱材の種類

断熱材の種類には，断熱材そのものの種類と，断熱のための工法の種類とがある。断熱材の種類は表4.8.3に示す。壁体の熱貫流については，第4部第4章で述べている。

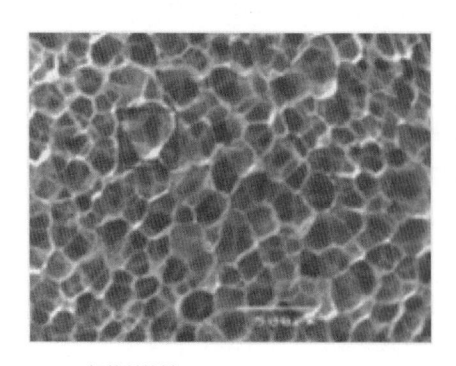

板状断熱材（発泡スチロール断熱材）
(提供：(独) 科学技術振興機構「理科ねっとわーく」)

繊維状断熱材（ロックウール断熱材）
(提供：大村高弘　ニチアス技術時報, No. 2, p.9, 図10(b), 2012)

図 4.8.18　気泡を取り込んだ断熱材

8.2.4. 音響材料の役割と仕組み

(1) 音響材料の役割

建物の内外におけるさまざまな音に対して，室内の音環境を快適にするため，外からの騒音に対して，建物外周部の屋根や外壁にあっては音の遮断，室内においては音の吸音を目的として遮音材料，吸音材料を取り付けている。遮音は屋外からの騒音を屋内に入れないように遮断するため，建物外周部の外壁などを遮断性の高い材料で被覆している。室内において

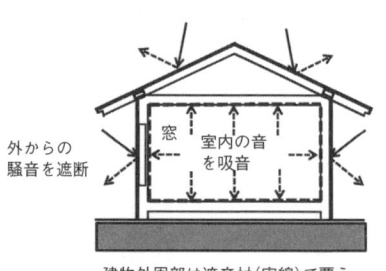

建物外周部は遮音材(実線)で覆う。
建物内部の音は吸音材(点線)で覆う。

図 4.8.20　建物の遮音・吸音の仕組み

は，室内の音響効果を高めるため，音の反射を防いだり，音を吸収している（図 4.8.20）。

(2) 音響材料の仕組み

音は広範囲の周波数から構成されている。吸音・遮音といってもどの周波数に対して有効であるか確認することが必要である。特に人が敏感な 3 000 ～ 4 000 Hz の周波数を吸音する材料が良いが，試験による吸音率，透過損失を求めておくとよい。

吸音材料の仕組みには，多孔質吸音体，板（膜）状吸音体，共鳴器吸音体がある。多孔質吸音体には，軟質繊維組織と多孔組織がある。前者は入射した音は，繊維間の空隙を伝播して材料内部に侵入し，空気の粘性や摩擦によって減衰される。

遮音材料の仕組みには，金属やコンクリートなど高硬度・高密度なものがある。これにより音を反射させ音の通過を防ぐ。

吸音—反射音を抑えること

遮音—壁や床などへの音の通過を抑えること

(3) 音響材料の種類

音響材料の種類は、音を吸音する吸音材料、音を遮る遮音材料とその組合せにより防音材料に分かれる。代表的な材料の種類を表4.8.4に示す。吸音材料は、断熱材料と同様の材料が用いられ、ガラス繊維（グラスウール），岩綿（ロックウール），などの多孔質吸音材料，板状・膜状吸音材料，共鳴器型吸音材料とがある。

遮音材料は、音の通過を防ぐためにコンクリートや金属板，ハードボードなど密度の高い材料，もしくは空気層を設けることで機能を付与している。防音材料は，吸音材料と遮音材料を組み合わせることで機能を発揮できる。

表 4.8.4 音響材料の種類例

区分	種類	形状・仕組み	材料例
吸音	多孔質材料 ・グラスウール ・ロックウール ・ウレタンフォーム	繊維状 連続気泡性の発泡樹脂	
遮音	板状材料 ・合板 ・石膏ボード ・ハードボード ・金属板 ・コンクリート	背後に空気層を設けると効果あり	
防音	吸音材料 ・グラスウール ・ロックウール ・ウレタンフォーム 遮音材料 ・遮音ゴムシート	遮音材を中心に両側に吸音材で複合したもの，あるいは遮音材と吸音材を貼り合わせたもの	

コラム　建築材料の分類

　建物に使用されている材料は，障子紙，プラスチック，木材，石材，コンクリート，鉄鋼など多岐にわたっている。これらの材料は，表1に示すように素材，使用部位，形態などさまざま観点から分類されている。

　化学組成による分類で，有機材料は火熱に対して考慮する必要がある。

　成因による分類で，天然材料の品質は産地による差異や欠点があるため選定にあたって考慮している。人工材料は製造工場でつくられたもので品質が安定している。

　使用部位による分類で，構造材料は建物の骨組に使用する材料で強度が求められている材料である。屋根材料から開口部材料までは仕上材料とよばれて，構造材料と区分している。また，仕上材料は使用部位ごとに記されているが，他の部位にも使われることがある。

　機能による分類では，材料の使用目的が限定されており，使用目的に応じて優れた性能を有している。

　形態による分類では，不定形材料は粉体状，液体状，ペースト状の材料で，これらの材料が硬化して初めてその性能が発揮される材料である。定型材料は固体で形が定まっているもので，寸法に合わせて切断するだけで使用されているもの，ブロックのようにそのまま使用されているものがある。

表1　建築材料の分類

分　類	区　分	おもな材料
化学組成による分類	有機材料	木材，プラスチック，ゴム，紙，布など
	無機材料	鉄鋼，アルミニウム，石材，セメント，ガラスなど
成因による分類	天然材料	石材，木材，竹材，いぐさ，土，桧皮など
	人工材料	鉄鋼，セメント，プラスチック，ガラスなど
使用部位による分類	構造材料	木材，コンクリート，鉄鋼など
	屋根材料	瓦，金属板，スレートなど
	外壁材料	サイディング，外装タイルなど
	内壁材料	壁紙，石膏ボードなど
	天井材料	化粧吸音材，すぎ板など
	床材料	フローリング，畳，カーペット
	開口部材料	アルミニウム，ガラス，障子紙
機能による分類	防水材料	メンブレン防水材，防水シート，シーリング材
	防火材料	不燃材料，準不燃材料，難燃材料など
	断熱材料	断熱材，保温材，保冷材など
	音響材料	吸音材，遮音材，反射材，防振材など
	接着剤	
形態による分類	不定形材料	セメント，塗料，接着剤，シーリング材など
	定型材料	棒状，形状，平板状，ブロック状，膜状など

第4部　引用転載文献
1) 鈴木秀三編：図解建築の構造と構法，井上書院
2) 建築知識別冊　木のデザイン図鑑，建築知識
3) 田中俊六監修：最新建築設備工学，井上書院
4) 紀谷文樹監修：給排水衛生設備学 初級編，TOTO出版
5) 空気調和・衛生工学会編：空気調和・衛生工学便覧　給排水衛生設備設計編，空気調和・衛生工学会
6) 建築設備システムデザイン編集委員会編：快適環境と設備の知識　建築設備システムデザイン，理工図書
7) 梶田茂著：木材工学，養賢堂
8) 大門正機編訳：セメントの科学—ポルトランドセメントの製造と硬化，内田老鶴圃

建物解剖学―索引

あ―お

明り欄間（あかりらんま）――― 21
腮（あご）――― 118
圧接――― 108
雨仕舞（あまじまい）――― 44
雨漏り――― 94
洗落とし式――― 154
洗出し式――― 155
荒床――― 66
アンカーボルト――― 127
板目（いため）――― 161
インテリア――― 14
インフィル――― 12
雨水ます――― 37
うす鴨居（うすがもい）――― 21
うす敷居（うすしきい）――― 21
内断熱方式――― 49
内樋（うちどい）――― 44
衛生器具――― 153
江戸間――― 30
LPガス――― 158
塩害――― 166
縁甲板（えんこういた）――― 58
鉛直力――― 94
横架材――― 71,92,94
黄金比――― 26
大壁（おおかべ）――― 30,96
大引（おおびき）――― 14,66,67
大棟（おおむね）――― 44
落し掛け――― 21
落し込み板壁――― 95
音響材料――― 166

か―こ

開口――― 12,69
開口部――― 16
開口部の種類――― 73
階高（かいだか）――― 32
階段の角度――― 84,85
階段の幅――― 85
外壁――― 12,16
外壁通気構法――― 50
外力――― 108
角材――― 29
掛け――― 118
荷重――― 91
かすがい――― 114
ガスの供給の仕組み――― 158
風の通り道――― 145
片掛け――― 95
形鋼――― 124
片蓋束（かたぶたづか）――― 21
可動の仕切り――― 62
曲尺（かねじゃく）――― 24
かぶりコンクリート――― 164
壁組――― 90
框戸（かまちど）――― 128
鴨居（かもい）――― 14
側桁（がわげた）――― 86
瓦（かわら）――― 41
瓦桟（かわらざん）――― 110
換気――― 141
換気口――― 74
換気窓――― 74
環境基準――― 141
乾式工法――― 50
間接照明――― 148
間伐材――― 29
機械的強度――― 40
基礎――― 12,14,16
基礎立上り高さ――― 32
木取り――― 27,160
気密性――― 14,142
給水設備――― 151
給水の仕組み――― 151
京間――― 30
局部照明――― 148
木割り――― 27
緊結金物――― 114
金属やね――― 41
杭基礎――― 101
空気伝搬音――― 49,135
空気を汚す物質――― 141
くぎ――― 109
管柱（くだばしら）――― 28,95
蹴上げ（けあげ）――― 81
軽量衝撃音――― 136
蹴込み桁（けこみげた）――― 86
下水――― 151
桁（けた）――― 14
桁梁（けたばり）――― 91
けらば――― 44
建築基準法――― 12,141
高気密・高断熱住宅――― 142
構造壁――― 61
勾配屋根――― 36
合板――― 93
高力ボルト――― 124
腰屋根（こしやね）――― 42
固体伝搬音――― 135
固定荷重――― 90,91
小幅板――― 58
小屋裏――― 14
小屋組――― 39,90,91
小屋筋かい――― 92
小屋束（こやづか）――― 12,14,92
小屋梁（こやばり）――― 92

さ―そ

サーモスタット式――― 155
最高高さ――― 33
細骨材――― 164
サイホン式――― 154
サイホンゼット式――― 154
サイホンボルテックス式――― 154
細粒組織――― 171
下り壁――― 21
ささら桁――― 86
さね――― 108
三六板（さぶろくばん）――― 29
サムターン――― 133
仕上材――― 108
地板（じいた）――― 21
軸組――― 14,71,90
軸組工法――― 20
仕口――― 108,114
自重――― 108
支持力――― 101
地震力――― 91,108
自然換気――― 142
下地受け材――― 108

索引

下地材	29
下地窓	74
下葺き材	39
シックハウス	142
湿式工法	51
支点	121
地盤	91,99
地盤調査	98
地盤補強	103
地窓（じまど）	74
遮音性能	137
尺	24,25
尺貫法	24
集成材	29
集成材構法	98
重量衝撃音	136
樹幹	160
準不燃材料	166,167
衝撃抵抗	38
障子	21,129
上水	151
照明基準	146
真壁（しんかべ）	30,96
シングルレバー式	155
人工照明	147
心材	160
伸縮性	40
振動源	135
水栓器具	155
水平剛性	66,116
スキップフロア	82
スラップ＆ビルド	15
スケーリング	166
スケルトン	12
筋かい	14,95,114,116
滑り止め	85
墨出し	105
隅棟（すみむね）	44
スラブ	101
スロープ	84
生活騒音	137
積載荷重	90
積雪荷重	90,108
節点	121
セメントペースト	164
繊維集合組織	171
繊維飽和点	162
せん断力	109

全般照明	148
洗面化粧台	155
騒音源	135
騒音対策	136
早材（そうざい）	160
層状組織	171
粗骨材	164
組積造	57
外断熱方式	49

た―と

耐久性	40
耐震構造	97
大便器	154
ダイヤフラム	126
耐力壁	92
高窓	74
多孔組織	171
たすき掛け	95
三和土（たたき）	68
畳	21
畳寄せ	21
畳割り法	30
縦樋（たてどい）	37
建物高さ	33
棚板	21
谷	44
谷樋（たにどい）	44
垂木（たるき）	14,29,92
段板（だんいた）	84,86
段差	65
単水栓	156
断熱材	38
断熱材料	166,170
断熱性	14,50
段鼻（だんばな）	87
違い棚	21
力桁（ちからげた）	86
地層	98
地耐力	101
虫害	163
昼光照明	147,149
中水	151
中性化	166
蝶番（ちょうつがい・ちょうばん）	121
直接基礎	101
直接照明	148
沈下量	101

通気胴縁	49
通風	144
束（つか）	91
突き付け	59
継手	108,114
付鴨居（つけかもい）	21
土壁	95
坪単価	25
吊りボルト	59
低圧引込みの仕組み	150
手すり	87
手すり子（てすりこ）	87
鉄筋コンクリート	108,163
鉄筋腐食	164
鉄骨造	108
電気	150
天井	57
天井裏	14
天井高	32
天井の仕上げ	60
伝統工法	108
天然ガス	158
天窓	74
ドアクローザー・ドアチェック	133
凍害抵抗	38
投錨作用	110
胴縁（どうぶち）	29
通し柱	28,95
独立フーチング基礎	103
床板（とこいた）	21
床框（とこがまち）	21
床柱（とこばしら）	21
都市ガス	158
土台	14,66
トラス構造	92
トラップ	157
ドレイン	37

な―の

内壁の仕上げ	63
長押（なげし）	21,63
難燃化	166
難燃材料	167
野地板（のじいた）	91
24時間換気システム	143
日射熱	138,39
貫（ぬき）	14
ネジ	109

●索引

根太（ねだ） ── 14,67,71
熱貫流 ── 138
熱の伝わり方 ── 138
軒桁（のきげた） ── 92
軒先（のきさき） ── 44
軒高（のきだか） ── 32
野縁（のぶち） ── 29,58
野縁受け ── 58
ノンスリップ ── 85

は―ほ

排水器具 ── 153
排水の仕組み ── 151
排水ます ── 152
パイプスペース（PS） ── 14
柱 ── 14,92
柱通し ── 95
柱割り法 ── 30
はぜ ── 42
パネル構法 ── 98
幅木 ── 63
梁 ── 14,91,92
梁通し ── 95
晩材（ばんざい） ── 160
火打（ひうち） ── 14
火打金物 ── 116
火打材 ── 116
火打梁 ── 116
引戸 ── 130
ひさし（庇） ── 46
非耐力壁 ── 95
ピボットヒンジ ── 133
ひら金物 ── 114
開き戸 ── 131
ピン接合 ── 126
風圧力 ── 108
フーチング ── 101
葺き構法 ── 44
襖（ふすま） ── 21
不燃化 ── 166
不燃材 ── 39
不燃材料 ── 49,167,166
踏面（ふみづら） ── 81
フラッシュ戸 ── 128
フランス落とし ── 133
プレカット部材 ── 28
フロアヒンジ ── 133
ブローアウト式 ── 154

雰囲気照明 ── 146
ベースプレート ── 127
べた基礎 ── 104
辺材 ── 160
防火材料 ── 38,166,167
防滑性 ── 40
防水材料 ── 166,169
防水紙（ルーフィング） ── 36
防水性 ── 39
ほぞ接合 ── 116
骨組 ── 90
ボルト ── 108,109
ボルト接合 ── 109
本締まり ── 133

ま―も

まぐさ ── 14,71
摩擦接合 ── 124
柾目（まさめ） ── 161
間仕切壁 ── 61
間戸（まど） ── 71
間柱（まばしら） ── 14
丸太組構法 ── 98
回り階段 ── 87
回り縁（まわりぶち） ── 58,83
水受け容器 ── 153
水返し ── 110
無垢板（むくいた） ── 29
棟木（むなぎ） ── 14,92
明視照明 ── 146
目透かし ── 58
面材壁 ── 95,96
免震構造 ── 97
木材の組織 ── 160
木材腐朽菌 ── 163
木理（もくり） ── 161
モデュール ── 26
母屋（もや） ── 14,91

や―よ

屋根 ── 12,16
屋根勾配 ── 44
屋根の形態 ── 44,45
屋根葺き材 ── 39,44,46
屋根葺き材料 ── 39
有効幅 ── 31
床板 ── 91
床組 ── 14,67,90

床衝撃音 ── 135
床高（ゆかだか） ── 32
床鳴り ── 94
床梁 ── 94
雪止め ── 37
洋小屋 ── 91
溶接 ── 108
溶接接合 ── 125
浴槽 ── 156
横樋（よこどい） ── 37

ら―ろ

リフォーム ── 15
リブプレート ── 127
冷暖房負荷 ── 140
劣化抵抗 ── 38
連続フーチング基礎 ── 103
陸屋根（ろくやね） ── 36

わ

枠組壁工法 ── 98
和小屋 ── 91

・本書の複製権・翻訳権・上映権・譲渡権・公衆送信権（送信可能化権を含む）は株式会社井上書院が保有します。
・ JCOPY〈(社)出版社著作権管理機構 委託出版物〉
本書の無断複写は著作権法上での例外を除き禁じられています。複写される場合は，そのつど事前に(社)出版社著作権管理機構（電話 03-3513-6969，FAX 03-3513-6979，e-mail:info@jcopy.or.jp）の許諾を得てください。

建物解剖学
――――――――――――――――――――
2014年6月10日　第1版第1刷発行

編　者　　建物解剖学研究会Ⓒ
発行者　　関谷　勉
発行所　　株式会社 井上書院
　　　　　東京都文京区湯島2-17-15 斎藤ビル
　　　　　電話 (03)5689-5481　FAX (03)5689-5483
　　　　　http://www.inoueshoin.co.jp/
　　　　　振替 00110-2-100535
装　幀　　藤本　宿
印刷所　　秋元印刷所
――――――――――――――――――――
ISBN978-4-7530-0588-8　C3052　　　Printed in Japan

出版案内

建築計画テキスト

森永一夫　B5判・272頁　本体3000円

事前調査から規模計画，ゾーニング，動線計画，機能図，配置計画，平面・断面計画，構造計画，設備計画，構法・材料計画，デザイン，設計製図にいたる設計のための計画手法の基礎を一から解説。さらに，実際の計画に役立つよう，施設別の計画案内を実例とともに整理した。

最新 建築材料学

松井勇・出村克宣・湯浅昇・中田善久　B5判・274頁　本体3000円

建築材料の基本的な性質・性能はもちろんのこと，建物としての要求条件の把握と，これを満たす適正な材料の選び方に関する理解が深まるよう，建築設計，構造設計，環境設備設計，施工の各分野に関連づけてわかりやすく解説した，建築系学生から実務者まで役立つテキスト。

図解 建築の構造と構法

鈴木秀三編，岩下陽市・古本勝則・奥屋和彦・磯野重浩　A4判・164頁・二色刷　本体3200円

建築構造全般の概要を建築生産工程の流れを通して無理なく学習できるよう徹底図解したテキスト。木造，S造，RC造ごとに特徴，材料，工法，施工，ディテール，法規等の基礎知識が整理しやすいよう一工程を見開きで構成し，各構法について共通プランを用いて解説する。

建築施工テキスト［改訂版］

兼歳昌直　B5判・384頁　本体3300円

建築の施工全般の基礎知識が容易に理解できるよう，実務に即した各工法を豊富な図をまじえて平易に解説。基本的技術はもちろんのこと，実務に役立つよう応用技術の初歩まで幅広く網羅。また，建築士や建築施工管理技士の試験における諸点についても詳述した格好の入門書。

最新 建築設備工学［改訂版］

田中俊六監修，宇田川光弘・斎藤忠義・大塚雅之・秋元孝之・田尻陸夫　B5判・332頁　本体3200円

基礎分野から応用分野までを体系的に扱うとともに，授業に沿って単元ごとに図表や例題をまじえて無理なく学べるようわかりやすくまとめたテキスト。設備設計に不可欠な都市・地球環境問題や省エネ化に関する知識，最新の政策や技術の動向，研究成果も踏まえて詳解する。

最新 建築環境工学［改訂4版］

田中俊六・武田仁・土屋喬雄・岩田利枝・寺尾道仁・秋元孝之共著　A5判・330頁　本体3000円

建物と音，熱，光，空気，水といった環境とのかかわりなど，広範な取扱い分野をもつ建築の環境工学の基礎を体系的に平易に解説。平成25年の改正省エネ基準に対応のほか，環境問題，快適な室内環境の確保に必要な知識を最新情報とあわせてまとめ，章末には演習問題を収録。

＊上記の本体価格に，別途消費税が加算されます。